Dorothee Beck / Hartmut Meine
Wasserprediger und Weintrinker

Dorothee Beck
Hartmut Meine

# Wasserprediger und Weintrinker

## Wie Reichtum vertuscht und Armut verdrängt wird

Steidl

1. Auflage Oktober 1997

Graphiken: Karsten Meier
Satz, Druck, Bindung:
Steidl, Düstere Straße 4, D-37073 Göttingen
Gedruckt auf Öko 2000 Papier zur ökologischen Buchherstellung
(80 Prozent Altpapier, 20 Prozent Durchforstungsholz
aus nachhaltiger Forstwirtschaft)
Ohne Färbung, ohne optische Aufheller
Printed in Germany
ISBN 3-88243-527-5

# Inhalt

# Der Bettler vor Cartier

Cartier am Jungfernstieg: eine von Hamburgs Top-Adressen für Uhren und Schmuck. Auf der Flaniermeile an der Binnenalster tummeln sich an sonnigen Nachmittagen Tausende Hanseaten und Touristen. Das Schaufenster von Cartier ist eine der Attraktionen im Sommer 1997: eine diamantenbesetzte Brosche in Form eines Leoparden für 208 000 Mark, das Diamantencollier kostet nur die Hälfte, ein Diamantring ist für schlappe 54 100 Mark zu haben. Wer sich so etwas wohl leisten kann? Die meisten Passanten schütteln über die Phantasiepreise, die jedes normale Jahreseinkommen übersteigen, nur den Kopf.

Zwanzig Meter weiter sitzt ein Bettler auf dem Bürgersteig – abgewetzte Klamotten, aber sauber. Vor ihm die Mütze, in der ein paar Münzen liegen, und das Schild »Keine Arbeit, keine Wohnung, habe Hunger«, man kennt es inzwischen hundertfach. Vis-à-vis bietet ein Verkäufer die Obdachlosenzeitschrift *Hinz und Kunzt* an. Preis 1,80 Mark. Eine Mark darf der wohnungslose Straßenverkäufer behalten.

Die Kluft zwischen Arm und Reich klafft im Deutschland der späten 90er Jahre immer weiter auseinander. Nicht überall ist sie sofort sichtbar. Häufig wird sie verleugnet oder kaschiert – von den Reichen, die Neider fürchten, ebenso wie von den Armen, die sich ihrer Not schämen. In der Provinz ist der Graben noch wenig auffällig. Die Metropolen aber zerreißt er. Deutschlands Großstädte haben sich in den letzten zehn Jahren gründlich verändert. Immer prächtiger glitzern die Einkaufspassagen. Leuchtreklamen, Chrom, Marmor, Edelhölzer. Doch im Sommer 1997 zählt man zehn Bettler auf 200 Metern Frankfurter Zeil – Deutschlands umsatzstärkster Einkaufsstraße. Verschämte Armut und unverschämter Luxus prallen aufeinander – in Hamburg, Frankfurt, München, in Düsseldorf, Berlin und Leipzig.

Es drängen sich Fragen auf. Doch kaum jemand stellt sie öffentlich oder beantwortet sie gar: Wie kommt der Bettler auf dem Hamburger Jungfernstieg über die Runden? Wer sind die Menschen, die sich ein Collier für

103 000 Mark kaufen? Woher stammt ihr Vermögen? Welche Lebensperspektive hat der Verkäufer der Obdachlosenzeitschrift? Wieviel verdienen die staunenden Touristen?

Die Antworten enthalten Fakten, unbequeme Fakten, mit denen sich PolitikerInnen und Medien nur ungern auseinandersetzen: Die Zahl der Einkommensmillionäre hat sich in den letzten zehn Jahren mehr als verdoppelt. Die Zahl der SozialhilfeempfängerInnen ist fast im gleichen Tempo gestiegen. Die Haushalte deutscher Kommunen ächzen unter den erdrückenden Sozialetats. Fast alle Städte sind hoch verschuldet, einige stehen kurz vor dem Bankrott. Dabei macht kaum jeder zweite Berechtigte seinen Anspruch auf Sozialhilfe überhaupt geltend. Dennoch wird dies nicht öffentlich gemacht. Es paßt besser zum Zeitgeist der neoliberalen Gesellschaft, sich am Stammtisch, in Talk-Shows und im Bundestag über den Mißbrauch bei der Sozialhilfe zu erhitzen.

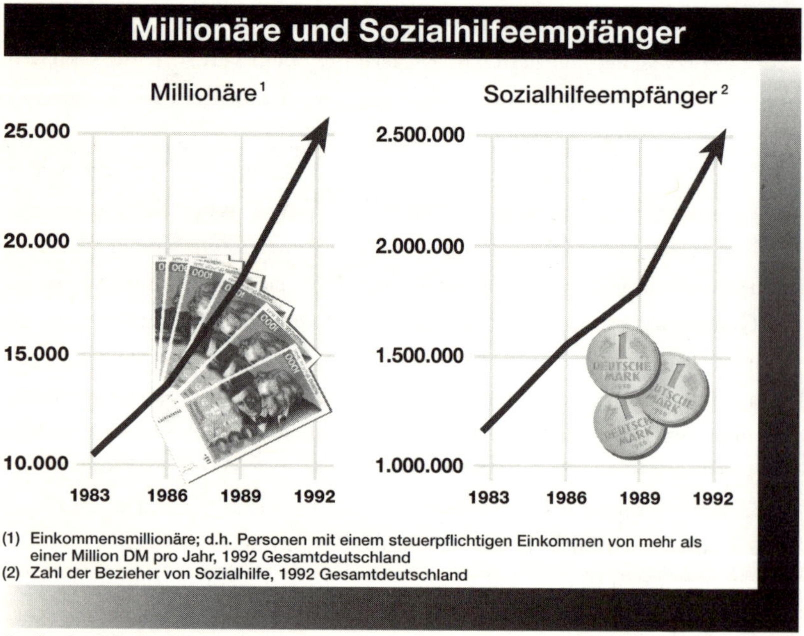


Quelle: Statistisches Bundesamt 1995

Dabei könnten wir alle gut leben. Deutschland ist das sechstreichste Land der Erde. Und dennoch hängen in diesem Land eine Million Kinder am Tropf der Sozialhilfe; gibt es im sechstreichsten Land der Erde sieben Millionen Arbeitslose; droht Ostdeutschland zum Mezzogiorno[1] der Republik zu verkommen – ohne Arbeitsplätze, ohne Perspektive; können sich trotz steigender Produktivität die meisten Menschen immer weniger leisten.

Deutschland ist Exportweltmeister. Der Deutsche Aktienindex (DAX) eilt 1997 von Rekord zu Rekord. Aber Manager und konservative Politiker jammern über zu hohe Lohnkosten. Manche – bis in sozialdemokratische Kreise hinein – fordern Lohnsenkungen. Manager nutzen die Massenarbeitslosigkeit aus. Mit der Drohung, den Standort eines Unternehmens zu verlagern, werden Betriebsräte und Belegschaften erpreßt. Das Wort von der Globalisierung dient als Totschlagargument, mit dem nichts weniger als die Demontage des Sozialstaats hoffähig gemacht wird.

Die D-Mark ist eine der härtesten Währungen der Welt. Dennoch glauben die politischen und wirtschaftlichen Eliten zwölf Prozent Arbeitslosigkeit eher hinnehmen zu können als 1,2 Prozent Inflation. Eine stabile Währung verbessere die Wettbewerbsfähigkeit und schaffe damit Wachstum und Beschäftigung, deswegen müsse der kostspielige Sozialstaat zurückgestutzt werden, so das Argument. Und auf dem Altar der Marktgesetze wird die unbequeme Tarifautonomie gleich mitgeopfert.

In Krisenzeiten scheint der Spar- zum Sachzwang zu werden. Die wirtschaftlichen und politischen Eliten mahnen Kürzungen zuerst bei den kleinen Leuten an. »Alles gehört auf den Prüfstand – von der Sozialhilfe bis zum Rentensystem. Die Eingriffe müssen so umfassend sein, daß im Ergebnis jeder davon betroffen ist«, fordert der Präsident des Deutschen Industrie- und Handelstages (DIHT), Hans Peter Stihl.[2] Alle müssen sparen, nur der Kettensägenfabrikant, dessen Vermögen die Zeitschrift *Forbes* auf rund 670 Millionen Mark schätzt, und seinesgleichen nicht. Denn: »Für die Eliten, die wir brauchen, muß es nach wie vor einen materiellen Anreiz geben.«

*Ich kenne die Weise, ich kenne den Text*
*Ich kenn auch die Herren Verfasser;*
*Ich weiß, sie tranken heimlich Wein*
*und predigten öffentlich Wasser.*

So beschrieb Heinrich Heine in seinem *Wintermärchen* die Hinterfotzigkeit der Herrschenden im Deutschland des Jahres 1844. Geändert hat sich in 150 Jahren nicht viel, so scheint es, außer, daß die Wasserprediger immer lauter und fordernder von den Kanzeln salbadern, um sich beim anschließenden Weingelage von ihrer Heiserkeit zu erholen.

Auch das ist Realität im sechstreichsten Land der Erde: Es gibt Menschen, die wegen eines Zahnersatzes in finanzielle Schwierigkeiten geraten, Menschen, die an die Nachtschicht bei McDonald's noch einen Putzjob anhängen müssen, Textilarbeiterinnen in Ostdeutschland, die für sieben Mark pro Stunde im Akkord Blusen nähen. Und es gibt die neuen Tagelöhner, die ihre Arbeitskraft auf dem Frankfurter Arbeiterstrich allmorgendlich für noch weniger Geld anbieten.

Wer die Wasserprediger entlarvt, stört ihre Weingelage. Die in ihrer Fettlebe Aufgeschreckten nennen das dann Sozialneid. Doch was ist das überhaupt – sozialer Neid? Wenn es diesen gibt, was ist dann unsozialer Neid? Wer ist da eigentlich (un-)sozial, asozial – die Neider oder die Erwischten? Sozialneid, nichts anderes als eine Worthülse, die jene ins Unrecht setzen soll, die die ungerechte Verteilung des Wohlstands und damit der Lebenschancen anprangern.

In den 80er Jahren wurde vor der Zwei-Drittel-Gesellschaft gewarnt, die der Mehrheit relative Sicherheit und Wohlstand bietet, während das untere Drittel dauerhaft ausgegrenzt bleibt. Die Wirklichkeit der 90er Jahre ist schlimmer. Heute existiert wieder eine Art Drei-Klassen-Gesellschaft, in der die politisch und wirtschaftlich herrschende Klasse immer mehr Reichtümer anhäuft, einer verarmten Klasse kaum mehr als das Existenzminimum bleibt und sich dazwischen eine middle class aufreibt. Einer Minderheit gelingt der Anschluß nach oben, eine Mehrheit muß in dieser sich polarisierenden Gesellschaft gegen zunehmende Armutsrisiken ankämpfen.

# 1. Armes reiches Frankfurt
# Rundgang durch eine polarisierte Stadt

»Wenn kein Geld da ist, kann auch keines ausgegeben werden«, sagt der Mann in der Telefonzentrale beim Gesamtverband der katholischen Kirchengemeinden in Frankfurt. Mit dem Hinweis mißbilligt er – im Namen vieler Katholiken, wie er versichert – die Mahnwachen der Initiative Ordensleute für den Frieden (IOF) an der Zentrale der Deutschen Bank. Der brave Katholik hat unrecht. Die zwei Glastürme des größten und einflußreichsten deutschen Geldinstitutes strotzen vor Reichtum. Dort demonstrieren die Ordensleute an jedem ersten Donnerstag im Monat gegen Verschuldung und Armut in der Dritten Welt und bei uns. Nach Pfingsten 1997 mußten die BankerInnen gar über einen Menschenteppich der MahnwächterInnen steigen, denn »diese Gesellschaft geht über Leichen«.

An den Zwillingstürmen, im Volksmund »Soll und Haben« genannt, beginnt Pater Gregor Böckermann, der »Rädelsführer« der IOF, seinen alternativen Stadtrundgang zum Thema »Reichtum und Armut in Frankfurt«. Böckermann, der 18 Jahre als Entwicklungshelfer in Algerien gearbeitet hat, ist gerade mal wieder zu 25 Tagessätzen à 20 Mark verurteilt worden, weil er mit einer Mahnwache gegen die Schuldenfalle der Dritten Welt die Bannmeile um das Bonner Kanzleramt verletzt hat. Auf dem Vorplatz der Deutschen Bank, wo die Skulptur »Kontinuum« des Schweizer Bildhauers Max Bill den ewigen Kreislauf des Geldes symbolisiert, läßt Böckermann die Bankenmacht auf seine Gäste wirken. Sie sollen nach oben blicken, das oberste Stockwerk suchen. Schwindelig wird einem, und man kommt sich mickrig vor angesichts der stahlblauen Riesen.

Klettern wir zum Vorstandsvorsitzenden Rolf Ernst Breuer hinauf und schauen wir mit ihm aus dem Fenster. Vom Olymp des großen Geldes nimmt man die stecknadelkopfgroße Menschengruppe auf dem Platz kaum wahr, weder bildlich noch im übertragenen Sinn. Die Deutsche Bank machte 1996 2,2 Milliarden Mark Gewinn, 503 Millionen mehr als im Jahr 1994. Steigende Arbeitslosen- und Sozialhilfezahlen? Obdachlosigkeit? Wohnungsnot? Auf der Nordseite spiegelt sich der Taunus in den Glastürmen. Die Villen der Reichen und Superreichen scheinen viel näher zu liegen als Mainhattan mit seinen popeligen Alltagssorgen.

Frankfurts wirtschaftliche Dynamik ist ungebrochen, trotz scheinbarer Rezession. Fast 200 Milliarden Mark Umsatz erzielten die Unternehmen der Mainmetropole im Jahr 1995. Es trugen 400 Banken zu über 50 Prozent dazu bei, daß die Bruttowertschöpfung in den fünf Jahren zwischen 1990 und 1995 von über 64 Milliarden Mark um 36,6 Prozent auf fast 88 Milliarden Mark anwuchs. Die kommunalen Steuereinnahmen stiegen im gleichen Zeitraum von 2,217 auf 2,265 Milliarden Mark – um gerade mal 2,2 Prozent. Die Arbeitslosigkeit kletterte um mehr als die Hälfte von 5,8 auf 9,7 Prozent.[1] Ein Fünftel der FrankfurterInnen lebte 1995 an oder unterhalb der Armutsgrenze. Die Stadt und ihre BewohnerInnen müssen sich mit immer weniger Krümeln des Reichtumskuchens abfinden.

Dabei hat »die Krise der Sozialen Stadt Frankfurt« erst begonnen, wie der Frankfurter Sozialbericht 1995/96 belegt. Während bis 1992 vor allem »arbeitsmarktferne Kreise«, Alte, Kinder und Jugendliche, Zuwanderer und Flüchtlinge, Randgruppen eben, Sozialhilfe beantragen mußten, trifft es jetzt auch die Kernbevölkerung: alteingesessene Frankfurter im erwerbsfähigen Alter mit und ohne Kinder. Erstmals nahm die Zahl der auf Sozialhilfe angewiesenen BewohnerInnen mit deutschem Paß stärker zu als die der ausländischen ArbeitnehmerInnen und Flüchtlinge.[2] Die Frankfurter haben nichts von »Bankfurt«.

Zum Beispiel »die Lurgi«. Rechtzeitig zum 100jährigen Bestehen feuerte der traditionsreiche Anlagenbauer im Frankfurter Osten 400 MitarbeiterInnen, keineswegs nur Un- und Angelernte. Trotz einer Gewinnsteigerung von knapp 13 Prozent, auf 123 Millionen Mark im Geschäftsjahr 1996, sollen Ingenieurdienstleistungen in billige ausländische Tochterunternehmen verlagert werden. Auch der deutsche Ingenieur wird nicht mehr gebraucht. Doch wo sollen die Forschungs- und Entwicklungsfachleute hin?[3] In Frankfurt werden überall gewerbliche Arbeitsplätze abgebaut: VDO, Hartmann & Braun, Messer Griesheim, Triumph-Adler. Die Liste ist lang. Wer eine Familie gegründet und ein Häuschen gebaut, dazu eine – glücklicherweise – berufstätige Ehepartnerin hat, kann nicht so einfach »Mobilität« beweisen. Der Abwanderung gewerblicher Arbeitsplätze wollten DGB und IG Metall mit einem industriepolitischen Arbeitskreis begegnen. Aber der dümpelt mangels Interesse bei den Arbeitgebern nur vor sich hin und kommt nicht an gegen die neoliberale Grundströmung des schwarz-rot-grünen Magistrats.

Die BankerInnen stammen nicht aus der Mainmetropole und lassen sich dort auch nicht nieder. Sie zahlen ihre Einkommensteuer im Taunus oder im Odenwald. Einen Teil ihres Geldes tragen Broker und Analysten in die teure Goethestraße zu Chanel, Cartier und Versace und auf die Freßgass, die zweite Station von Pater Böckermanns Rundgang. »Freßgass«: ein geradezu ordinärer Name angesichts der Delikatessen, die dort angeboten werden. Erdbeeren im Winter? Langweilig. Äpfel mit angezüchtetem roten Herzchen auf der Schale sind der Renner. Vor dem Feinkostgeschäft Plöger, eine Flasche Armanac, Jahrgang 1927, für 990 Mark im Schaufenster, erklärt Böckermann sein Credo: »Eine Chance für die Armen hat als Kehrseite den Aufstand gegen die Herren.«

Auf dem Vorplatz der Deutschen Börse, der dritten Station seines Rundgangs, erzählt der Pater, wie hier vor einiger Zeit ein Ausbildungsmarkt war. Drinnen wurden die Aktienkurse mit immer neuen Massenentlassungen in die Höhe getrieben, und draußen warb man mit Popmusik, Häppchen und bunten Broschüren für Lehrstellen. Das Spektakel sollte über die Frankfurter Misere hinwegtäuschen. Im Mai 1997 rangelten 3111 BewerberInnen um 1874 Lehrstellen.

Von der Börse aus zieht Böckermann zu seiner Lieblingsstation weiter, Wempe am Roßmarkt, wo der Ordensmann sich im Februar 1996 angekettet hat, um eine goldene Taschenuhr für 595000 Mark anzuprangern. Seit diesem Zwischenfall vermeiden die Händler solche Provokationen. Doch Böckermanns Gäste finden immerhin noch Armbanduhren und Ringe für 60000 bis 80000 Mark.

Wer die Hauptwache überquert, verläßt die reiche Käseglocke und landet an der Zeilgalerie, dem Denkmal für den gestrandeten Immobilienhai Jürgen Schneider.

Auf der Zeil treffen Arm und Reich unmittelbar aufeinander. Weil hier das Geld spazierengetragen wird, kommen auch die Straßenmusikanten, Obdachlosen und BettlerInnen. Es paßt zum Flair der Multikulti-Metropole, daß BummlerInnen an einem warmen Sommernachmittag von der Folkloregruppe aus den Anden zu einem russischen Kosaken-Ensemble, einem Pantomimen und dann wieder zu einer klassischen Violinistin flanieren können. Nur manchmal geben kleine Schildchen Auskunft über persönliche Dramen: Viele gut ausgebildete und erfolgreiche MusikerInnen und TänzerInnen aus Osteuropa blieben bei der wirtschaftlichen Schockanpassung ihrer Heimat auf der Strecke. Statt in einem staatlichen Ensemble musizieren sie nun auf der Zeil.

Die Straßenmusikanten fördern das Verkaufsklima. Doch Bettler oder Dealer, über die man auch auf der Zeil alle paar Meter stolpert, sind den Einzelhändlern ein Dorn im Auge. Private Sicherheitsdienste patrouillieren vor Peek & Cloppenburg und Ammerschläger. Die »Gefahrenabwehrverordnung«, mit der das Betteln und Herumlungern auf der Zeil kriminalisiert werden sollte, mußte der Frankfurter Magistrat nach heftigen Protesten aus Kirchen und Sozialverbänden zurückziehen. Über eine neue Idee, die in Berlin bereits praktiziert wird, denken Geschäftsleute und Politiker aber bereits mehr oder minder laut nach: Öffentliche Plätze sollen an Händler verpachtet werden, die dort dann ihr Hausrecht ausüben und die Störenfriede vertreiben können.

Gleich neben der Zeil bitten die Kapuzinermönche in der Liebfrauen-Gemeinde 100 bis 150 Obdachlose jeden Morgen zum Frühstück. Bruder Wendelin, der das Essen zusammenschnorrt, ist stadtbekannt. Doch im Kirchhof hängt auch ein Schild »Betteln verboten«. Aggressives Betteln, so heißt es – vor allem von Sinti und Roma – störe die KirchgängerInnen. Der christlichen Nächstenliebe tue man schließlich mit dem Obdachlosenfrühstück Genüge. An den Mahnwachen vor der Deutschen Bank beteiligen sich die Kapuziner nicht. Sie bekommen Spenden von dem Bankhaus.

Den Spuren der Bettler folgt Böckermann unter die Mainbrücken, wo sie heute nicht mehr leben dürfen. Einst stand neben der Untermainbrücke eine liebevoll aus Sperrmüll gezimmerte Hütte. Sogar Geranien hatten die BewohnerInnen gepflanzt. Wer sich im Tagestreff für Obdachlose in der Weißfrauen-Gemeinde nebenan umhört, findet noch Leute, die da früher gewohnt haben. Doch die BettlerInnen mußten weichen, damit das Image der reichen Finanzmetropole keine Kratzer bekommt. Sogar aus dem Stadtwald, weit weg auf der anderen Mainseite, vertreibe die Polizei die Tippelbrüder, haben sich einige von ihnen bei Böckermann beklagt. Unter den

Mainbrücken wartet dieser mit Zahlen auf: Etwa 7000 Obdachlose gibt es in Frankfurt und einige hundert Straßenkinder.

Vertrieben wurden auch die Junkies aus der Taunusanlage, die Bahnhofs- und Bankenviertel trennt. Es gibt jetzt allerdings »Druckräume«. Böckermann erzählt, daß die Drogenabhängigen hier wenigstens eine menschliche Umgebung im Grünen hatten. Doch sich einen Schuß quasi unter den Augen des Deutsche Bank-Chefs setzen, das geht nicht.

Arm und Reich liegen in Frankfurt nicht nur unmittelbar nebeneinander, sie gehören auch zusammen. Im Bahnhofsviertel sieht man die öffentliche, aggressive Armut: Prostituierte aus Osteuropa, Südostasien und Südamerika, Kleinkriminelle und bettelnde ZigeunerInnen. Doch wer nach den Besitzern des Bahnhofsviertels fahndet, kommt nicht nur auf den Bordellkönig Hersch Beker, sondern auch auf die Dresdner Bank, Investment- und Immobilienfonds – auch wenn sie sich hinter Strohmännern und Schachtelfirmen verbergen.

Als der »große Pate des Bahnhofsviertels« wird der Immobilienhändler Josef Buchmann hinter vorgehaltener Hand bezeichnet. Auf 1,5 Milliarden Mark taxierte *Forbes* Anfang der 90er Jahre sein Vermögen. Damit gilt er als einer der reichsten, wenn nicht sogar als der reichste Frankfurter. Einen fetten Coup landete Buchmann mit der Naxos-Halle. Die Stadt Frankfurt wollte die unter Denkmalschutz stehende ehemalige Werkshalle, die der Großinvestor gekauft hatte, zu einem Museum für die Geschichte des Industriezeitalters umbauen. 1989 schloß der damalige Kämmerer Ernst Gerhard (CDU) einen Mietvertrag bis zum Jahr 2021 mit Buchmann ab. Seither ist Miete fällig, zuletzt mehr als 190000 Mark im Monat. Die Halle aber steht im Sommer 1997 immer noch leer. Aus dem Museum wurde nichts. Erst Anfang 1997 ließ Buchmann sich eine Mietsenkung um 25 Prozent mit dem Baurecht für 38000 Quadratmeter Büro- und Wohnfläche abhandeln. Auf legalem Weg konnte die Stadt bisher nicht aus dem Mietvertrag aussteigen. Buchmann läßt sich viel Zeit für ein neues Nutzungskonzept. Er hat bisher an der leerstehenden Halle einen zweistelligen Millionenbetrag verdient.

Kultur- und Stadtteilinitiativen wie auch soziale Einrichtungen müssen derweil darben. Dem Frankfurter Arbeitslosenzentrum (FALZ) wollte der Magistrat den jährlichen Zuschuß in Höhe einer monatlichen Naxos-Miete streichen, weil die Sozialämter Sozialhilfeberechtigte und Arbeitslose ohnehin beraten müßten. Erst nach zähem Ringen floß der Zuschuß weiter.

Mit fast zwölf Milliarden Mark steht Frankfurt in der Kreide, 18250 Mark pro Kopf, vom Neugeborenen bis zum Greis. Obwohl die Mainmetropole damit quasi pleite ist, leistet sie sich neben der Naxos-Halle weitere Fälle unglaublicher Verschwendung. Etwa bei den 1995 in eine GmbH umgewandelten Stadtwerken. Ohne von Stadtverordneten dabei gestört zu werden, gönnte sich die siebenköpfige Geschäftsführung – einer unter ihnen pikanterweise der ehemalige Frankfurter ÖTV-Geschäftsführer Werner Röhre – Jahresgehälter zwischen 220 000 und 245 000 Mark und komfortable Altersbezüge. Erst auf Druck der Öffentlichkeit erklärten sich fünf der sieben bereit, das Salär auf 190 000 Mark zu senken. Damit die Beschäftigten ruhig hielten, gab es 359 Höhergruppierungen. Kosten für die Stadt: 3,35 Millionen Mark pro Jahr mit steigender Tendenz.

Pater Gregor Böckermann beendet seinen Stadtrundgang an einem kleinen Apfelbäumchen auf dem Rasen vor der Deutschen Bank, das er mit seinen Freunden im Lutherjahr 1996 für die Überschuldeten gepflanzt hat.

# 2. Milliardäre, Millionäre und andere Müßiggänger
## Deutschlands Superreiche: Ein Blick in ihre Taschen

Wer kennt schon Karl-Heinz Kipp, Erivan Haub oder Otto Beisheim? Günter Herz, Dietmar Hopp und Susanne Klatten, so könnten unsere Nachbarn heißen. Daß sie zu den fünfzig reichsten Familien Deutschlands gehören, weiß kaum jemand. Mit Bosch assoziiert man Schlagbohrer und Autobatterien. Dr. Oetker schätzen wir wegen des Schokoladenpuddings. Und Henkel, das ist »Persil bleibt doch Persil«. Bei Kurth Wigand Freiherr von Salmuth denkt man an alten deutschen Adel. Daß Salmuth einen der großen deutschen Rüstungskonzerne kontrolliert, wissen nur Insider.

Die Reichen und Mächtigen in Deutschland haben es bis auf wenige Ausnahmen geschafft, zurückgezogen zu leben und anonym zu verdienen. PolitikerInnen von CDU und FDP proklamieren einen Sparappell nach dem anderen, aber nur ans gemeine Volk. Die Superreichen haben sich derweil aus der Verantwortung fürs Gemeinwohl und aus der Solidarität mit den Arbeitslosen und Armen klammheimlich verabschiedet. Wer nicht in Erscheinung tritt, braucht auch nicht zu teilen.

Etwa 400 Familien in Deutschland dürften ein Vermögen von mehr als 200 Millionen Mark ihr eigen nennen, darunter bekannte Privatiers wie Jan Philipp Reemtsma und Gunter Sachs sowie mindestens zehn Immobilienhändler. Auch die Unternehmerfunktionäre Tyll Necker (Ex-BDA-Präsident), Klaus Murmann (Ex-BDI-Präsident), der Präsident des Deutschen Industrie- und Handelstages (DIHT) Hans Peter Stihl und sein Vorgänger Otto-Wolf von Amerongen gehören dazu. Geradezu dreist rechtfertigen sie ihren Reichtum: »Es gibt nur eines, das noch falscher wäre, als die kleinen Leute stärker zu belasten. Wenn man für alles und jedes die Besserverdienenden zusätzlich zahlen ließe«, sagt zum Beispiel Amerongen.[1]

In den USA steckt die High Society ihren ganzen Ehrgeiz darein, in den internationalen Club der Superreichen des Wirtschaftsmagazins *Forbes* aufgenommen zu werden. In Deutschland dagegen wird die Liste, die auch die deutschen Dollar-Milliardäre aufführt, kaum zur Kenntnis genommen, obwohl sie jedes Jahr im Juli am Kiosk zu kaufen ist. Hierzulande frönen die Reichen und Superreichen dem »diskreten Charme der sozialen Distanz«, wie es der Reichtumsforscher Ernst-Ulrich Huster ausdrückt. Nur manchmal dringen die Ränke und Ranküne vom Olymp des deutschen Geldadels zu uns herunter. Zum Beispiel, als die schrille Fürstin Gloria von Thurn und Taxis öffentlichkeitswirksam und meistbietend das Tafelsilber des Familienbesitzes verscherbelte, weil sie die Erbschaftssteuer von 65 Millionen Mark nicht bezahlen konnte, nachdem zweifelhafte Berater das fürstliche Vermögen heruntergewirtschaftet hatten. Nach einigem Tamtam und mit viel fürstlichem Verhandlungsgeschick einigte man sich auf ein Tauschgeschäft: Der bayerische Staat begnügte sich mit 44 Millionen und bekam dafür einige bescheidene Stücke aus der Schnupftabakdosensammlung des Fürsten, einige Kirchengerätschaften und eine große Gewehrsammlung. Fürstin Gloria mußte sich jedoch ob des Verlusts nicht grämen. Die Stücke blieben im Familienschloß Emmeram in Regensburg, wo die Staatsregierung eine Filiale des Bayerischen Nationalmuseums eröffnet hat.

Ein Stück vom Glanz der Superreichen erhaschte auch, wer den Scheidungskrieg zwischen dem Kekskönig Hermann Bahlsen und seiner Frau Ursula verfolgte, die 1996 versuchte, sich 40 Ehejahre mit 80 000 Mark Apanage monatlich vergolden zu lassen, weil sie sich »nicht mit der Rente einer Ministerialratsgattin abspeisen lassen« wollte, wie *Bild* wußte. Sie forderte 20 000 Mark für Kleidung, Reisen und Gästebewirtung, 8 300 Mark Mietkosten, 11 500 Mark für Chauffeur, Rittmeister und Haushaltsgeld, sowie 7 200 Mark für diverse andere Posten. Zufriedengeben mußte sie sich schließlich nach zähen Verhandlungen der beiden Scheidungsanwälte mit bescheidenen 15 000 Mark und dem Zugewinnausgleich.[2]

Chantal Grundig bekommt aus der von ihrem Mann Max geerbten Firmenbeteiligung jährlich, unabhängig vom Gewinn, 45 Millionen Mark garantierte Dividende überwiesen. Für 129 Millionen Mark übernahm der niederländische Elektronikkonzern Philips, der bei Grundig die Geschäfte führte, auch ein Aktienpaket der Grundig-Stiftung, welche die Familienbeteiligung verwaltet. Im Poker um den Ausstieg aus dem Fürther Traditionsunternehmen geht es für Philips nicht nur um die bis ins Jahr 2004 garantierte Dividende für Chantal, sondern auch um die Höhe der jährlichen Verluste, die Philips vertragsgemäß ausgleichen muß. Die Grundig-

Witwe, die sich ohne jedes unternehmerische Risiko aushalten läßt, weigert sich trotz mehrfacher Aufforderung, in das Elektronikunternehmen zu investieren und macht sich in den Augen vieler Beschäftigter mitschuldig am Verlust ihrer Arbeitsplätze. Von Anfang 1996 bis Ende 1997 sank die Belegschaft von 11 500 auf 5 600.

## Quandt und Flick – Alte Industriellenfamilien

Die reichste deutsche Familie sind die Quandts, bekannt zum Beispiel durch BMW, Varta und Altana. Konzerngründer Günther Quandt hat in Hitlers Angriffskriegen seine Millionen kräftig gemehrt. Er leitete in den 20er Jahren gemeinsam mit August Rosterg den Wintershall Konzern, der in der Kali-Industrie tätig war und heute zur BASF gehört. Anfang Februar 1931 zählte Quandt zu den Industriellen, die Hitler im Berliner Hotel Kaiserhof geheim empfing, um mit ihrer Unterstützung seine Wahlkämpfe und Propagandafeldzüge zu finanzieren. Auch Quandt spendete einen namhaften Betrag. Am 20. Februar 1933 initiierten er, Rosterg und andere Unternehmer die »Adolf-Hitler-Spende der deutschen Wirtschaft«. Rosterg vertrat Wintershall im »Freundeskreis des Reichsführers SS Heinrich Himmler«. Quandt wurde Aufsichtsratsmitglied bei der Deutschen Bank und der Daimler-Benz AG. Für seine Funktion als »Wehrwirtschaftsführer« ab 1937 mußte er sich 1948 vor der Spruchkammer Starnberg verteidigen. Allerdings wurde er als Mitläufer eingestuft und freigesprochen. So konnte er nach dem Zweiten Weltkrieg eines der größten Wirtschaftsimperien Deutschlands aufbauen, das nach seinem Tod 1954 an seine Söhne Herbert und Harald überging. Günther Quandt war in erster Ehe mit der späteren Frau von Josef Goebbels, Magda, verheiratet. Sein Sohn Harald wuchs in der Goebbels-Familie auf.

Friedrich Flick mußte dagegen knapp drei Jahre für sein Engagement im Faschismus absitzen. Er hatte nicht nur etwa 7,5 Millionen Reichsmark an die NSDAP gespendet, sondern auch den Besitz der jüdischen Familie Petschek aus der Tschechoslowakei und damit die Kontrolle über ein Drittel der deutschen Braunkohlevorräte übernommen. Außerdem ließ sich sein Konzern in großem Umfang mit Zwangsarbeitern und KZ-Häftlingen versorgen. Doch schon Ende der 50er Jahre war Flick wieder einer der deutschen Industriemagnaten.

1982 geriet der Name Flick wieder in die Schlagzeilen. Der Sohn von Friedrich Flick, Friedrich Karl, verkaufte seine Daimler-Aktien, erzielte einen Buchgewinn von 1,8 Milliarden Mark und kaufte Anteile am amerikanischen Chemiekonzern Grace. Damit die Transaktion ohne allzu große Beteiligung des Fiskus vonstatten gehen konnte, half Flicks Generalbevollmächtigter Eberhard von Brauchitsch bei Bonner Spitzenpolitikern mit Geld nach, um für die Rochade das Prädikat »volkswirtschaftlich förderungswürdig« zu bekommen. Steuerersparnis: etwa 450 Millionen Mark.

Der Flick-Skandal brachte auch ans Licht, daß der Konzern seit Jahren über Geldwaschanlagen CDU, CSU, FDP und SPD mit großzügigen Spenden bedacht und illegal steuermindernd verbucht hatte, wodurch dem Staat Steuern in Millionenhöhe entgingen. Dem damals amtierenden Wirtschaftsminister Otto Graf Lambsdorff und seinem Vorgänger Hans Friderichs (beide FDP) konnte zwar keine Bestechlichkeit nachgewiesen werden, sie wurden jedoch wie Eberhard von Brauchitsch wegen Steuerhinterziehung rechtskräftig verurteilt.

Der eigentliche Skandal liegt darin, daß Friedrich Karl Flick ungeschoren davonkam. Er verkaufte seine Industriebeteiligungen und zog sich nach Österreich zurück, was dem damaligen Bundesfinanzminister Gerhard Stoltenberg gar nicht gefiel: »Herr Flick fühlt sich bei einem sozialistischen Finanzminister in Österreich viel wohler als bei uns«, hörte man ihn nörgeln.[3]

## Dietmar Hopp – Der deutsche Bill Gates

Die einzige Erfolgsstory deutscher Newcomer in der Industrie ist der unaufhaltsame Aufstieg des Softwareunternehmens SAP aus dem badischen Walldorf. Vorstandschef Dietmar Hopp gilt als deutscher Bill Gates. Er stieg 1972 zusammen mit seinen Managerkollegen Hans-Werner Hector, Hasso Plattner, Klaus Tschira und Claus Wellenreuther bei IBM aus, um in eigener Regie standardisierte und integrierte Software für Unternehmen zu entwickeln. Wellenreuther verließ SAP schnell wieder und verpaßte den

Höhenflug. Seit Beginn der 80er Jahre hat sich das badische Unternehmen zum Weltmarktführer entwickelt. Auf dem US-amerikanischen Markt erzielt es inzwischen höhere Umsätze als in Deutschland. Die SAP-Programmierer eilen mit ihrer Standardsoftware R/3 von Erfolg zu Erfolg und zählen selbst renommierte Computerfirmen wie Microsoft, IBM, Hewlett-Packard, Compaq und Apple zu ihren Kunden. Der Clou ist das modulare System: Firmen können einzelne Programme kaufen, etwa zur Finanzbuchhaltung, zur Gehaltsabrechnung oder zur Warenwirtschaft, und später weitere Module erwerben. Kritiker werfen dem Unternehmen allerdings vor, daß SAP unverschämt hohe Monopolgewinne abkassiere und die Kunden quasi von SAP-Produkten abhängig mache, weil es keine herstellerübergreifenden Normen gibt.

An der Börse ist SAP inzwischen mehr wert als BMW, Volkswagen oder die Lufthansa. Anfang 1995 wechselte Hans-Werner Hector vom Vorstand in den Aufsichtsrat. Anfang 1996 hatte er gemeinsam mit Dietmar Hopp und Klaus Tschira einen Teil ihres Aktienkapitals auf gemeinnützige Stiftungen übertragen, um »die Unabhängigkeit der SAP AG auch über die Generation der Gründer hinaus zu sichern«, wie es hieß. Ein Konsortialvertrag sollte ein einvernehmliches Stimmrecht garantieren. Kurz darauf löste Hector jedoch seine Anteile bis auf fünf Prozent wieder heraus und legte sie bei der UBS International Trustees Ltd. (Jersey) an, die im wesentlichen von der Schweizerischen Bankanstalt beeinflußt wird. Als das zu heftigen Kursausschlägen führte, mußte Hector im Aufsichtsrat seinen Hut nehmen. Seit 1997 sind Hopp und Plattner gleichberechtigte Vorstandssprecher.

In jüngster Zeit wurde wegen des Vorwurfs illegaler Insidergeschäfte an der Frankfurter Börse gegen SAP-MitarbeiterInnen ermittelt, was dem Unternehmen allerdings keinen nachhaltigen Schaden zufügte.

## Leo Kirch – Die Macht der Medien

Den richtigen Riecher hatte Medienunternehmer Leo Kirch, der seit Mitte der 50er Jahre systematisch die Rechte an Filmen und Fernsehproduktionen aufkauft. Heute umfaßt seine Sammlung rund 15 000 Spielfilme und 25 000 Stunden Fernsehserien, Kinderprogramme, Dokumentationen, Opern, Konzerte und Shows. Kirch beliefert damit alle deutschen Fernsehsender. Eine Auswahl der Unternehmen, an denen der Medien-Mogul beteiligt ist:

*Film- und Fernsehproduktion:* Taurus Film (100 Prozent), Neue Deutsche Filmgesellschaft (77 Prozent), Neue Constantin Film Produktion (49 Prozent), Internationale Sportrechte-Verwertungsgesellschaft ISPR (50 Prozent).
*Hörfunk:* Radio Arabella (15 Prozent).
*Fernsehsender:* SAT 1 (43 Prozent), Premiere (25 Prozent, geplant 50 Prozent), Deutsches Sportfernsehen (DSF, 66,5 Prozent), über seinen Sohn Thomas Pro 7 (47,5 Prozent), Teleclub (Pay-TV, Schweiz, 40 Prozent), Telepiu (Pay-TV, Italien, 45 Prozent), Telecinco (Spanien, 25 Prozent).
*Verlagswesen:* Axel-Springer-Verlag (40,05 Prozent).[4]

Springer besitzt rund 20 Tages- und Sonntagszeitungen (*Bild*, *Welt*, u.a.), zwei Dutzend Wochen- und Monatszeitschriften (*Hörzu*, *Journal für die Frau*, *Super-Illu* u.a.) und erzielt einen Jahresumsatz von 3,45 Milliarden Mark. Anfang der 90er Jahre tobte ein öffentlich ausgetragener Machtkampf zwischen den Springer-Erben und Kirch, der versuchte, die Aktienmehrheit zu erlangen, aber schließlich klein beigeben mußte.

Gemunkelt wird auch, daß Kirch mit seinem italienischen Alter ego Silvio Berlusconi durch geheime wechselseitige Treuhänderverträge verbandelt ist, beide gegenseitig als Strohmänner fungieren und damit nationale Medienkontrollgesetze umschiffen.

Anfang 1997 geriet Kirch in die Schlagzeilen, als er einen Milliardenkredit benötigte, an dem sich auch die staatliche bayerische Landesanstalt für Aufbaufinanzierung (LfA) mit 500 Millionen Mark beteiligen sollte. Nach öffentlichen Protesten gegen die stille Hilfe an den »Medienspekulanten und CSU-Spezi« verzichtete Kirch auf die LfA-Unterstützung. Die 500

Millionen kommen jetzt von der ebenfalls landeseigenen Bankgesellschaft Berlin.

Kirch braucht eine Geldspritze, denn seine ambitiösen Pay-TV-Pläne laufen schlecht. Für 3,4 Milliarden Mark hatte er die Fernsehrechte für die Fußballweltmeisterschaften 2002 und 2006 gekauft, um die Spektakel in seinem Pay-TV-Sender auszustrahlen. Doch statt der Ende 1997 prognostizierten 300 000 Abonnenten hatte der Kanal bis Juni 1997 nur 30 000 gewonnen. Gerüchte über Finanzprobleme des Kirch-Imperiums reißen seither nicht mehr ab.

Über mehrere Jahre zog sich der »Decoder-Streit« um die Technik zur Entschlüsselung von digitalen Pay-TV-Programmen zwischen Kirch, der Deutschen Telekom und dem weltweit zweitgrößten Medienkonzern Bertelsmann hin: Er endete 1997 damit, daß Bertelsmann seine eigenen Pay-TV-Pläne aufgab. Gemeinsam mit Kirch stockte der Konzern aus Gütersloh die Anteile an Premiere auf 50 Prozent auf, um den Sender zum Pay-TV umzubauen. Ein Lichtblick für die stockenden Abo-Sender-Pläne ist der geplante Einstieg der Deutschen Telekom ins Pay-TV. Die Strippenzieher könnten Kirch und Bertelsmann Zugang zu 17 Millionen Kabelhaushalten verschaffen.[5]

Derzeit wird der Medienkonzern umgebaut, um den Rückzug von Leo Kirch und die Übernahme durch seinen Sohn Thomas vorzubereiten: Der Großteil des Vermögens und der Geschäftsanteile sollen in eine Stiftung einfließen. Für das Tagesgeschäft ist eine Holding geplant. Pro 7 wurde als erster Fernsehsender an der Börse plaziert. Der Jahresumsatz der Gruppe wird auf 5,4 Milliarden Mark geschätzt.

## Der gläserne Milliardär

Im allgemeinen können die deutschen Superreichen ungestört ihren Reichtum mehren. Ob Vermögenssteuerdebatte oder sozialer Kahlschlag, sie stehen mit ihren Beteiligungen an Holdings und Aktiengesellschaften im Zeitalter des »shareholder value« auf der Sonnenseite. Dennoch beklagte der Ex-Bundesbankchef und persönlich haftende Gesellschafter des Privatbankhauses Sal. Oppenheim jr. & Co. in Köln, Karl-Otto Pöhl, daß es angesichts der Steuerbelastung schwierig sei, ein Vermögen auch nur im realen Wert zu erhalten. So recht glauben mag man ihm angesichts einer durchschnittlichen Verzinsung privaten Geldvermögens von 6,2 Prozent[6] und angesichts von 0,068 Prozent real gezahlter Vermögenssteuer nicht.[7] Und wenn schon – da ginge es den bedauernswerten Reichen auch nicht besser als Otto Normalverbraucher und Lieschen Müller. Die müssen seit elf Jahren auf reale Einkommenszuwächse verzichten.

## Die Hitliste der Superreichen

Seit zehn Jahren listet *Forbes* die Superreichen der Welt auf. 1987 entdeckte das Wirtschaftsmagazin 96 Dollar-Milliardäre weltweit. Zehn Jahre später sind es bereits 447, davon allein 149 in den USA. Wegen der großen Zahl wurde die Hitliste 1997 umgestellt. Ermittelt werden nicht mehr alle Dollar-Milliardäre, sondern nur noch die »Top 200«.

In Deutschland lebten 1996 47 Familien mit einem Vermögen von mindestens einer Milliarde Dollar. Unter den »Top 200« des Jahres 1997 finden sich 21 deutsche Familien. Nach den USA ist die Bundesrepublik in dieser Liste am häufigsten vertreten.

Auf dem Thron des Vermögensolymps sitzt mit 19,89 Milliarden Mark die Industriellenfamilie Quandt dank BMW, Altana, Varta und anderen Filetstücken deutscher Industrie. Johanna Quandt und ihre Tochter Susanne Klatten sind die reichsten Frauen Deutschlands. Klatten erwirtschaftet unter anderem mit ihren Anteilen an der Altana AG und an BMW jährliche Einnahmen von mindestens 61,5 Millionen Mark. Silber geht an die Aldi-Brüder Theo und Karl Albrecht, die mit Deutschlands größter Billig-Supermarktkette 19,55 Milliarden Mark angehäuft haben. Nummer drei unter den Superreichen ist Curt Engelhorn, der seinen Pharmakonzern Boehringer Mannheim 1997 für 18,7 Milliarden Mark verkaufte. Der undankbare vierte Platz blieb den Haniels, rheinischen Industriellen mit 420 Familiengesellschaftern, die unter anderem am Metro-Konzern beteiligt sind und mit 15,81 Milliarden Mark taxiert wurden.

Die Superreichen, das sind Einzelpersonen, Familien und ganze Clans, neben den Haniels beispielsweise die Siemens-Dynastie sowie die Familien Merck und Röchling.

Der Club der Milliardäre hat fast ausschließlich männliche Mitglieder. Ein paar Töchter und Ehefrauen sind darunter. Neben Johanna Quandt und Susanne Klatten auch Louise Piëch. Gloria von Thurn und Taxis auf Platz 34 der Superreichen agiert nur im Auftrag ihres Sohnes und Erbprinzen Albert.

Dem Club gehören ausschließlich Wessis an. Wen wunderts, daß die Wiedervereinigung mangels ostdeutscher Masse in der High Society nicht stattfand.

Von den superreichen Familien sind 22 in der Industrie tätig, elf im Handel. Drei besitzen Mischkonzerne, drei Medienkonzerne und zehn fallen unter die Rubrik »sonstige«. Die Mehrheit sind alte Dynastien des Geldadels. Nur zwölf Familien zählen zu den Neureichen, darunter die Besitzer des Softwareunternehmens SAP und acht Handelsriesen, wie Albrecht, Beisheim, Haub und Herz. Nach 1945 war die Industrie zwar schon unter finanzstarken Konzernen aus der Vorkriegszeit aufgeteilt. Findige Handelsunternehmen konnten im zerstörten Nachkriegsdeutschland dagegen das große Geld machen. Im Handel herrschte noch die Tante-Emma-Struktur der Vorkriegszeit.

Über 263,67 Milliarden Mark verfügen die 47 reichsten Familien Deutschlands nach Schätzungen, immerhin ein knappes Drittel dessen, was die unteren 16 Millionen Haushalte in Deutschland besitzen. Oder anders ausgedrückt mehr als die Hälfte des Bundeshaushalts von 1997.

Die Liste der reichsten deutschen Familien richtet sich nach den Angaben von *Forbes*[8] und wurden aus weiteren Quellen angereichert[9]. Die Dollar-Beträge sind zum Kurs von 1,70 Mark umgerechnet. Für die Angaben der Vermögenswerte übernehmen die Autorin und der Autor keine Garantie, zumal bei den Angaben aus dem Jahr 1996 die riesigen Steigerungen der Aktienkurse im Jahre 1997 nicht berücksichtigt sind. Es steht auch zu vermuten, daß die Schätzungen von *Forbes* eher vorsichtig sind. Der *Spiegel* kommt zu anderen Zahlen und anderen Namen: Er führt noch Chantal Grundig mit 2,8 Milliarden, Heinz Bauer (Bauer-Verlag) mit 2,3 Milliarden, Heinz G. Baus (Bauhaus) mit 1,8 Milliarden, Otto Happel (GEA Maschinen- und Anlagenbau) mit 1,5 Milliarden, Rolf Deyhle (Musicals, Filme, Immobilien) mit 1,2 Milliarden, Friede Springer (Springer-Verlag) mit 1,1 Milliarden und Anton Schlecker (Drogerie-Discounter) mit einer Milliarde Mark an.[10]

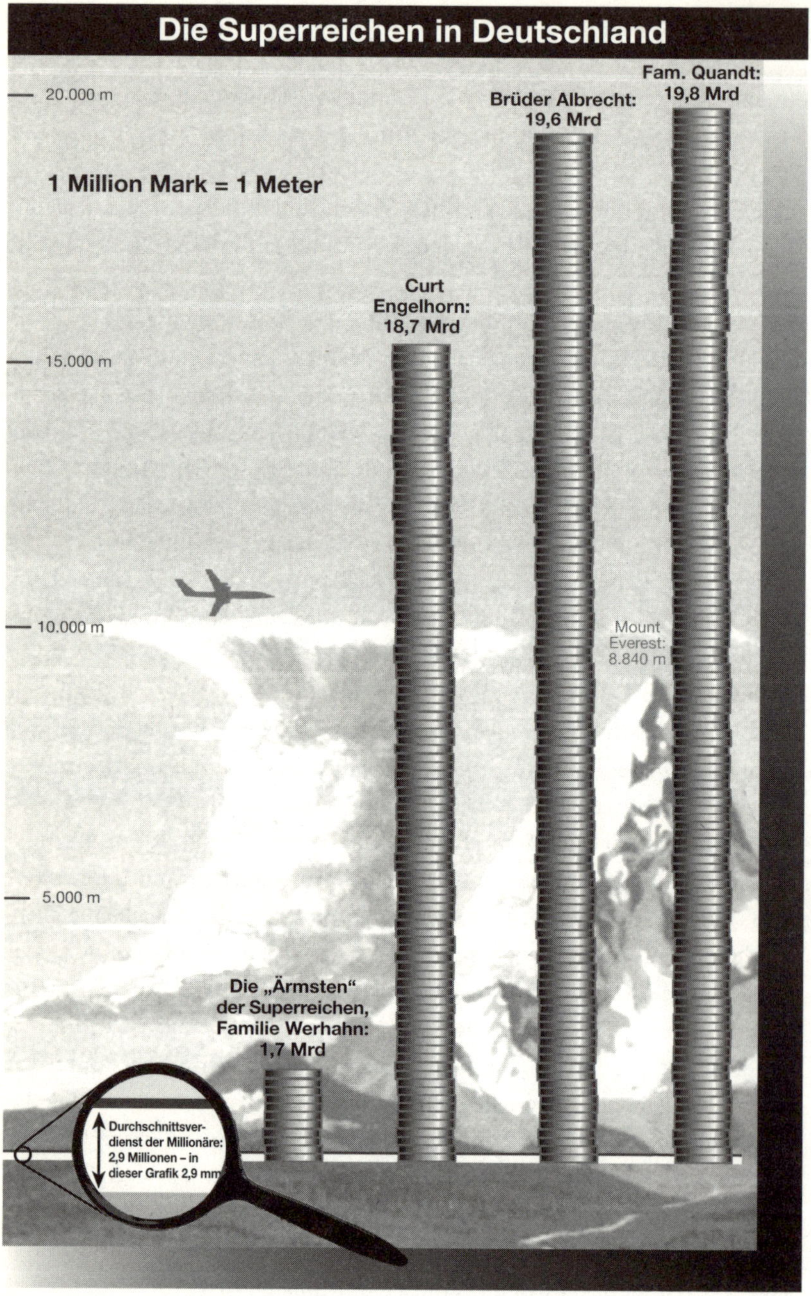


Quelle: *Forbes* 7/1997; eigene Berechnungen

## Die superreichen deutschen Familien

### 1. Familie Quandt 19,89 Mrd. DM

Die beiden Zweige der alten Industriellenfamilie haben maßgeblichen Einfluß auf BMW, Varta, Altana, CEAG u.a. An BMW besitzen die Quandts 48,1 %: 17,9 % gehören Johanna Quandt, dritte Ehefrau und Witwe des legendären Herbert Quandt. 17 % hält ihr Sohn Stefan und 13,2 % ihre Tochter Susanne Klatten, die 1997 den stellvertretenden Aufsichtsratsvorsitz von ihrer Mutter übernommen hat. Auch Stefan gehört dem Gremium an. BMW hat sich 1994 für 1 Mrd. DM den englischen Konzern Rover einverleibt. Umsatz 1996: rund 60 Mrd. DM, Gewinn: 820 Mio. DM. Susanne Klatten hält über 50 % an der Altana AG, einem Pharma- und Chemiekonzern in Bad Homburg. Nach der Trennung vom Babykost-Anbieter Milupa stieg die Liquidität des Konzerns um 700 Mio. DM. Stefan Quandt hält 100 % der Delton Beteiligungs AG, einem Mischkonzern mit 1 Mrd. DM Umsatz. Der andere Familienzweig (Sonja Quandt-Wolf, Sabina und Sven Quandt) besitzt 38 % der Anteile an der Varta AG, Hannover, und weitere Vermögensbeteiligungen.

### 2. Theo und Karl Albrecht 19,55 Mrd. DM

Besitzer von Aldi, der größten deutschen Discounter-Ladenkette mit 2 900 Filialen und mehreren hundert ausländischen Niederlassungen. 1961 wurde die Gruppe in eine Nord-Kette (Theo Albrecht) und eine Süd-Kette (Karl Albrecht) geteilt. Die beiden Brüder haben ihre Anteile in die Markus-Stiftung und die Siepmann-Stiftung eingebracht. Die drei Söhne der Albrecht-Brüder spielen im Management nur eine Nebenrolle. Umsatz 1995: 32,5 Mrd. DM, Gewinn: nicht veröffentlicht, Beschäftigte: über 20 000.

### 3. Curt Engelhorn und Familie 18,7 Mrd. DM

Verkaufte 1997 die auf den Bermudas angesiedelte Holding Corange Ltd., welche die Firma Boehringer Mannheim (nicht zu verwechseln mit Boehringer Ingelheim, vgl. Nr. 9) und den US-amerikanischen

Orthopädiehersteller De Puy kontrolliert. Als Kaufpreis wurden 18,7 Milliarden Mark genannt.

### 4. Familie Haniel 15,81 Mrd. DM

Der Mischkonzern Haniel & Cie hält 33,3 % des Handelsriesen Metro. Weitere Konzernsparten sind Waschraumhygiene, Baustoffe, Reedereien und Industrie-Logistik. Die Industriellenfamilie aus Duisburg hat ca. 930 Mitglieder, unter ihnen 420 Gesellschafter der Haniel & Cie. Umsatz 1995: 24,2 Mrd. DM, Gewinn: 275,2 Mio. DM. Beschäftigte 28 485. Die Familie hält enge Verbindung zum Mehrheitsgesellschafter von Metro, Otto Beisheim (Nr. 8), und beherrscht mit 50,32 % die GEHE AG, Stuttgart, ein Pharma-Großhandelsunternehmen, das 25 % des europäischen Marktes kontrolliert.

### 5. Familie Merck und H.-J. Langmann 9,52 Mrd. DM

Die Darmstädter Familie Merck hält über die Gesellschaft E. Merck 74 % der Merck KGaA, die in den Bereichen Pharmazie, Arzneimittel, Reagenzien, Laborgeräte und Chemikalien tätig ist und zahlreiche in- und ausländische Beteiligungen hat. Der Vorsitzende der Geschäftsleitung Hans-Joachim Langmann (72) ist mit einer Merck-Erbin verheiratet. Die 50 Gesellschafter der E. Merck gehören zum engeren Familienkreis. Sie wählen einen elfköpfigen Familienrat. Dieser bestimmt den neunköpfigen Gesellschafterrat, dem auch externe Personen angehören. Familien- und Gesellschafterrat treffen die strategischen Vorgaben für die Geschäftsleitung. Umsatz 1995: 6,2 Mrd. DM, Gewinn: 368,5 Mio. DM, Beschäftigte: 27 762.

### 6. Familie Henkel und Albrecht Woeste 8,84 Mrd. DM

Die Henkel KGaA stellt u.a. Persil, Spee, Pril und Pattex her und ist in der Chemieindustrie tätig. 1995 übernahm der Konzern die Schwarzkopf-Gruppe (Schauma, Kaloderma, Bac u.a.). Konrad Henkel, das Familienoberhaupt, übergab 1990 den Vorsitz des Gesellschafterausschusses und des Aufsichtsrates an Albrecht Woeste aus der vierten

Henkel-Generation. Er blieb aber in beiden Gremien Ehrenvorsitzender. Woeste ist Aufsichtsrat bei der Deutschen Bank und besitzt die Metallfirma R. Woeste & Co. in Düsseldorf. Henkels Frau Gabriele profiliert sich als Kunstmäzenin und pflegt gute Kontakte in Politik und Gesellschaft. Die Familie besitzt alle stimmberechtigten Vorzugsaktien (Familien von Fritz Henkel 40 %, Hugo Henkel 40 % und Emmy Henkel 20 %) und 33 % der Vorzugsaktien. Den Rest halten 41 000 Aktionäre, die erst seit 1996 stimmberechtigte Aktien kaufen können. Die Stimmenmehrheit das Henkel-Clans ist bis 2016 vertraglich fixiert. Umsatz 1995: 14,2 Mrd. DM, Gewinn: 488 Mio. DM, Beschäftigte weltweit: 41 644.

### 7. Erivan Haub und Familie 8,5 Mrd. DM

Besitzt ein Imperium von Lebensmittel- und Spezialmärkten: u.a. den Branchenriesen Tengelmann mit 7.500 Filialen, Kaiser's, Plus, LeDi, Grosso, Magnet, OBI, Wissoll-Schokolade und in den USA 54 % von A & P. Der alleingeschäftsführende Gesellschafter Erivan Haub (64) gilt als Vorreiter in Sachen nachhaltiges Wirtschaften. Er übertrug 1997 seinem Sohn Karl-Erivan (37) das operative Geschäft. Die beiden anderen Söhne Georg und Christian haben ebenfalls leitende Positionen. Umsatz 1994/95: 49,9 Mrd. DM, davon in Deutschland 25,5 Mrd. DM, Gewinn: nicht veröffentlicht, Beschäftigte weltweit: rund 200 000.

### 8. Otto Beisheim 8,16 Mrd. DM

Hält 33 % des größten europäischen Handelskonzerns Metro, Baar/Schweiz und Düsseldorf (vgl. Nr. 4 und Nr. 12) und verfügt über die Stimmenmehrheit. Er lebt steuersparend in der Schweiz. Das operative Geschäft führt der ehemalige IBM-Manager Erwin Conradi. Zum Konzern gehören u.a. die Metro-Großmärkte, Kaufhof, Galeria Kaufhof (früher Horten), Kaufhalle, Media-Markt, Saturn, Vobis, die Praktiker Baumärkte, Real, Massa und Jacque's Weindepot. Umsatz der Holding: 75,1 Mrd. DM, Gewinn: 853,4 Mio. DM, Beschäftigte: 178 594. Über die Telfi Handels AG beliefert Beisheim Pro 7 und Kabel 1 mit Spielfilmen. Beisheim arbeitet eng mit seinem Freund Leo Kirch (vgl.

Nr. 20) zusammen. Ein mysteriöser Kauf und Rückkauf von Filmrechten beschäftigt die Staatsanwaltschaft wegen Steuerhinterziehung.

### 9. Familie Boehringer 7,99 Mrd. DM

Den Familien Boehringer und von Baumbach aus Ingelheim/Rhein gehört die Boehringer Ingelheim Gruppe (nicht zu verwechseln mit Boehringer Mannheim, vgl. Nr. 3), die zu den zwanzig größten Pharmakonzernen der Welt zählt (Thomapyrin). Neben dem Vorsitzenden Erich von Baumbach sitzen im Gesellschafterausschuß Albert, Hans und Otto Boehringer. Nach einem Dioxin-Skandal im Werk Hamburg-Moorfleet, wo bis 1984 das Insektenvernichtungsmittel Lindan produziert wurde, starben viele Beschäftigte an Krebs. Die Erkrankungen wurden als Berufskrankheit anerkannt. Umsatz 1995: 6,4 Mrd. DM, Gewinn: 273 Mio. DM, Beschäftigte: 23 377.

### 10. Friedrich Karl Flick jr. 7,65 Mrd. DM

Friedrich Karl Flick jr. ist der Sohn des legendären Friedrich Flick, der auf dem Höhepunkt seiner Macht das größte deutsche Industrieimperium (Mercedes, Buderus u.a.) besaß. Nach dessen Tod führte Sohn Friedrich Karl den Konzern gemeinsam mit seinen Neffen Friedrich-Christian und Gert-Rudolf (»Mick und Muck«). In den 80er Jahren war er in den Flick-Skandal um Steuerhinterziehung und Bestechung hoher deutscher Politiker verwickelt. Nachdem bereits seine Neffen und deren Schwester Dagmar Gräfin Vitzham jeweils mit dreistelligen Millionenbeträgen ausgezahlt worden waren, verkaufte Flick die Reste des Imperiums an die Deutsche Bank, die es später weiter veräußerte. Flick lebt seitdem in Österreich und übertrug sein Vermögen steuersparend an die »Dr. Flicksche Privatstiftung Rottenmann«. Die beiden Neffen verwalten ihr Vermögen in der Schweiz in den Firmen Flimag, Flimax, Gerag und Garel. Friedrich-Christian war lange mit Maya Gräfin von Schönburg-Glauchan verheiratet, einer Schwester von Gloria von Thurn und Taxis (vgl. Nr. 36). Bei der Scheidung setzte sie einen Unterhalt von 21 Mio. DM durch.

### 11. Michael Otto und Familie 7,65 Mrd. DM

Der Hamburger Familie Otto gehören 100 % der Otto AG für Beteiligungen, die 50 % des Otto-Konzerns hält (vgl. Nr. 27 und 28). Dr. Michael Otto (54) ist Vorstandsvorsitzender und Werner Otto Ehrenvorsitzender des Aufsichtsrates. Der Sohn von Michael, Frank Otto, erbt die Familienanteile. Der Konzern hält neben dem Branchenprimus Otto-Versand zahlreiche in- und ausländische Beteiligungen, u.a. die Versandhäuser Schwab, Witt und Heine sowie den Sportartikelanbieter Sport-Scheck. Umsatz 1995: 24,8 Mrd. DM, Gewinn: 449,2 Mio. DM. Beschäftigte: 54 000 weltweit.

### 12. Rolf Gerling 6,8 Mrd. DM

Mit 70 % Mehrheitsbesitzer und Aufsichtsratsvorsitzender der Gerling Konzern Versicherungs-Beteiligungs AG in Köln, dem größten deutschen Industrie-Versicherungs-Unternehmen. (Umsatz 1995: 11,1 Mrd. DM, Beschäftigte: 9 900.) Die Deutsche Bank hält 30 % der Anteile. Sohn von Dr. Hans Gerling, der den Konzern in der Nachkriegszeit leitete. Nach dem Konkurs der Kölner Herstatt-Bank 1974, an welcher der Konzern beteiligt war, geriet auch Gerling ins Trudeln, wurde aber von der Versicherungsholding der deutschen Industrie gestützt. Rolf Gerling engagiert sich für ein ökologisches Management.

### 13. Familie Schickedanz 6,29 Mrd. DM

Nach dem Tod von Gustav und Grete Schickedanz leitet Schwiegersohn Wolfgang Bühler die Schickedanz-Gruppe mit dem Herzstück Quelle-Versand. Bühler ist Vorsitzender des Aufsichts- und des Verwaltungsrates der Quelle Schickedanz AG & Co. Das Kapital liegt bei der Schickedanz Holding-Stiftung & Co, KG. Zur Gruppe gehören auch Modehäuser wie Sinn und Leffers, die Ketten Foto-Quelle und Apollo Optik sowie 20 % des größten deutschen Reiseveranstalters TUI. Umsatz 1995/96: 12,1 Mrd. DM, Gewinn: 110 Mio. DM, Beschäftigte: 28 700. 1997 erwarb die Gruppe 20 % der Anteile der Karstadt AG.

### 14. Familie Schmidt-Ruthenbeck 7,14 Mrd. DM

Der Vater von Michael und Reiner Schmidt-Ruthenbeck war früher Partner von Otto Beisheim, dem Metro-Besitzer. Heute besitzt die Familie ein Drittel des Metro-Konzerns (vgl. Nr. 8).

### 15. Günter Herz und Familie 6,12 Mrd. DM

Besitzer der Tchibo Holding AG in Hamburg, die auch 75,1 % der Anteile des Reemtsma Zigarettenkonzerns und 25,9 % des Chemiekonzerns Beiersdorf (Nivea, Hansaplast, 8 x 4 Deo, Labello, Tesafilm u.a., Medizin- und Pharmaprodukte) hält. Firmengründer Max Herz hinterließ 1965 das Firmenvermögen seiner Frau Ingeburg und den fünf Kindern Günter, Michael, Joachim, Wolfgang und Daniela Herz-Schnoeckl. Alle Familienmitglieder sind an der Tchibo Holding und vielen anderen Firmen beteiligt. Günter Herz (57) leitet den Konzern. 1996 übernahm Tchibo den Hauptkonkurrenten Eduscho. Die Reemtsma Cigarettenfabriken GmbH in Hamburg (West, Peter Stuyvesant, R1, R6, Ernte 23, Cabinet, Davidoff, John Players, Atika u.a.) hält in Deutschland einen Marktanteil von 23,7 %. Umsatz des Gesamtkonzerns 1995: 12,9 Mrd. DM (nach Abzug der Tabaksteuer 6,2 Mrd. DM), Gewinn: 301,4 Mio. DM, Beschäftigte: 13 609.

### 16. Dietmar Hopp und Söhne 6,12 Mrd. DM

Mitbegründer und Vorstandsvorsitzender des Walldorfer Softwarekonzerns SAP, dem Weltmarktführer für Unternehmenssoftware. Hopp und seinen Söhnen Oliver und Daniel gehören 18,46 % von SAP, zum Teil über die Dietmar Hopp Stiftung GmbH i.G. Der Rest der Aktien liegt bei Hasso Plattner und Klaus Tschira (vgl. Nr. 30 und 33). Mitbegründer Hans-Werner Hector (Nr. 40) hat nach internen Querelen seine Anteile bis auf 5 % verkauft. SAP wurde 1972 von fünf ehemaligen IBM-Managern gegründet, 1988 in eine AG umgewandelt und erfreut sich bei Anlegern und Analysten steigender Beliebtheit. Umsatz 1996: 3,7 Mrd. DM, Gewinn: 567 Mio. DM, Beschäftigte: etwa 9 000.

### 17. Familien Piëch und Porsche 5,78 Mrd. DM

Die Familien Piëch und Porsche teilen sich je zur Hälfte alle Stamm- und 25 % der Vorzugsaktien der Porsche AG in Stuttgart. Ihnen gehört auch die Porsche Holding OHG in Salzburg, das größte österreichische Handelsunternehmen, das die Exklusivrechte für den Import aller VW-Produkte hält. Die Kinder von Ferdinand Porsche, dem »Vater« des VW Käfers, führen die beiden Linien der Familie: Ferdinand »Ferry« Porsche (geb. 1909) die deutsche, seine Schwester Louise Piëch (geb. 1904) die österreichische. Louises Sohn Hans-Michael und Ferrys Sohn Wolfgang sind Geschäftsführer der österreichischen Porsche Holding OHG und Aufsichtsratsmitglieder der Stuttgarter Porsche AG. Diesem Gremium gehört auch Louises Sohn Ferdinand Piëch an, der Vorstandsvorsitzende der Volkswagen AG.

### 18. Adolf Merckle und Familie 5,27 Mrd. DM

Besitzer von Phoenix Pharmaziehandel, der ein Drittel des deutschen Marktes kontrolliert, und von Ratiopharm, dem Hersteller von preisgünstigen Pharmazieartikeln. Adolf Merckle (63) und seine Frau Ruth aus Blaubeuren bei Ulm halten 11 % von Heidelberger Zement und einige Industriebeteiligungen. Die Familie betreibt zusammen mit dem Haus Hohenzollern-Sigmaringen die Fürstliche Hohenzollersche Werke Lauchertal GmbH & Co, KG in Sigmaringen, die zahlreiche mittlere Betriebe der Metallindustrie betreibt. Merckles Sohn Ludwig rückte 1997 in die Geschäftsführung nach.

### 19. Wilhelm und August von Finck 5,27 Mrd. DM

Erben der Firmengründer von Allianz, dem einflußreichsten deutschen Versicherungskonzern, besitzen heute jedoch nur noch 5 % der Allianz AG Holding. Die Brüder Finck verkauften seit 1990 deutsche Firmenbeteiligungen, u.a. das Bankhaus Merck, Finck & Co. und die ISAR-Amperwerke. Sie halten mehrheitlich die Anteile an der Sektkellerei J. Oppermann, an Würzburger Hofbräu und der Custodia Holding AG mit der Löwenbräu AG in München, der LB Nymphenburg Grundstücks AG und der staatlichen Mineralbrunnen AG in Brückenau. Weitläufiger Grundbesitz (ca. 10 000 ha) in und um München sowie in Oberbayern.

### 20. Leo Kirch und Familie 4,76 Mrd. DM

Kontrolliert mehrere Privatsender, neue digitale Kanäle und besitzt die Rechte an unzähligen Spielfilmen und Fernsehserien. Geschäftsbeziehungen zu Metro-Besitzer Otto Beisheim (vgl. Nr. 8). Sein Sohn Thomas Kirch managt den Sender Pro 7. Der »Medien-Mogul« (70) besitzt 40,4 % am Axel Springer Verlag, ist Mitglied im Aufsichtsrat und hat damit Einfluß auf zahlreiche Tageszeitungen, Zeitschriften, Fernseh- und Hörfunksender sowie Buchverlage. Zusammem mit Bertelsmann (vgl. Nr. 24) und der WAZ-Gruppe (vgl. Nr. 27 und 28) beherrscht er den Pay-TV-Sender Premiere.

### 21. Rudolf August Oetker und Familie 4,76 Mrd. DM

Besitzt die Oetker-Gruppe in Bielefeld mit den Säulen Nahrungsmittel (Backhilfsmittel, Tiefkühlkost, Eis, Ültje-Erdnüsse und Langnese-Honig [Langnese-Eis kommt dagegen von Unilever]), Sekt (Henkell-Trocken, Fürst Metternich, Söhnlein Rheingold und Rüttgers Club), den Wodka Gorbatschow, Batida de Coco, Brauereien (Binding, DAB, Radeberger, Berliner Kindl und Clausthaler) und Reedereien. Zur Gruppe zählen das Bielefelder Bankhaus Lampe, die Condor-Versicherung und zahlreiche europäische Luxushotels. Oetker hält 14 % an der Parfümerie-Kette Douglas. Der »alte Herr« Rudolf August Oetker ist zu 100 % Kommanditist der Dr. August Oetker KG. Große Teile des Konzerns wurden 1990 auf acht Kinder aus den drei Oetker-Ehen aufgeteilt. Persönlich haftende Gesellschafter sind August Oetker, der Sohn von Rudolf August, Dr. Guido Sandler und Dr. Ernst F. Schröder. Umsatz der Gruppe 1995: 4,8 Mrd. DM, Reederei 1,6 Mrd. DM, konzernweit rund 8 Mrd. DM. Gewinn: nicht veröffentlicht, Beschäftigte: 12 159.

### 22. Karl-Heinz Kipp und Familie 4,76 Mrd. DM

Kipp gründete den Verbrauchermarkt Massa, verkaufte aber Mitte der 80er Jahre für über 1 Mrd. an Metro. Die Massa-Immobilien gehören dem Clan noch und bringen bis ins Jahr 2015 mehr als 100 Millionen Mark garantierte Pachteinnahmen. Karl-Heinz Kipp lebt steuersparend in der Schweiz und investiert dort in Luxushotels (z.B. Grandhotel Tschuggen in Arosa). Er teilt sich den Immobilienbesitz, zu dem auch vier Wolkenkratzer mit über 100 000 qm Bürofläche in New York gehören, mit seiner Tochter Ursula L. Bechtolsheimer und zahlte seinen Sohn Ernst-Ludwig aus, der mit seiner Familie als Aussteiger und Erfinder in Florida lebt.

### 23. Familie von Siemens 4,42 Mrd. DM

180 Mitglieder der Familie von Siemens halten 6,94 % der Aktien der Münchner Siemens AG, dem zweitgrößten deutschen und einem der weltweit führenden Elektro-Konzerne. Die Palette der Produkte reicht vom Mikrochip über Glühbirnen und Elektroherde bis zu Kernkraftwerken und dem ICE. Peter von Siemens vertritt die Familie im Aufsichtsrat. 56 Mio. Aktien sind im Umlauf. Die 923 636 Vorzugsaktien sind ausschließlich in Familienbesitz. Ihr Stimmrecht versechsfacht sich bei strategischen Entscheidungen, so daß Familie Siemens einen Stimmenanteil von 14 % hat. Umsatz 1994/95: 88,7 Mrd. DM, Gewinn: 2,1 Mrd. DM, Beschäftigte weltweit 373 800.

### 24. Reinhard Mohn und Familie 4,08 Mrd. DM

Reinhard Mohn (75) hält 2,6 % und die Familie 17,9 % am zweitgrößten Medienkonzern der Welt, der Bertelsmann AG, Gütersloh. 68,8 % liegen bei der gemeinnützigen Bertelsmann-Stiftung. Mohn ist deren Vorsitzender und Ehrenvorsitzender der AG. Der Konzern ist in allen Segmenten des internationalen Medienmarktes tätig: Bücher (Bertelsmann Club und Verlage), CD- und Tonträgerfirmen (RCA, Ariola u.a.), Privatfernsehen (RTL, Premiere, RTL 2, Vox u.a.). Zeitschriften (Gruner & Jahr, vgl. Nr. 37). Bertelsmann betreibt auch eine der größten

Druckereien, die Mohndruck in Gütersloh. Umsatz 1995: 20,5 Mrd. DM, Gewinn: 817 Mio. DM, Beschäftigte: 57397 weltweit und 33116 in Deutschland.

### 25. Dieter Schwarz 3,91 Mrd. DM

Besitzer der Handelskette Lidl & Schwarz, die in Deutschland 1500 und im europäischen Ausland 750 Discount-Läden hat. Die Familienstiftung Dieter Schwarz ist persönlich haftender Gesellschafter der Lidl & Schwarz Stiftung & Co, KG in Neckarsulm, als deren Aufsichtsratsvorsitzender Dieter Schwarz fungiert.

### 26. Stefan Schörghuber 3,57 Mrd. DM

Kontrolliert die Bayerische Braustiftung J. Schörghuber & Co, Holding KG, die 57,4 % der Paulaner-Salvator-Beteiligungs AG und 98 % der Hacker-Pschorr-Beteiligungs AG hält. Der 35jährige Schörghuber fungiert in beiden Gesellschaften als Aufsichtsratsvorsitzender. Er kontrolliert auch andere bekannte Brauereien, ist größter deutscher Coca-Cola-Abfüller und hat zahlreiche Brauereien in Asien gekauft. Daneben kontrolliert er etwa 170 Firmen, darunter die Hotelkette Arabella und die Fluggesellschaft Bavaria.

### 27. Familie Brost 3,57 Mrd. DM

Besitzt zusammen mit Familie Funke (vgl. Nr. 28) die Essener WAZ-Gruppe mit dem Flaggschiff Westdeutsche Allgemeine Zeitung. Beide Familien halten ferner 25 % des Otto-Versands in Hamburg (vgl. Nr. 11). Das Vermögen liegt zu 30 % bei Anneliese Brost und zu 20 % bei Erich Schumann, dem Adoptivsohn des Firmengründers Erich Brost. Schumann ist Mitgeschäftsführer der WAZ-Gruppe und investierte 1996 500 Mio. DM in den Bertelsmann Konzern (vgl. Nr. 24).

### 28. Familie Funke 3,57 Mrd. DM

Ist eng mit Familie Brost (vgl. Nr. 27) verbunden (WAZ-Gruppe, Otto-Versand). Das Vermögen liegt bei drei Töchtern von Jakob Funke,

Renate Schubries, Gisela Holthoff (zusammen mit ihrem Mann Frank) und Petra Grotkamp. Deren Ehemann Erich ist Mitgeschäftsführer der WAZ-Gruppe.

### 29. Alfred von Oppenheim und Familie 3,4 Mrd. DM

Kontrolliert das Privatbankhaus Sal. Oppenheim jr. & Co. in Köln, fungiert als Aufsichtsratsvorsitzender und sitzt gemeinsam mit Friedrich Carl und Manfred Oppenheim im Aktionärsausschuß. Geschäftsführer der Privatbank ist der ehemalige Bundesbankchef Karl-Otto Pöhl. Bilanzsumme: 29,6 Mrd. DM, Zinsüberschuß 1995: 184,6 Mio. DM, Gewinn: 60,6 Mio. DM.

### 30. Hasso Plattner 3,06 Mrd. DM

Mit 19,26 % Mitbesitzer und Vorstandsmitglied des größten deutschen Softwarehauses SAP (vgl. Nr. 16 und 33).

### 31. Hugo Mann und Familie 3,06 Mrd. DM

Besitzer von Mann Mobilia und Wertkauf. Hugo und Johanna Mann sind Geschäftsführer der Mann GmbH, Karlsruhe.

### 32. Familie Röchling 2,72 Mrd. DM

Die alte Völklinger Familie beherrschte seit Mitte des vorigen Jahrhunderts einen Stahl- und Rüstungskonzern, zog sich Ende der 70er Jahre aber aus der Stahlindustrie zurück. Heute gehört 188 Familienmitgliedern und 84 anderen Gesellschaftern die Gebr. Röchling KG in Mannheim. Mit 66,5 % kontrolliert die Gesellschaft die Rheinmetall AG Berlin, die in der Rüstungsindustrie (Rheinmetall Industrie GmbH, Mauser Werke Oberndorf), Autozulieferindustrie (Pierburg GmbH, seit 1997 Kolbenschmidt GmbH), Maschinenbau (Jagenberg AG), Bürosysteme (Mauser-Waldeck AG) und Kommunikationsindustrie (Hirschmann) tätig ist. Zur Röchling-Gruppe zählt auch die DeTeWe, die Deutsche Telefonwerke AG & Co. Berlin, Unternehmen der Meß- und Regeltechnik, der Kunststoff- und Automatisierungstechnik. Der

Ehemann einer Röchling-Tochter, Kurt Wigand Freiherr von Salmuth, ist Vorsitzender des Gesellschafterausschusses. Georg Sigismund und Gebhard Freiherr von Salmuth gehören dem Gremium ebenfalls an. Umsatz 1995: 5,7 Mrd. DM, Gewinn: 27 Mio. DM, Beschäftigte: 25 907.

### 33. Klaus Tschira und Familie 2,72 Mrd. DM

Mit 17,85 % Mitbesitzer und Vorstandsmitglied von SAP, dem größten deutschen Softwarehaus (vgl. Nr. 16 und 30).

### 34. Karl Diehl und Familie 2,55 Mrd. DM

Der 90jährige Karl Diehl, ein Duz-Freund von Franz Josef Strauß, sitzt noch immer im Verwaltungsrat der Diehl GmbH & Co, KG. Die Geschäftsführung des Familienkonzerns hat sein Sohn Thomas übernommen. Im Verwaltungsrat sind mit Werner und Peter Diehl weitere Söhne vertreten. Gesamtumsatz 1995: 3,1 Mrd. DM, davon 1,2 Mrd. im Rüstungsgeschäft. Weitere Aktivitäten in der Metall- und Elektronikbranche, z.B. Junghans Uhren. Beschäftigte 1995: über 13 000.

### 35. Familie Simon 2,55 Mrd. DM

Besitzer der Bitburger Brauerei Th. Simon GmbH (Bitburger, Schultheiss, Köstritzer Schwarzbier, Gerolsteiner Brunnen, Bad Pyrmonter Mineralbrunnen u.a.). Geschäftsführer ist Dr. Axel Th. Simon. Umsatz 1995: 1,2 Mrd. DM, Gewinn: 38,8 Mio. DM.

### 36. Prinz Albert von Thurn und Taxis 2,55 Mrd. DM

Prinzessin Gloria von Thurn und Taxis, geborene Gräfin von Schönburg-Glauchan, wurde nach dem Tod ihres Mannes Fürst Johannes als gesetzliche Vertreterin mit Generalvollmacht für den 14jährigen Sohn Prinz Albert eingesetzt. Die Familie verfügt über weitläufigen Grundbesitz (ca. 36 000 ha) und gilt als Europas größter Waldbesitzer.

### 37. Familie Jahr 2,55 Mrd. DM

Die alteingesessene Hamburger Verleger-Familie besitzt 25 % des Gruner & Jahr Verlages. (Der Rest gehört Bertelsmann, vgl. Nr. 24.) Aktiv sind John Jahr (63) und seine drei Geschwister Michael, Alexander und Angelika Jahr-Stilken. Im Verlag erscheinen u.a. Stern, Brigitte, Frau im Spiegel, Eltern, Geo, Capital und TV-Today. Umsatz 1996/97: 4,73 Mrd. DM, Betriebsergebnis: 660 Mio. DM, Überschuß 1995: 242 Mio. DM.

### 38. Familie Freudenberg 2,55 Mrd. DM

Besitzt die Freudenberg & Co. in Weinheim/Bergstraße, ein einflußreicher, aber unbekannter Mischkonzern, der in der Dichtungs- und Schwingungstechnik, Vliesstoffherstellung (u.a. Vileda) sowie in der Leder- und Schuhindustrie tätig ist und zahlreiche Industriebeteiligungen, vor allem in Japan, hält. Dr. Reinhart Freudenberg leitet das Unternehmen. Dem Gesellschafterausschuß gehören u.a. Hermann, Dieter und Dr. Wolfram Freudenberg an. Die Kapitalanteile liegen bei 275 Familienangehörigen und sind nur im Familienkreis übertragbar. Umsatz 1995: 5 Mrd. DM, Gewinn: 134,3 Mio. DM.

### 39. Familie Bosch 2,38 Mrd. DM

Robert Bosch jr., seine Frau Irmgard und ihre sechs Kinder besitzen 8 % der Robert Bosch GmbH, dem zweitgrößten deutschen Elektro- und Elektronikkonzern. Die Familie aus Gerlingen bei Stuttgart ist aber nicht an der Unternehmensführung beteiligt. 92 % der Anteile werden von der gemeinnützigen Robert Bosch Stiftung GmbH gehalten. Im Kuratorium der Stiftung sitzen die Familienmitglieder Irmgard Bosch und Eva Madelung. Der Vorsitzende des Kuratoriums, Dr. Karl Gutbrod, fungiert gleichzeitig als Aufsichtsrat der Robert Bosch GmbH. Der Konzern ist u.a. in den Branchen Autoelektronik, Haushaltsgeräte und Kommunikationstechnik aktiv. Umsatz 1995: 35,8 Mrd. DM, Gewinn: 550 Mio. DM, Beschäftigte weltweit: 158 000.

**40. Hans-Werner Hector 2,21 Mrd. DM**

Mitbegründer von SAP (vgl. Nr. 16, 30 und 33). Verkaufte seine Anteile aber bis auf 5 %. Will sich am Multimedia-Unternehmen Neurotec Hochtechnologie GmbH in Friedrichshafen beteiligen und soll Aufsichtsratsvorsitzender werden.

**41. Familie Knauf 2,21 Mrd. DM**

Baldwin und sein Vetter Nikolaus Knauf leiten die Gebr. Knauf Westdeutsche Gipswerke im bayerischen Iphofen, Europas größter Hersteller von Kalk, Gips und anderen Baumaterialien.

**42. Reinhold Würth und Familie 2,21 Mrd. DM**

Besitzer der Adolf Würth Gruppe, dem weltgrößten Hersteller von Schrauben und Verbindungselementen. Adolfs Sohn Reinhold überführte die Anteile der Familie an dem fränkischen Unternehmen in eine Familienstiftung, deren Stiftungsratsvorsitzender er ist. Würth profiliert sich als Kunstsammler und Sponsor der Documenta.

**43. Familie Leibbrand 2,04 Mrd. DM**

Die Einzelhandelskette Leibbrand wurde Ende der 80er Jahre vom Rewe-Konzern übernommen. Das Vermögen von Willi Leibbrand ging nach seinem Tod auf seine Frau Heidrun und seine Geschwister Albert und Lore über. Die Willi Leibbrand KG hält 100 % der Offenbacher Lederfabrik Goldpfeil.

**44. Familie Reimann 2,04 Mrd. DM**

Besitzer der Benckiser GmbH, ein Konzern mit Aktivitäten u.a. in den Bereichen Waschmittel (Calgon, Calgonit) und Parfüm (Joop, Jil Sander, Davidoff). 60 % der Anteile liegen beim »Nachlaß Dr. Albert Reimann und Frau Paula Reimann« mit ihren vier Adoptivkindern. Die restlichen 40 % halten die vier Neffen und Nichten des verstorbenen Ehepaars. Günter Reimann-Dubbers vertritt die Familie im Aufsichtsrat des Benckiser Konzerns. Umsatz: 4,7 Mrd. DM, Gewinn: 101 Mio. DM, Beschäftigte: 9 463.

### 45. Familie Conle 2,04 Mrd. DM

Die Conle & Co, OHG Duisburg besitzt 60,6 % des größten deutschen Charterflugunternehmens LTU GmbH & Co, KG in Düsseldorf. Die Firma wurde 1955 vom Duisburger Bauunternehmer Kurt Conle gegründet. Die Erben Hilde Conle und ihre drei Töchter Vera Conle-Kalinowski, Beate Hüttner und Ulrike Paulus halten sich aus der Geschäftspolitik heraus, die maßgeblich von der Westdeutschen Landesbank (WestLB, 34,3 % der Anteile) beeinflußt wird. Zur LTU gehören Beteiligungen an Jahn-Reisen, Transair, Meier's Weltreisen, Tjaerborg-Reisen u.a. Umsatz 1994/95: 3,9 Mrd. DM, Gewinn: 124,9 Mio. DM, Beschäftigte: 4 990.

### 46. Familie Ströher 1,7 Mrd. DM

Den verschiedenen Zweigen der Ströher Familie gehören insgesamt 78 % des zweitgrößten Haarkosmetikherstellers der Welt, der Wella AG. Sylvia Ströher, welche die Familie im Aufsichtsrat vertritt, hält 25 %, Erika Pohl 23 %, Claudia Ebert 8,4 % und Ursula Ströher 5,5 %. Dem Beirat gehören Norbert Ebert, Rainald Pohl, Hans-Joachim Sander und Ulrich Ströher an. Wella stellt u.a. Irish Moos, Homme, Tosca und Gabriela Sabatini her. Der Konzern ist weltweit aktiv und hält zahlreiche Beteiligungen im In- und Ausland. Umsatz 1995: 3,5 Mrd. DM, Gewinn: 74,2 Mio. DM, Beschäftigte: 16 500.

### 47. Familie Werhahn 1,7 Mrd. DM

190 Familiengesellschafter der rheinisch-katholischen Familie besitzen 49 % der STRABAG AG in Köln, dem fünftgrößten deutschen Baukonzern. Dieser wird von der Holding Wilh. Werhahn KG und dem Bankhaus Wilh. Werhahn in Neuss geführt. Leitende Funktionen haben Anton, Michael und Wilhelm Werhahn, der die Familie auch im Aufsichtsrat der STRABAG vertritt. Die Familie soll Aktienpakete von

RWE und Krupp-Hoesch besitzen und hält zahlreiche Beteiligungen, z.B. an den Zwilling-Werken in Solingen, der Wilkens und Söhne GmbH in Bremen und an Unternehmen der Baustoff- und Mühlenindustrie.

# 3. Hochlohnland Führungsetage
## Die Einkommen der deutschen Topmanager

British Gas schlüsselt seit einigen Jahren detailliert auf, was seine Vorstandsmitglieder verdienen. Das ist die Konsequenz aus einem Skandal, in dem der Generaldirektor Cedric Brown einen Gehaltsaufschlag von 75 Prozent einstrich, gleichzeitig aber 26 000 Leute entlassen wollte. In Großbritannien hat das Verfahren inzwischen Nachahmer gefunden. Auch in Schweden und Frankreich sollen die Vorstandsbezüge offengelegt werden. In den USA haben die institutionellen Anleger ebenfalls durchgesetzt, daß die Vorstandsetagen sämtliche Gehaltsbestandteile bekanntgeben müssen.[1]

Die Herren in bundesdeutschen Führungsetagen lieben es diskreter. Dennoch ist offensichtlich, daß unsere Firmenlenker sich nicht lumpen lassen, wenn es ums Geldverdienen geht – trotz flotter Sprüche über wettbewerbsschädigende soziale Besitzstände und immense Arbeitskosten im Hochlohnland Deutschland.

Die Gehälter der Vorstände vieler deutscher Unternehmen lassen sich nur schätzen. Die großen Konzerne sind gesetzlich lediglich verpflichtet, in ihren Geschäftsberichten die Gesamtbezüge der Vorstands- und Aufsichtsratsmitglieder auszuweisen – meist versteckt im Anhang, quasi im Kleingedruckten. Teilt man die Summe durch die Zahl der Vorstandsmitglieder, so erhält man deren durchschnittliches Jahresgehalt. Die Vorstandsvorsitzenden verdienen zwischen 20 und 100 Prozent mehr. Aber darüber gibt es indes keine Angaben.

Zum Beispiel Bertelsmann: Für das Geschäftsjahr 1994/95 wies der zweitgrößte Medienkonzern der Welt Gesamtbezüge des Vorstandes in Höhe von 30 124 523 Mark aus. Für die acht Vorstandsmitglieder Mark Wössner, Gerd Schulte-Hillen, Dr. Michael Dornemann, Dr. Siegfried Luther, Dr. Thomas Middelhoff, Bernhard von Minckwitz, Dr. Gunter Thielen und Frank Wössner ergibt sich ein Jahresgehalt von durchschnittlich 3 765 565 Mark. Vorstandsvorsitzender Mark Wössner liegt bei etwa 5,5 Millionen und ist damit Topverdiener im deutschen Management, zumindest was die in den Geschäftsberichten der Unternehmen publizierten Summen angeht. Der *Spiegel* nennt auch für den ehemaligen Chef der Deutschen Bank, Hilmar Kopper, einen Peanuts-Betrag von rund vier Millionen Mark Jahresgehalt.[2] Laut Geschäftsbericht der Deutschen Bank verdienen dessen Vorstandskollegen durchschnittlich knapp zwei Millionen.

Die Bertelsmänner waren 1995 die bestbezahlten Manager in Deutschland. Das durchschnittliche Gehalt der Beschäftigten von Bertelsmann betrug im gleichen Jahr 65 613 Mark. Ein Vorstandsmitglied verdiente 57mal soviel. Oder anders ausgedrückt: Vom Gehalt der acht Chefs könnten 459 ArbeitnehmerInnen bezahlt werden – die Belegschaft eines mittelständischen Betriebs.

Von den 100 größten deutschen Firmen, die Rüdiger Liedtke[3] betrachtete, machten 20 überhaupt keine Angaben zu den Gehältern in den Vorstandsetagen. Die anderen 80 zahlen ihren Topleuten durchschnittlich 1 163 647 Mark Jahresgehalt. Über die Hälfte dieser Manager sind Einkommensmillionäre. Die niedrigsten Vorstandsgehälter werden bei Unilever, Alcatel und der deutschen BP gezahlt. Beim Schlußlicht BP gehen die Manager mit 363 667 Mark nach Hause. Sie verdienen übrigens nur das Vierfache der BP-Beschäftigten.

## Die 20 bestbezahlten Manager

| Nr. | Firma | DM pro Jahr | DM pro Monat | Stundenlohn in DM | Ø-Gehalt der Beschäftigten | Verhältnis Vorstand ./. Beschäftigte | Vorstandsvorsitzender |
|---|---|---|---|---|---|---|---|
| 1 | Bertelsmann | 3 765 565 | 313 797 | 1 202 | 65 613 | 57 | Mark Wössner |
| 2 | Adidas | 2 752 500 | 229 375 | 879 | 56 911 | 48 | Robert Louis-Dreyfus |
| 3 | Haniel | 2 307 000 | 192 250 | 737 | 55 032 | 42 | Dieter Schadt |
| 4 | Daimler-Benz | 1 990 236 | 165 853 | 635 | 77 654 | 26 | Jürgen Schrempp |
| 5 | Deutsche Bank | 1 962 186 | 163 516 | 626 | 87 427 | 22 | Hilmar Kopper* |
| 6 | IBM Deutschland | 1 948 250 | 162 354 | 622 | 116 089 | 17 | Edmund Hug |
| 7 | BASF | 1 888 889 | 157 407 | 603 | 78 865 | 24 | Jürgen Strube |

| | | | | | | | |
|---|---|---|---|---|---|---|---|
| 8 | Karstadt | 1 808 714 | 150 726 | 577 | 38 764 | 47 | Walter Deuss |
| 9 | Volkswagen | 1 763 065 | 146 922 | 563 | 59 067 | 30 | Ferdinand Piëch |
| 10 | Thyssen | 1 700 000 | 141 667 | 543 | 62 766 | 27 | Dieter Vogel |
| 11 | ITT | 1 675 000 | 139 583 | 535 | 63 612 | 26 | Klaus Lederer* |
| 12 | Bayer | 1 645 402 | 137 117 | 525 | 77 327 | 21 | Manfred Schneider |
| 13 | Spar | 1 628 958 | 135 747 | 520 | 44 129 | 37 | Helmut Dotter-weich |
| 14 | Continental | 1 623 400 | 135 283 | 518 | 52 917 | 31 | Hubertus von Grünberg |
| 15 | BMW | 1 614 286 | 134 524 | 515 | 64 891 | 25 | Bernd Pischets-rieder |
| 16 | Dresdner Bank | 1 589 845 | 132 487 | 508 | 78 682 | 20 | Jürgen Sarrazin |
| 17 | Metallgesell-schaft | 1 473 492 | 122 791 | 470 | 77 675 | 19 | Karl-Josef Neukirchen |
| 18 | Mannesmann | 1 463 025 | 121 919 | 467 | 62 225 | 24 | Joachim Funk |
| 19 | Krupp-Hoesch | 1 460 000 | 121 667 | 466 | 63 510 | 23 | Gerhard Cromme |
| 20 | VEBA | 1 460 000 | 121 667 | 466 | 66 755 | 22 | Ulrich Hartmann |

* inzwischen ausgeschieden

Stand 1995

Das Jahresgehalt ist ein anhand des Geschäftsberichts errechneter Durchschnittsbetrag für alle Vorstandsmitglieder. Der Vorstandsvorsitzende erhält in der Regel erheblich mehr. Das Monatsgehalt beträgt ein Zwölftel der Jahressumme.

Die Vorstandsvorsitzenden müssen sich in der Regel nicht mit dem angegebenen Durchschnittsgehalt begnugen. Eine betriebliche Altersvorsorge, Reisepauschalen, die private Nutzung von Dienstwagen und andere Privilegien sind nicht eingerechnet. Bei der Berechnung der Stundenlöhne wird eine 60-Stunden-Woche unterstellt. Danach kostet eine Wössner-Stunde 1202 Mark. Der Ärmste unter den Top 20 des deutschen Managements, der VEBA-Vorsitzende Ulrich Hartmann, läßt sich jede Stunde mit 466 Mark vergüten. Der Ecklohn in der niedersächsischen Metallindustrie beträgt einschließlich Leistungszulage 22,16 Mark.

Wössner, Schrempp, Cromme, Piëch und Co. sind die absoluten Spitzenverdiener. Je nach Unternehmensgröße, Berufserfahrung und Aufgabe kann ein Manager weniger als 200 000 Mark oder mehr als eine Million erwarten. Der Watson-Wyatt-Vergütungsreport 1996 nennt für Unternehmenschefs in großen Konzernen mit einer breiten Produktpalette und mehreren Tochtergesellschaften ein durchschnittliches Jahresgehalt von 477 540 Mark. Geschäftsführer und Vorstände mittelgroßer Unternehmen im nationalen Markt erhalten rund 371 630 Mark. Kleinere Fische müssen sich mit 248 400 Mark bescheiden.

## Einkommenspyramide im Management

**Jahreseinkommen 1995**

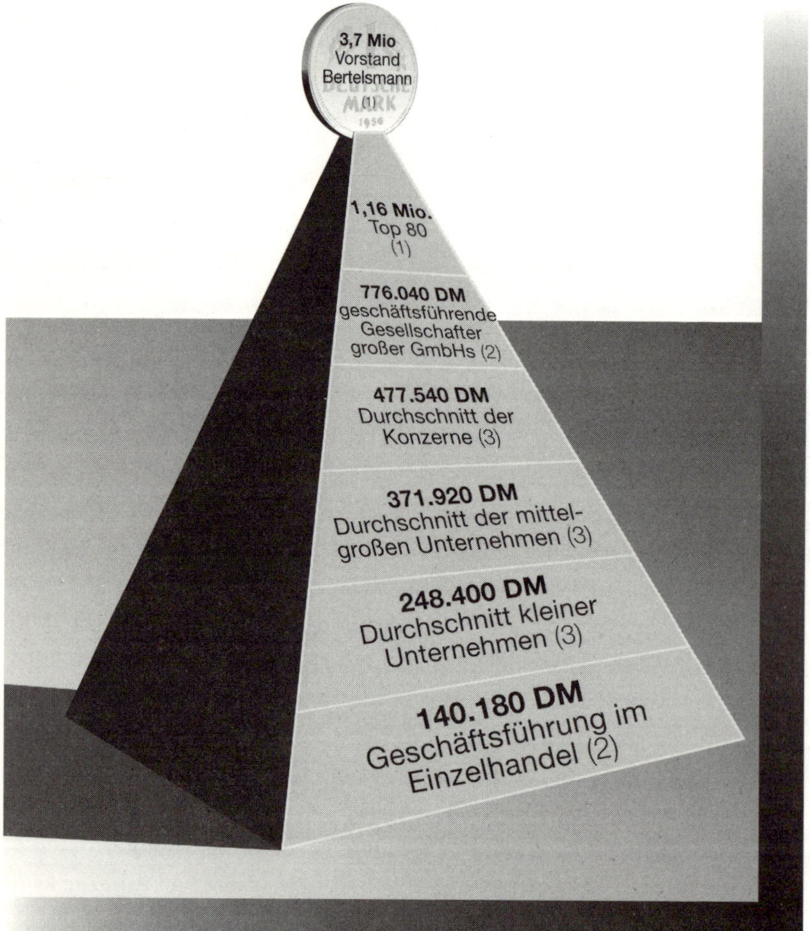


Quelle: (1) Liedtke, 1997 (2) BBE-Vergütungsreport 1996 (3) Walson-Wyatt-Vergütungsreport 1996

Die Bezüge differieren also enorm, bei GmbH-Geschäftsführern zum Beispiel um bis zu 300 000 Mark im Jahr, wie die BBE-Unternehmensberatung 1996 feststellte. Danach erhielt das am besten bezahlte Viertel der geschäftsführenden Gesellschafter, die selbst Anteile an dem jeweiligen Unternehmen halten, bei bis zu zehn Beschäftigten 218 600 Mark, bei 101 bis 250 Beschäftigten 389 614 Mark und bei noch größeren Belegschaften 776 040 Mark. Für Fremdgeschäftsführer, die bei »ihrem« Unternehmen angestellt sind, lauten die entsprechenden Beträge: 174 560 Mark, 266 360 Mark und 375 950 Mark. Die großen Unterschiede zwischen Gesellschafter- und Fremdgeschäftsführern sind auch fürs Finanzamt interessant. Denn über das Geschäftsführergehalt läßt sich der zu versteuernde Gewinn manipulieren. Da Gesellschafter das aber nicht zugunsten ihrer angestellten Geschäftsführer tun wollen, legen sie vorzugsweise beim eigenen Salär noch etwas drauf.

Immer mehr Unternehmen kopieren das amerikanische Vorbild: Feste Gehaltsanteile runter, flexible Bestandteile rauf, um so das Management am Erfolg, sprich am shareholder value zu beteiligen. Nach Watson-Wyatt bekamen Vorstände und Geschäftsführer 1996 durchschnittlich rund 25 Prozent ihres Jahresgehalts an Boni ausgezahlt. Für die zweite Führungsebene waren immerhin noch 15 Prozent drin. Ein ähnliches Modell wie das amerikanische System der Optionsscheine für das Management hat Daimler-Benz eingeführt. In Deutschland dürfen Unternehmen keine Optionen ausgeben. Deswegen können die Manager des Sterns aus dem Schwabenland einmal im Jahr bis zu 2 000 Wandelanleihen im Nennwert von 50 Mark kaufen, die dann in Aktien umgewandelt werden können, wenn der Kurs um mindestens 15 Prozent gestiegen ist. Zins und Preis entsprechen den Marktdaten, die Rendite ist geringer.

Die Gehälter der Verantwortlichen an den Erfolg knüpfen – das klingt gut, ist in der Realität aber eine Einbahnstraße. Gehaltsabzüge müssen die Topleute nicht befürchten. Der geschaßte Professor und unbequeme Jesuit Rupert Lay kommentierte im Juni 1996 in der *Woche*: »Ich habe nichts dagegen, wenn das Gehalt des Managers an den Erfolg des Unternehmens gekoppelt wird – aber bitte schön nach oben und nach unten. Bei Daimler-Benz hätten die Topmanager dann im vergangenen Jahr keinen Pfennig erhalten, bei der Frankfurter Metallgesellschaft schon seit Jahren nicht.

Nebenbei bemerkt bin ich der Ansicht, daß die Managergehälter bei weitem überhöht sind.« Das *Manager Magazin* ist anderer Ansicht: »Voller Neid blicken deutsche Topmanager auf die Einkommen ihrer amerikanischen Kollegen.« Deswegen, so glaubt Unternehmensberater Axel Banhardt, würden die Managergehälter weiter überproportional ansteigen.

Wohin, dazu gibt eine kleine Meldung in der *Frankfurter Rundschau* Auskunft: Dort war am 12. April 1997 unter der Überschrift »US-Bosse belohnen sich« zu lesen: »Die Bosse der Großkonzerne haben 1996 einschließlich Boni im Schnitt 5,8 Millionen Dollar (zehn Millionen Mark) verdient. Sie haben damit ihre Vorjahresbezüge um 54 Prozent erhöht. Gleichzeitig stiegen die Löhne der Arbeiter im Schnitt nur um drei Prozent. Die Chefs verdienten somit im Schnitt 209mal so viel wie ihre Untergebenen.« Einige Wochen später outete der *Spiegel* drei der Top-Verdiener unter Amerikas Managern: Lawrence Coss, Chef der Finanzfirma Green Tree mit 102 Millionen Dollar Gehalt einschließlich Bonuszahlungen, Intel-Chef Andrew Grove mit knapp 100 Millionen und Anthony O'Reilly von Heinz-Ketchup mit 65 Millionen.[4] Die Gehälter der Topmanager sind an den Erfolg des Unternehmens geknüpft und werden zum Teil in Form von Optionsscheinen ausgezahlt, also dem Recht, Unternehmensaktien zu einem späteren Zeitpunkt und einem bestimmten Preis zu kaufen. Deswegen schlagen die Managerbezüge Kapriolen: Als AT & T-Chef Robert Allen 1995 auf einen Schlag 40 000 Beschäftigte auf die Straße setzte, schossen nicht nur die Aktienkurse des Telekom-Riesen in die Höhe, sondern auch der Bonus des Managers – zehn Millionen Dollar.

Management, das ist nicht nur die Vorstandsetage, sondern sind auch die Ebenen darunter. Doch diese rangieren im Gehälter-Ranking weit abgeschlagen. Im Schnitt verdienen GmbH-Geschäftsführer 2,64mal soviel wie ihre direkten Untergebenen. Am meisten erhielten 1996 nach Watson-Wyatt die Unternehmensjuristen. Müssen sie sich im internationalen Paragraphendschungel auskennen, dann erzielen sie rund 311 000 Mark. Rechtsabteilungsleiter von hauptsächlich auf dem nationalen Markt agierenden Unternehmen müssen sich mit 176 000 Mark begnügen. Personaldirektoren erhalten rund 277 000 Mark (international) und 185 000 Mark (national). Finanzdirektoren können mit 230 000 Mark (international) bzw. knapp 203 000 Mark (national) rechnen.[5]

Neben astronomischen Gehältern können die Herren Manager (Damen muß man in den Führungsetagen mit der Lupe suchen) auch eine wohldotierte Altersvorsorge erwarten. Laut BBE-Umfrage erhalten 92 Prozent der GmbH-Geschäftsführer eine Betriebsrente, 36 Prozent von ihnen mit einer Pensionszusage. Sie bekommen also 50 bis 75 Prozent ihres letzten Jahresgrundgehalts als Altersruhegeld. Andere lassen den Betrieb eine Direktversicherung abschließen. Einige haben sogar beides. Für »durchaus üblich« hält das *Manager Magazin* (das es ja wissen muß) eine Vorstandspension von jährlich 300 000 Mark bereits nach fünf Jahren.[6] In einem Mustervertrag setzt die Zeitschrift eine durchschnittliche Pensionszusage mit 90 000 Mark an, was rund 50 Prozent des Jahresgehalts entspräche. Der Witwe stehen 60 Prozent davon zu.

Genaue Zahlen über die Altersabsicherung der Manager gibt es kaum. Aktiengesellschaften müssen lediglich Gesamtsummen in ihrem Geschäftsbericht ausweisen: So hat Bertelsmann 1995/96 2,9 Millionen Mark an ehemalige Vorstandsmitglieder und deren Hinterbliebene gezahlt, BMW 1996 2,6 Millionen und Daimler-Benz sogar 16 Millionen. Für künftige Pensionszahlungen hat der Medienriese im gleichen Zeitraum mehr als 31 Millionen Mark zur Seite gelegt, die bayerischen Autobauer 22,7 Millionen und die Stuttgarter Konkurrenz phantastische 105 Millionen.

## Aufsichtsratstantiemen: Nur ein Zubrot für Manager?

Konzerne werden von Vorständen geführt und diese von Aufsichtsräten kontrolliert – sollte man meinen. Zweifel sind angebracht, spätestens, seitdem der Krupp-Hoesch-Konzern 1997 versucht hat, den Stahlkonkurrenten Thyssen feindlich zu übernehmen, und der Coup auch von der Deutschen Bank vorbereitet wurde, die mit Ulrich Cartellieri im Thyssen-Aufsichtsrat saß. Dreiecks-Verhältnisse von Vorstands- und Aufsichtsratsfunktionen und der direkte Wechsel von bisherigen Vorständen in den Aufsichtsrat, wie im Fall von Hilmar Kopper bei der Deutschen Bank und Heinz Dürr bei der Deutschen Bahn AG, sorgen dafür, daß eine allzu strenge Kontrolle der Vorstandstätigkeit (und der Vorstandsgehälter) nicht zu erwarten ist. Die zwölf Deutschbanker hatten 1997 zusammen 70 konzernfremde Aufsichtsratsposten inne, wollen diese Zahl indes nach dem Ärger mit der Krupp-Thyssen-Übernahme reduzieren.[7]

Aufsichtsräte bestehen je nach Unternehmensgröße aus zwölf bis 20 Mitgliedern und treffen sich jedes Jahr zu zwei bis vier Sitzungen. Sie werden je zur Hälfte von den Kapitaleignern und von den Beschäftigten bestellt. Die Tätigkeit als Aufsichtsrat eines großen Konzerns wird großzügig vergütet und stellt für Topmanager eine attraktive Nebenbeschäftigung dar, die nicht viel Zeit kostet. Zwei bis vier Sitzungstage bringen in einigen Firmen mehr als 100 000 Mark. Im Durchschnitt zahlen die 80 größten deutschen Konzerne 46 377 Mark. Mehr als die Hälfte der Aufsichtsratsmitglieder erhält eine Tantieme von mehr als 31 625 Mark. Zum Vergleich: Ein westdeutsches Durchschnittseinkommen beläuft sich auf 51 000 Mark im Jahr, ein ostdeutsches auf 38 000 Mark.

**Die Top 20 der Aufsichtsräte**

| Nr. | Firma | Durchschnitts-tantieme in DM | Aufsichtsratsvorsitzender |
|---|---|---|---|
| 1 | Ruhrgas | 134 254 | Klaus Liesen |
| 2 | Heidelberger Zement | 119 187 | Wolfgang Röller |
| 3 | Commerzbank | 113 200 | Walter Seipp |
| 4 | Hapag Lloyd | 108 900 | André Leyson |
| 5 | Deutsche Bank | 106 835 | F. Wilhelm Christians* |
| 6 | Dresdner Bank | 103 286 | Wolfgang Röller** |
| 7 | Linde | 100 625 | Hermann J. Strenger |
| 8 | Hoechst | 98 286 | Rolf Sammet |
| 9 | Bayer | 94 229 | Hermann J. Strenger |
| 10 | VEBA | 90 909 | Hermann J. Strenger |
| 11 | BASF | 90 476 | Hans Albers |
| 12 | Karstadt | 89 250 | Guido Sandler |

| | | |
|---|---|---|
| 13 Preussag | 87 729 | Friedel Neuber |
| 14 Beiersdorf | 87 231 | Hans Meinhardt |
| 15 Mannesmann | 86 444 | Hilmar Kopper |
| 16 Schering | 82 118 | Klaus Subjetzki |
| 17 Bayerische Vereinsbank | 81 667 | Maximilian Hackl |
| 18 Bayerische Hypo | 81 250 | Klaus Götte |
| 19 Springer | 80 667 | Bernhard Servatius |
| 20 BMW | 80 000 | Eberhard von Kuenheim |

* 1997 ausgeschieden und durch Hilmar Kopper ersetzt

** 1997 wegen des Vorwurfs der Steuerhinterziehung zurückgetreten

Quelle: Liedtke 1997, Stand 1995

Auch die Angaben über Tantiemen sind nur Durchschnittswerte. Der Aufsichtsratsvorsitzende bekommt in der Regel den doppelten, sein Stellvertreter den anderthalbfachen Satz der einfachen Aufsichtsratsmitglieder.

Viele Manager sitzen in mehreren Aufsichtsräten zugleich. Besonders rührig sind die Vorstandsmitglieder der Großbanken, die auf diese Weise Unternehmen kontrollieren, an denen sie Anteile halten. Der ehemalige Vorstandsvorsitzende der Deutschen Bank Hilmar Kopper tummelte sich 1995 in acht größeren Aufsichtsräten. Legt man die durchschnittlichen Tantiemen zugrunde, läßt sich für Peanut-Kopper folgende Bilanz erstellen:

**Aufsichtsratsmandate von Hilmar Kopper**

| Unternehmen | Funktion | Durchschnittstantiemen |
|---|---|---|
| Daimler-Benz | Vorsitzender | 22 263 DM |
| Mannesmann | Vorsitzender | 86 444 DM |
| Bayer | Mitglied | 94 229 DM |
| Lufthansa | Mitglied | 16 450 DM |
| Linde | Mitglied | 100 625 DM |

| | | |
|---|---|---|
| RWE | Mitglied | 68 508 DM |
| VEBA | Mitglied | 90 909 DM |
| Münchner Rück | Mitglied | 51 400 DM |

Quelle: Liedtke 1997, Stand 1995

Daimler-Benz hat 1995 Verluste ausgewiesen, die auch die Aufsichtsratstantiemen sinken ließen. Ein Jahr später sprudelten wieder die Gewinne. Der 20köpfige Aufsichtsrat erhielt insgesamt Tantiemen von zwei Millionen Mark. Da Daimler-Benz zu den wenigen Unternehmen gehört, die ihren Aufsichtsratsvorsitzenden viermal soviel zahlen wie »normalen« Aufsichtsratsmitgliedern, hat Kopper in Stuttgart 1996 über 300 000 Mark kassiert.[8] 1996 dürfte er daher insgesamt ein Zubrot von etwa 800 000 Mark erhalten haben. Inzwischen ist Kopper vom Vorstandsvorsitz der Deutschen Bank an die Spitze des Aufsichtsrats gewechselt. Sein Nachfolger Rolf E. Breuer sollte allerdings kaum schlechter dastehen.

Kopper ist kein Einzelfall. Das zeigt die Jahresbilanz seines Vorstandskollegen bei der Deutschen Bank, Ulrich Weiss:

**Aufsichtsratsmandate von Ulrich Weiss**

| Unternehmen | Funktion | Durchschnittstantiemen |
|---|---|---|
| Continental | Vorsitzender | 26 100 DM |
| BASF | Mitglied | 90 476 DM |
| Heidelberger Zement | Mitglied | 119 187 DM |
| Südzucker | Mitglied | 71 852 DM |
| KSB | Mitglied | 22 784 DM |

Quelle: Liedtke 1997, Stand 1995

Auch Weiss kann sein Vorstandssalär um mindestens 330 000 Mark aufbessern. Für insgesamt höchstens 20 Sitzungen plus Vorbereitung, die er vermutlich im wesentlichen von seinem Arbeitsstab erledigen läßt, ein üppiges Zubrot.

In den großen Unternehmen sind die Aufsichtsräte paritätisch besetzt. Allerdings hat der Vorsitzende, der von der Kapitalseite gestellt wird, ein doppeltes Stimmrecht. Die ArbeitnehmervertreterInnen werden von den Beschäftigten gewählt. Sie erhalten die gleichen Tantiemen wie die Vertreter der Kapitaleigner. Allerdings müssen sie diese als Mitglied einer DGB-Gewerkschaft ab 6 000 Mark an die gewerkschaftsnahe Hans-Böckler-Stiftung abführen, es bleibt ihnen lediglich ein Freibetrag von 5 100 Mark. Bei geringeren Tantiemen reduziert sich der Freibetrag. Für stellvertretende Aufsichtsratsvorsitzende erhöht er sich auf 7 650 Mark. Die Abführungen werden akribisch kontrolliert. Die IG Metall zum Beispiel veröffentlicht jedes Jahr die Namen aller gewerkschaftlichen Aufsichtsratsmitglieder aus der Metallindustrie und weist aus, ob sie ihre Tantiemen pflichtgemäß weitergeleitet haben. Begründet wird diese rigorose Handhabe mit dem Hinweis darauf, daß die Aufsichtsratsmitglieder in den Gremien eine gewerkschaftliche Funktion wahrnehmen und sich durch hohe Vergütungen nicht korrumpieren lassen sollen.

Dieses Argument stünde auch der Kapitalseite gut zu Gesicht: Hilmar Kopper saß in den Aufsichtsräten in seiner ehemaligen Funktion als Chef der Deutschen Bank. Wie wäre es, wenn auch er seine Tantiemen an eine gemeinnützige Stiftung abführen müßte, die sich zum Beispiel für die Schaffung zukunftsträchtiger Arbeitsplätze, etwa in der Umwelttechnik, engagieren könnte.

# 4. Die hohe Politik der Selbstbedienung
## Verdienste und Nebenverdienste unserer Politiker

»Sparen zwingt zur Kreativität«, dozierte Bundesarbeitsminister Norbert Blüm im *Spiegel,* befragt nach geplanten ABM-Kürzungen. »Das Land muß auf einen Teil des Wohlstands verzichten«, assistierte der grüne Bundestagsabgeordnete Oswald Metzger. Sich selbst können die beiden nicht gemeint haben. Blüm trägt als Bundesminister monatlich 22 784 Mark plus 600 Mark Dienstaufwandsentschädigung und eine halbe Abgeordnetendiät nach Hause. Metzger erhält zur Zeit 11 825 Mark monatlich an Diäten, dazu 6 251 Mark steuerfreie Aufwandspauschale.[1]

Der baden-württembergische Finanzminister Gerhard Mayer-Vorfelder (CDU) rechtfertigt die Zuzahlung bei Arzneimitteln mit dem Motto: »Was nichts kostet, ist nichts wert. Wenn jemand zum Nulltarif alle Leistungen bekommt, verliert er das Bewußtsein, wie groß diese Leistungen sind.« Er selbst muß sich für einen enormen Leistungsträger halten. Denn er kostet das Land Baden-Württemberg derzeit über 19 575 Mark an Ministerbezügen, inklusive steuerfreier Aufwandspauschale.

Otto Graf Lambsdorff, ehemaliger Steuerhinterzieher, predigt die Besteuerung von Renten und Arbeitslosengeld. Dabei kassiert er seine Abgeordnetendiät und sein Ruhegehalt von 4 000 DM als Ex-Wirtschaftsminister quasi als Taschengeld neben seinen Einnahmen aus zehn Aufsichtsratsmandaten, drei Vorstandsposten und diversen anderen Aktivitäten (geschätzt zwei Millionen Mark im Jahr)[2].

Jobst Fiedler, gutbezahlter Partner der Unternehmensberatung Roland Berger, predigt den schlanken Staat und läßt sich gleichzeitig eine Pension als ehemaliger Oberstadtdirektor von Hannover überweisen.

Bundespräsident Roman Herzog versichert im *Spiegel,* er werde sich schützend vor alle Armen stellen, nicht jedoch die 100prozentige Lohnfortzahlung bei Krankheit verteidigen. Dabei hat er selbst die Fortzahlung seiner Amtsbezüge von zur Zeit 29 402 Mark im Monat bis ans Lebensende sicher, als Ehrensold – so der offizielle Begriff –, wie jeder seiner Vorgänger. Außerdem ein Büro, einen persönlichen Referenten, eine Sekretärin und einen Dienstwagen samt Fahrer. Eine Altersversorgung von 100 Prozent des letzten Gehalts in Zeiten, in denen über die Absenkung des Rentenniveaus auf unter 70 Prozent gefeilscht wird. Zur Zeit kann Herzog jeden Monat zusätzlich und steuerfrei 11 000 Mark für Repräsentationspflichten ausgeben.

## DoppelverdienerInnen

Wasserpredigten und Weingelage treffen in der Politik häufig zusammen. Alle paar Monate ein neuer Skandal: Mal wurde der saarländische Ministerpräsident Oskar Lafontaine (SPD) dabei erwischt, wie er neben seinen Amtsbezügen rechtswidrig »Pensionsausgleichszahlungen« aus seiner vorherigen Funktion als Oberbürgermeister von Saarbrücken bezog. 1991 mußte der baden-württembergische Ministerpräsident Lothar Späth (CDU) seinen Hut nehmen, weil er sich allzu offensichtlich von seinen Wirtschaftsfreunden hatte aushalten lassen. Er hat seither mehr als eine Million Mark an Versorgungsbezügen bekommen, obwohl er inzwischen ein Vorstandsgehalt bei der Jenoptik in Jena bekommt.[3] 1993 stolperte Späths bayerischer Kollege Max Streibl (CSU) in der Amigo-Affäre ebenfalls über die Spendierfreude seiner Spezln.

Oft ist den »Sündern« nicht einmal beizukommen, weil die politische Klasse Mehrfachverdienste gesetzlich abgesichert hat. Verwerflich ist dabei nicht einmal unbedingt die Höhe der offiziellen Einkommen, sondern vielmehr die Tatsache, daß die Parlamente unverfroren in eigener Sache beschließen, gleichzeitig aber bei Otto Normalverbraucher den Gürtel immer enger ziehen. Anfang 1997 kamen die üppigen Übergangsgelder und Pensionen für ehemalige Regierungsmitglieder ins Gerede. Die parlamentarische Staatssekretärin im Bundesforschungsministerium Cornelia Yzer (CDU) tauschte ihr Regierungsamt lukrativ gegen die Hauptgeschäftsführung beim Verband Forschender Arzneimittelhersteller. Ihr Bundestagsmandat behielt sie. Das lohnt sich: Zu ihrem sechsstelligen Lobbyistengehalt addieren sich die Abgeordnetenbezüge. Auf das Übergangsgeld von insgesamt etwa 180 000 Mark, das ihr nach dem Bundesministergesetz zustünde, mußte sie nach heftigen Protesten verzichten. Genauso wie der CDU-Abgeordnete, Hauptgeschäftsführer der Bundesvereinigung der Deutschen Arbeitgeberverbände (BDA) und Ex-Staatssekretär Reinhard Göhner. Der Pensionsanspruch aus dem Regierungsamt bleibt beiden: Vom 55. Lebensjahr an winken Yzer nach heutiger Berechnung 5 400 Mark monatlich plus das, was ihr später als Altersruhegeld aus ihrem Abgeordnetenmandat zusteht.[4] In Paragraph 19 des Abgeordnetengesetzes heißt es: »Ein Mitglied erhält nach seinem Ausscheiden eine Altersentschädigung, wenn es das 65. Lebensjahr vollendet und dem Bundestag acht Jahre angehört hat. Mit jedem weiteren Jahr bis zum 18. Jahr der Mitgliedschaft im Bundestag entsteht der Anspruch auf Altersentschädigung ein Lebensjahr früher. Eine Wahlperiode wird mit vier Jahren angerechnet, soweit ihre Dauer über zwei Jahre hinausgeht.«

Wer 18 Jahre lang als VolksvertreterIn in Bonn durchgehalten hat, kann sich bereits mit 55 Jahren aufs Altenteil setzen. Nach acht Jahren gibt es bereits 3 885 Mark. Ein Durchschnittsarbeitnehmer müßte dafür 82 Jahre lang arbeiten. Privat Versicherte müssen für diese Rente 1 000 Mark monatlich zahlen. Für 8 325 Mark, auf die sich Bundestagsabgeordnete nach 18 Jahren freuen können, ginge Otto Normalverdiener 175 Jahre lang zur Arbeit. In der privaten Rentenversicherung muß man dafür über 2 300 Mark monatlich berappen. Wären die Abgeordneten bei der gesetzlichen Rentenversicherung angemeldet, könnten sie nach acht Jahren nur mit 683 Mark Rente rechnen und nach 18 Jahren mit 1 537 Mark.[5] Das Sparen überlassen die Damen und Herren in Bonn daher lieber anderen.

Auch Übergangsgeld ist eine feine Sache. Für jedes Jahr Mitgliedschaft im Bundestag bekommt ein Ex-MdB eine Abgeordnetendiät gezahlt, maximal 18 Monate lang. Ex-Regierungsmitglieder erhalten zunächst drei Monate lang ihr volles Gehalt weiter. Danach wird der Betrag um die Hälfte reduziert und so lange gezahlt, wie der Betroffene regiert hat, maximal 33 Monate. Andere Einkünfte müssen sich die Ehemaligen in Parlament und Regierung seit dem Yzer-Skandal allerdings anrechnen lassen.

Den goldenen Handschlag gibt es unabhängig vom Grund für den Ausstieg. Ex-Bundesverkehrsminister Günther Krause mußte seinen Hut nehmen, weil er seine private Putzfrau vom Arbeitsamt hatte finanzieren lassen. Ex-Wirtschaftsminister Jürgen W. Möllemann hatte sein Amt zur Werbung für die Geschäfte eines angeheirateten Vetters mißbraucht. 1993 dankte die gesamte Landesregierung von Sachsen-Anhalt ab, weil ihre vier Westimporte sich besonders dreist bedient hatten. Skandale einer Größenordnung, die für Otto Normalverdiener unweigerlich die fristlose Kündigung ohne jegliche Abfindung zur Folge hätten. Die Staatskasse zahlt trotzdem.

Für eine anständige Altersvorsorge läßt es sich als Mitglied der Bonner Regierung relativ schnell sorgen: Nach zwei Jahren bekommt man 15 Prozent der Amtsbezüge, nach drei Jahren 20, nach vier Jahren 29 Prozent. Nach 23 Amtsjahren hat man Anspruch auf 75 Prozent der Amtsbezüge, einschließlich Ortszuschlag. Zur Zeit sind das 18234 Mark monatlich für einen Bundesminister. Geschafft hat die Höchstversorgung bisher nur der ehemalige Außenminister Hans-Dietrich Genscher.[6] Hätte er in seiner Amtszeit in die gesetzliche Rentenversicherung eingezahlt, wäre er über die derzeitige Standardeckrente von 1975 Mark nicht hinausgekommen.

Der einträgliche Wechsel der Cornelia Yzer ließ die Medien hellhörig werden: Der *Spiegel* machte nicht weniger als 80 Bundestagsabgeordnete ausfindig, die neben ihren Diäten als ehemalige Mitglieder in Bundes- oder Landesregierungen weitere Einkommen beziehen. Die Top Ten: Gerhard Stoltenberg (CDU), ehemals Ministerpräsident in Schleswig-Holstein, Finanz- und Verteidigungsminister, hat bisher mindestens 850000 Mark an Übergangsgeld und Pension eingestrichen. Der frühere Bundesgesundheitsminister Heiner Geißler (CDU) bringt es schätzungsweise auf 800000 Mark. An dritter Stelle dürfte der ehemalige erste Bürgermeister von Hamburg und heutige Bundestagsvizepräsident Hans-Ulrich Klose (SPD) stehen, der insgesamt 200000 Mark Übergangsgeld bekam und nun monatlich 24500 Mark verdient – Bürgermeisterpension aus Hamburg und Diäten aus Bonn. Dann folgen Rechtsausleger Heinrich Lummer (CDU), der für fünf Jahre als Innensenator und Bürgermeister in Berlin insgesamt über 600000 Mark bekommen hat, etwa genauso viel wie Ex-Wirtschaftsminister Otto Graf Lambsdorff. Friedhelm Ost (CDU, Bonner Regierungssprecher) und Cornelia Schmalz-Jacobsen (FDP, Familiensenatorin in Berlin) sind mit etwa 500000 Mark an Übergangsgeld und Pension dabei, Dietmar Schlee (CDU, Minister in Stuttgart) und der frühere Entwicklungshilfeminister Jürgen Warnke (CSU) mit mehr als 400000 Mark. Auf dem zehnten Platz steht Bundestagspräsidentin Rita Süssmuth mit mehr als 300000 Mark für ihre Zeit als Bonner Familienministerin.[7]

DoppelverdienerInnen sind auch fast alle Regierungsmitglieder: Bundeskanzler Helmut Kohl, alle MinisterInnen sowie 28 parlamentarische Staatssekretärinnen und -sekretäre kassieren zusätzlich ihre halbe Abgeordnetendiät. Diese allerdings nur zwölfmal im Jahr, während ihnen als öffentlichen AmtsträgerInnen ein 13. Monatsgehalt zusteht.

## Soviel verdienen unsere SpitzenpolitikerInnen im Monat

| Amt | Name | Vergütung DM pro Monat | steuerfreie Aufwandspauschale |
|---|---|---|---|
| Bundespräsident | Roman Herzog | 29 402 | 11 000 |
| Bundeskanzler* | Helmut Kohl | 26 468 | 2 000 |
| BundesministerInnen* | | 22 784 | 600 |
| Staatssekretäre* | | 17 502 | |
| Bundestagspräsidentin | Rita Süssmuth | 23 650 | 8 251 |
| Bundestagsvizepräsidenten | | 17 737 | 6 851 |
| Präsidentin des Bundesverfassungsgerichts | Jutta Limbach | 24 930 | |
| EU-KommissarIn | Monika Wulf-Mathies, Martin Bangemann | 34 000 | |

* plus die halbe Abgeordnetendiät

Quelle: Bundestagsdrucksache 13/6637; Abgeordnetengesetz

In den Bundesländern ist die Anrechnung von Abgeordnetenbezügen unterschiedlich geregelt. Die Ministerpräsidenten Johannes Rau (SPD, Nordrhein-Westfalen), Edmund Stoiber (CSU, Bayern) und Erwin Teufel (CDU, Baden-Württemberg), ohnehin die drei Spitzenverdiener unter den Länderchefs, erhalten auch einen Teil ihrer Diäten.

## Soviel verdienen die Länderchefs im Monat

| | | |
|---|---|---|
| Bayern | Edmund Stoiber | 28 029 DM |
| Nordrhein-Westfalen | Johannes Rau | 27 005 DM |
| Niedersachsen | Gerhard Schröder | 24 123 DM |
| Baden-Württemberg | Erwin Teufel | 24 015 DM |
| Hamburg | Henning Voscherau* | 23 873 DM |
| Hessen | Hans Eichel | 22 902 DM |
| Berlin | Eberhard Diepgen | 22 096 DM |
| Rheinland-Pfalz | Kurt Beck | 21 875 DM |
| Saarland | Oskar Lafontaine | 21 643 DM |
| Schleswig-Holstein | Heide Simonis | 20 766 DM |
| Bremen | Henning Scherf | 19 696 DM |
| Sachsen | Kurt Biedenkopf | 19 313 DM |
| Thüringen | Bernhard Vogel | 19 064 DM |
| Sachsen-Anhalt | Reinhard Höppner | 18 436 DM |
| Brandenburg | Manfred Stolpe | 18 200 DM |
| Mecklenburg-Vorpommern | Berndt Seite | 17 836 DM |

* inzwischen zurückgetreten. Nachfolger: Ortwin Runde

Die Beträge enthalten Grundgehalt, Ortszuschlag und die in den meisten Ländern üblichen Dienstaufwandsentschädigungen in unterschiedlicher Höhe, die zwölfmal gezahlt werden und steuerfrei sind. Das 13. Monatsgehalt ist, wie im gesamten öffentlichen Dienst, auf dem Stand von 1990 eingefroren.

Quelle: Bericht des Bundesfinanzministeriums an den Haushaltsausschuß des Bundestags vom 10. Mai 1996; eigene Recherchen.

Einige Regierungschefs haben sich von ihren Landesparlamenten in den letzten Jahren satte Aufschläge absegnen lassen, obwohl sie den Beschäftigten »Mäßigung bei den Lohnabschlüssen« predigen. Kurt Biedenkopf sinnierte im *Spiegel*: »Wollen wir an der Illusion festhalten, daß die überwältigende Mehrheit der Bürger unfähig ist, für sich selbst zu sorgen? Müssen wir die Menschen in ein System der Vollversorgung zwängen, das immer weiter um sich greift?« Für sich selbst hat er in der Tat gesorgt – mit einer

Erhöhung seiner Amtsbezüge um 141,9 Prozent seit 1990. Der Bayer Edmund Stoiber verdient 130,8 Prozent mehr als sein Vorgänger 1977. In Niedersachsen sind die Amtsbezüge der Ministerpräsidenten seit diesem Zeitpunkt um 108,3 Prozent geklettert. Die anderen Erhöhungen bewegen sich zwischen 85 Prozent (Hessen) und 54,8 Prozent (Mecklenburg-Vorpommern, ab 1991). Einzig in Sachsen-Anhalt sanken die Amtsbezüge um 17,9 Prozent, nachdem sich der Wessi Werner Münch 1993 mit 22 466 DM selbst nobel alimentiert hatte.

Vor diesem Hintergrund tut auch der öffentlichkeitswirksam in Szene gesetzte Verzicht auf die jährliche Anpassung der Amtsbezüge analog zu den Gehaltserhöhungen im öffentlichen Dienst nicht sonderlich weh.

Einige Länderchefs sitzen in Aufsichtsräten, Gerhard Schröder zum Beispiel bei VW. Der Niedersachse darf aber nur 10 000 Mark von seinen Tantiemen behalten. Die Mitglieder der Landesregierung von Baden-Württemberg teilen sich nicht weniger als 30 Mandate in Aufsichts- und Verwaltungsräten. Allerdings dürfen sie ihre Tantiemen nur bis zur Höhe von 12 000 Mark behalten. Eifrigster Pöstchensammler ist Finanzminister Gerhard Mayer-Vorfelder. Der Präsident des Fußballbundesligisten VfB Stuttgart sitzt im Aufsichtsrat der Badenwerk AG, der staatlichen Toto-Lotto-GmbH, der Landesgirokasse und der Baden-Württembergischen Bank AG.[8]

Auch wer kein Regierungsamt hat, muß nicht darben. Bundestagsabgeordnete genießen Privilegien, die normale BürgerInnen als geldwerten Vorteil versteuern müßten: Das Büro samt Ausstattung und kostenloses Telefonieren aus Bonn, kostenlose Benutzung öffentlicher Verkehrsmittel, die Übernahme von Reisekosten, Reisen ins In- und Ausland. Hinzu kommt Beihilfe bei Krankheit.

## Soviel verdienen Abgeordnete

| | |
|---|---|
| Bundestag | 11 825 DM |
| Hessen | 11 266 DM |
| Bayern | 9 965 DM |
| Niedersachsen | 9 700 DM |
| Rheinland-Pfalz | 8 779 DM |
| Nordrhein-Westfalen | 8 605 DM |
| Baden-Württemberg | 7 900 DM |
| Saarland | 7 971 DM |
| Thüringen | 7 371 DM |
| Schleswig-Holstein | 7 260 DM |
| Brandenburg | 7 086 DM |
| Sachsen | 6 753 DM |
| Sachsen-Anhalt | 6 500 DM |
| Mecklenburg-Vorpommern | 6 310 DM |
| Berlin | 5 100 DM |
| Bremen | 4 457 DM |
| Hamburg | 4 000 DM |

Jeweils zuzüglich steuerfreier Aufwandspauschalen in unterschiedlicher Höhe.

Quelle: Bundestagsdrucksache: 13/6637; eigene Recherchen

»Die Wahl zum Parlamentsvorsteher oder zu dessen Stellvertreter ist wie ein Sechser im Lotto«, konstatieren die Journalisten Friedrich Bräuninger und Manfred Hasenbeck.[9] Bundestagspräsidentin Rita Süssmuth (CDU) steht die doppelte Abgeordnetendiät zu, ihren StellvertreterInnen Hans-Ulrich Klose (SPD), Antje Vollmer (Bündnis 90/Die Grünen), Burkhard Hirsch (FDP) und Michaela Geiger (CSU) immerhin noch ein Aufschlag von 50 Prozent. Zusätzlich zur normalen Aufwandspauschale gibt es jeden Monat 2 000 Mark bzw. 600 Mark. Wie auch die Öffentlichkeit seit dem Skandal um die angeblichen privaten Ausflüge von Frau Süssmuth mit der

Flugbereitschaft der Bundeswehr weiß, kann sie diese kostenlos benutzen, aber nur dienstlich. Am Ende ihrer Amtszeit winkt der Präsidentin die doppelte Versorgung, und ihren StellvertreterInnen die anderthalbfache. Alle fünf dürfen in andere Büros in der Bundeshauptstadt umziehen, ausgestattet mit kostenlosem Telefon, Portofreiheit, Sekretärin und Chauffeur. Und das bis ans Lebensende.

## 500 Riesen für Riesenhuber

Etwa eine Milliarde Mark müssen den bundesdeutschen SteuerzahlerInnen ihre aktiven und pensionierten PolitikerInnen bei Bund, Ländern und im Europaparlament jedes Jahr Wert sein.[10] Dafür könnten diese sich eigentlich mit ihrem öffentlich-rechtlichen Salär zufriedengeben. Tun sie aber nicht. Denn Nebentätigkeiten sind lukrativ. Den Dreh hat nicht nur Otto Graf Lambsdorff raus. Zum Beispiel der Abgeordnete und ehemalige Forschungsminister Dr. Heinz Riesenhuber: Er nimmt für die CDU ein Direktmandat im Wahlkreis Frankfurt/Main-Taunus wahr. 1995 erhielt er (wie heute auch noch) neben seiner Abgeordnetendiät plus steuerfreier Aufwandspauschale von 209 304 Mark eine Ministerpension von 77 100 Mark pro Jahr. Zusätzlich sitzt er im Aufsichtsrat von Mannesmann (86 444 DM), von ALCAN (20 000 DM), von Altana (73 416 DM) und von Messer Griesheim (15 000 DM). Allein diese Beträge summierten sich 1995 auf ein Jahreseinkommen von 481 254 Mark. Nach dem Bundestagshandbuch hat Riesenhuber weitere Ämter inne, die vergütet werden, über deren Höhe jedoch nichts bekannt ist. Er ist stellvertretender Aufsichtsratsvorsitzender bei EVUTEC BioSystems GmbH, Senior Country Advisor der National Westminster Bank, Mitglied des Internationalen Beirates von NSTB National Science & Technology Board Singapore, Mitglied des Internationalen Beirates der SAIC Science Applications Intern. Europe S.A., Paris, Mitglied im Research and Development Council der Siemens AG in München, Vorsitzender des Deutsch-Amerikanischen-Akademischen Konzils (DAAK) in Bonn und Ko-Präsident des Deutsch-Japanischen Kooperationsrats für Hochtechnologie und Umwelttechnik in Bonn. Es ist davon auszugehen, daß der Abgeordnete Riesenhuber weit über eine halbe Million jährlich verdient. Den Vorwurf der finanziellen Abhängigkeit von seinen Geldgebern würde Riesenhuber natürlich weit von sich weisen. Aber wann er sich angesichts dieser vielen Jobs auch noch um seine WählerInnen in Frankfurt und dem Main-Taunus-Kreis kümmert, bleibt sein Geheimnis.

Etwa ein Drittel der Bundestagsabgeordneten verdient »erheblich« nebenher. Ein Drittel »ein wenig« und ein Drittel lebt tatsächlich von den Abgeordnetendiäten. So zumindest schätzt der SPD-Bundestagsabgeordnete Peter Conradi die Einkommensverhältnisse seiner Kolleginnen und Kollegen ein. Fast 300 der 672 Abgeordneten sitzen in einem Aufsichts- oder Verwaltungsrat (1975 waren es nur 75),[11] vorzugsweise bei den großen Versicherungs- und Stromkonzernen, die besonders stark von politischen Entscheidungen abhängen, sowie regionalen Versorgungs- und Wohnungsbauunternehmen. Der Verfassungsrechtler und ehemalige Hamburger Wirtschaftssenator Ingo von Münch mahnte deswegen: »Wer als Politiker ohne besonderen wirtschaftlichen Sachverstand in einen Aufsichtsrat berufen wird, der muß sich darüber im klaren sein, daß es dem Unternehmen in Wirklichkeit um etwas anderes geht: um politische Einflußnahme außerhalb der legitimen Formen demokratischer Meinungsbildung. Abgeordnete sind mit der Ausübung ihres Mandats, wenn sie es denn ernst nehmen, ausreichend beschäftigt. Abgeordnete sollten die Regierung kontrollieren und nicht Wirtschaftsunternehmen.«[12] Trotz einer gerne beklagten 80-Stunden-Woche üben 240 Abgeordnete nebenher ihren alten Beruf aus, vor allem Unternehmer oder Geschäftsführer, Landwirte, FreiberuflerInnen und Rechtsanwälte. Letztere genießen den Vorteil, daß sich hinter ihren Mandaten trefflich Gutachter- und Beraterverträge verstecken lassen, die sie ansonsten der Bundestagspräsidentin beichten müßten.

Genaueres läßt sich über die Realeinkommen der Bonner Volksvertreter nicht herausfinden. Sie müssen zwar bestimmte Nebentätigkeiten angeben. Doch über die finanziellen Verhältnisse und eventuellen Abhängigkeiten erfährt man auf diese Weise nur Bruchstücke. Veröffentlicht werden der Beruf, wenn er nicht ruht, Tätigkeiten in Aufsichtsräten, Vorständen, Verwaltungsräten, Beiräten oder anderen Gremien von Unternehmen und Körperschaften des öffentlichen Rechts. Außerdem Funktionen in Vereinen und Stiftungen von überregionaler Bedeutung oder in Verbänden und ähnlichen Organisationen. Auch von Spenden über 20 000 Mark im Jahr sollte die

Öffentlichkeit erfahren. Doch es gehört nicht viel Grips dazu, diese Pflicht zu umgehen und das Geld dennoch einzustreichen.

Bestimmte Aktivitäten müssen die Abgeordneten der Bundestagspräsidentin angeben, ohne daß sie veröffentlicht werden, zum Beispiel Tätigkeiten als Gutachter und Berater, Anteile an Kapital- oder Personengesellschaften ab 30 000 Mark jährlich und ein mindestens 25prozentiges Stimmrecht in Kapital- und Personengesellschaften. Völlig geheim bleiben Vortrags- und Veröffentlichungshonorare oder ähnliches.

Peter Conradi legt wie seine Fraktionskollegen Eberhard Brecht, Norbert Gansel (der inzwischen Oberbürgermeister von Kiel ist) und Horst Schmidbauer sein Einkommen jedes Jahr offen, eine Pflicht, der in den USA alle Kongreßabgeordneten und Regierungsmitglieder unterliegen. Der Versuch, die Bundestagsabgeordneten dazu zu verpflichten, scheiterte mehrfach. Dabei hat das Bundesverfassungsgericht schon in seinem Diätenurteil 1975 ein solches Gesetz gefordert. Damals entschied das oberste Gericht, daß berufsmäßiger Lobbyismus mit dem unabhängigen Status des Abgeordneten nicht zu vereinbaren ist. In den Leitsätzen heißt es:

> »Art. 48 Abs. 3 in Verbindung mit Art. 38 Abs. 1 GG verlangt gesetzliche Vorkehrungen dagegen, daß Abgeordnete Bezüge aus einem Angestelltenverhältnis, aus einem sogenannten Beratervertrag oder ähnlichem, ohne die danach geschuldeten Dienste zu leisten, nur deshalb erhalten, weil von ihnen im Hinblick auf ihr Mandat erwartet wird, sie würden im Parlament die Interessen des zahlenden Arbeitgebers, Unternehmers oder der zahlenden Großorganisation vertreten und nach Möglichkeit durchzusetzen versuchen. Einkünfte dieser Art sind mit dem unabhängigen Status der Abgeordneten und ihrem Anspruch auf gleichmäßige finanzielle Ausstattung in ihrem Mandat unvereinbar.«

Angesichts dieses Urteils müßten mindestens Cornelia Yzer, die vom Forschungsministerium zum Verband forschender Arzneimittelhersteller wechselte, und Ex-Wirtschaftsstaatssekretär Reinhard Göhner, den die Bundesvereinigung der Deutschen Arbeitgeberverbände (BDA) einkaufte, ihr Mandat zurückgeben.

# 5. Sternchen, Stars und stolze Preise
## Das Beispiel Profisport

»Mein Sponsor wollte, daß ich komme«, verriet der Trainer des VfL Bochum, Klaus Topmöller, der Anfang Juni 1997 nach jahrelanger medialer Abstinenz mal wieder im *Aktuellen Sportstudio* vorbeischaute. Seine Mannschaft war gerade vom Aufstieg in die erste Bundesliga direkt auf einen UEFA-Cup-Platz gestürmt. Was der Sponsor sagt, das tut man. Sei es, daß Ski-RennläuferInnen nach erfolgreichem Zielschuß telegen mit den Brettln in der Hand jubeln, damit auch alle ZuschauerInnen wissen, auf welchem Untersatz der Erfolg zu holen ist. Sei es, daß die Beach-Volleyballerinnen Maike Friedrichsen und Danja Müsch sich ein Tattoo ihres Geldgebers in den Oberschenkel stechen lassen. Auch wenn der Düsseldorfer Eishockeyspieler Thomas Brandl in die Kamera lächelt, weiß man: ohne Sponsoren läuft im bezahlten Sport rein gar nichts mehr. Denn Brandls Zahnschutz ziert das Signet eines Sportartikelherstellers.

Richtig viel Geld ist in der Formel 1 zu verdienen. Michael Schumacher ist nach dem US-Basketballer Michael Jordan und Box-Profi Mike Tyson mit 50 Millionen Mark Verdienst im Jahr der drittreichste Sportler der Welt. Schumi führt damit auch die deutsche Sportler-Geldrangliste 1996 an.

25 Millionen Dollar, knapp 40 Millionen Mark, bekommt er von seinem Arbeitgeber Ferrari 1997 überwiesen. 1998 gibt es noch mal fünf Millionen Dollar drauf. Verschiedene Werbeverträge, unter anderem mit DEKRA und Nike, bringen ihm etwa zwölf Millionen Mark. Alle WM-Rennen zusammengerechnet raste Schumi rund 20 Stunden in seinem Ferrari um die Kurven. Macht ein Minuten-Honorar von 41 666 Mark, mehr als andere in einem Jahr verdienen, oder 694 Mark pro Sekunde.

**Die deutsche Sportler-Geldrangliste 1996**

| | Name | Sportart | Jahresgewinn |
|---|---|---|---|
| 1 | Michael Schumacher | Formel 1 | 50 Millionen DM |
| 2 | Boris Becker | Tennis | 18 Millionen DM |
| 3 | Steffi Graf | Tennis | 14 Millionen DM |
| 4 | Henry Maske | Boxen | 13 Millionen DM |
| | Bernhard Langer | Golf | 13 Millionen DM |
| 5 | Michael Stich | Tennis | 11 Millionen DM |
| | Detlef Schrempf | Basketball | 11 Millionen DM |
| 6 | Heinz Wewering | Trabrennen | 10 Millionen DM |
| 7 | Jürgen Klinsmann | Fußball | 7 Millionen DM |
| 8 | Lothar Matthäus | Fußball | 5 Millionen DM |
| | Matthias Sammer | Fußball | 5 Millionen DM |
| | Andreas Möller | Fußball | 5 Millionen DM |
| | Stefan Effenberg | Fußball | 5 Millionen DM |
| 9 | Heinz-Harald Frentzen | Formel 1 | 4,5 Millionen DM |
| 10 | Anke Huber | Tennis | 4 Millionen DM |

Quelle: Sports live, Februar 1997, S. 96

Sein sauer und unter Lebensgefahr verdientes Geld möchte Schumacher natürlich behalten und zog sich daher zunächst ins Steuerparadies Monaco zurück, wo zeitweilig auch Boris Becker residierte, wohnt jetzt aber in der Schweiz. Becker kehrte nach seiner Hochzeit übrigens wieder zurück nach Deutschland, was er jetzt mit einem Verfahren wegen Steuerhinterziehung büßt. Ein Faktum, das den Moderator des ZDF-Magazins *Frontal,* Bodo Hauser, geradezu erboste. Hauser wetterte darüber, daß der Fiskus den Tennisspieler mit seiner Kleinlichkeit wieder aus dem Land treibt: »Im Namen der Gerechtigkeit geht es seit längerem Prominenten steuerlich an den Kragen. Die hingegen machen dem Fiskus eine lange Nase und gehen einfach.« Das simple Motto: Lieber wenig Steuern als gar keine. So versuchte es auch Steffi Grafs Manager-Vater Peter. Doch der ehemalige Gebrauchtwagenhändler verhob sich gewaltig, muß nun 20 Millionen Mark Steuern nachzahlen und obendrein drei Jahre und neun Monate wegen Steuerhinterziehung absitzen. Er hatte ein Imperium von Schachtelfirmen in verschiedenen Steueroasen aufgebaut, das er am Ende nicht mal selbst überblickte, und sich zu sehr auf die vermutete oder tatsächliche Protektion des Finanzministers von Baden-Württemberg und Sportsfreundes Gerhard Meyer-Vorfelder verlassen.

Der *Spiegel* hält Graf für die reichste Sportlerin der Welt. Den Sprung unter die Top 50 der US-Zeitschrift *Forbes* hat sie mit rund 14 Millionen Mark dennoch nicht geschafft. Mal abgesehen von Millionärsgattinnen und -töchtern, wie Chantal Grundig oder Susanne Klatten, führt Graf jedoch die Rangliste der zehn Frauen in Deutschland an, die am meisten Geld verdienen. Nach ihr kommen die Modeunternehmerin Jil Sander (zehn Millionen Mark), die Models Claudia Schiffer (neun Millionen) und Nadja Auermann (sieben Millionen), Ex-Eisprinzessin Katharina Witt (fünf Millionen Mark), Tennisspielerin Anke Huber und Erotik-Unternehmerin Beate Uhse (je vier Millionen Mark), Schriftstellerin und Talkmasterin Hera Lind und Talkmasterin Margarethe Schreinemakers (je drei Millionen) sowie Schwimmerin Franziska van Almsick (2,5 Millionen Mark).[1] Bezeichnend ist, daß die wenigsten dieser Frauen ihr Geld in der Wirtschaft verdienen.

Michael Schumacher hält sein Einkommen für gerechtfertigt. »Mir würde niemand so viel zahlen, wenn ich es nicht wert wäre«, erzählte er offenherzig dem *Stern*.[2] Doch hier irrt Schumi. Die Honorare der Sport-Profis haben nur noch wenig mit ihrer sportlichen Leistung, dafür aber um so mehr mit der Gewinnerwartung der Sponsoren zu tun. Und da ist Leistung nur ein Faktor unter mehreren, wie der Manager der Schwimmerin Franziska van Almsick und der Eiskunstläuferin Tanja Szewczenko, Werner Köster, weiß: »Stellenwert der Sportart, plus Erfolg, plus Aussehen, plus Persönlichkeit ergibt das Vermarktungspotential.«[3] Daher sponsern Unternehmen gezielt bestimmte Sportarten und bestimmte SportlerInnen. Am liebsten den Volkssport Fußball, der jeden Samstag hohe (und bei wichtigen internationalen Spielen noch höhere) Einschaltquoten garantiert. Sechs Millionen zahlte Opel in der Saison 1996/97 dafür, daß das Firmensignet die Brust der erfolgsverwöhnten Münchner Bayern zieren durfte. Die billigsten Trikots hatte der MSV Duisburg mit 2,2 Millionen (Götzen Baumärkte). Bandenwerbung kostete zwischen 107 500 Mark (Bayern München) und 40 000 Mark (Bayer Leverkusen).[4]

Boxen erlebte mit Henry Maske und Axel Schulz einen kurzen Höhenflug und krankt jetzt wieder an seinem Schmuddelimage. Auch Tennis, die Sportart der späten 80er Jahre, hat wieder an Bedeutung verloren, seit es bei Boris Becker und Steffi Graf immer häufiger zwickt.

Probleme gibt es in der Leichtathletik, wo die WeltmeisterInnen von 1997 nicht mehr auf einen Mercedes hoffen konnten, wie noch bei den Weltmeisterschaften 1995 und 1993. Der Stern unter den Autos hat seinen Vertrag mit dem internationalen Leichtathletikverband nicht erneuert. Dennoch flossen bei der WM in Athen im August 1997 reichlich Preisgelder: 60 000 Dollar für einen Weltmeistertitel, 30 000 für die Silbermedaille und 20 000 Dollar für Bronze. Für einen Weltrekord gab es zusätzlich 100 000 Dollar.

Einen wahren Boom hat im Sommer 1997 der Radsport erlebt. Nachdem Jan Ullrich als erster Deutscher überhaupt die Tour de France gewonnen hatte, war ganz Deutschland im Radrennfieber. Für die Telekom, den Hauptsponsor von Ullrichs Rennstall, haben sich die zehn Millionen Mark jährliche Investitionen in das Team bezahlt gemacht.[5]

Nach einer Umfrage des Branchendienstes *Sponsor-News* gaben deutsche Unternehmen 1996 1,92 Milliarden Mark an Sport-Sponsoring aus, sechs Prozent mehr als noch ein Jahr zuvor. Daß Fernsehsport weniger mit Bewegung und mehr mit Bier, Chips und Hausschuhen zu tun hat, beweisen die 1995er Sponsor-Etats der deutschen Brauereien: Warsteiner steht mit 30,6 Millionen Mark an der Spitze der Top Ten. Schlußlichter sind Herforder Pils, Franziskaner und DAB mit gut einer Million.[6] Sie haben damit die Autofirmen als größte Sponsor-Branche abgelöst.

Coca Cola und Mastercard bezahlten jeweils 20 Millionen Dollar für die Fußballweltmeisterschaft 1994 in den USA. Auf zehn Millionen Mark beziffert Sportler-Manager Ion Tiriac die Budgets von internationalen Tennisturnieren, die vor allem mit Werbepartnern aus der Wirtschaft bestritten werden. Tiriac muß es wissen. Er richtet das ATP-Turnier in Hannover und den Stuttgarter Hallenwettkampf aus und vermarktet das Spektakel in Rom.[7]

## Wie Werbung Millionäre macht

Das ganz große Geld fließt im Sport erst, seit private Fernsehsender dem *Aktuellen Sportstudio* und Co. Konkurrenz machen. Seitdem wird um Übertragungsrechte gepokert. In der Fußballsaison 1980/81 überwiesen ARD und ZDF gerade mal 6,3 Millionen Mark an den Deutschen Fußballbund (DFB). 1991 schnappten UFA und RTL für heute lächerlich erscheinende 50 Millionen den öffentlich-rechtlichen Sendern die Übertragungsrechte weg. Für die Saison 1999/2000 müssen die Kirch-Tochter ISPR, eine Internationale Sportrechteverwertungsgesellschaft, und SAT 1 fast 180 Millionen springen lassen, um die deutsche Fußballgemeinde vor ihr Programm locken zu dürfen.[8] Die Rechte für die Fußballweltmeisterschaften in den Jahren 2002 und 2006, mit denen der Medienmogul Leo Kirch die Fans zum Abonnement seines Pay-TV-Senders zwingen will, kosteten ihn satte 3,4 Milliarden Mark.

Längst sind aus Fußballvereinen Wirtschaftsunternehmen und aus Sportlern mittelständische Firmen geworden. Bayern München hat in der Saison 1994/95 einen Gesamtumsatz von 123,9 Millionen Mark erreicht. Das Merchandising, also das Geschäft mit Fan-Artikeln, brachte allein 30 Millionen. Beim 1. FC Kaiserslautern machen Eintrittsgelder nur noch ein Drittel des Etats aus.[9] Auch Schumi hat den Dreh raus: Inzwischen vermarktet er nicht nur seine »Collection« mit Schumi-Mützen, Schumi-Rucksäcken und anderen mehr oder minder nützlichen Utensilien. Sogar seine Hochzeit verkaufte der geschäftstüchtige Rennfahrer exklusiv an eine Boulevardgazette.[10]

Als Mittler zwischen Sport und Wirtschaft treten Berater auf, die auch kräftig abkassieren. Willi Weber zum Beispiel, Schumis Manager, bekommt ebenso 20 Prozent der Einnahmen seines Schützlings wie der Berater von Tanja Szewczenko, Werner Köster. Der inzwischen verstorbene Münchner Anwalt Axel Meyer-Wölden konnte mit sich selbst Geschäfte machen und als Berater des Tennis-Profis Boris Becker mit seinem Spiegelbild, dem Veranstalter des Münchner ATP-Tennisturniers, über die Konditionen von Beckers Teilnahme verhandeln.[11]

## Hertha BSC: Betriebssportgruppe Bertelsmann

Neueste Entwicklung: Sponsoren halten sich einen Club oder eine Mannschaft. Seit 1994 investiert der Bertelsmann-Konzern in den Fußballclub Hertha BSC, nicht etwa weil der CLT-Ufa-Generaldirektor und Hertha-Aufsichtsratsvorsitzende Rolf Schmidt-Holtz ein großer Fußballfan wäre. Nein, Rendite muß her: Sechs Millionen Menschen leben im Einzugsgebiet Berlins, und mit Hansa Rostock gibt es nur noch einen weiteren Bundesligaclub östlich der Elbe. Da erwartet der Medienriese saftige Marketingumsätze. Mit der ersten Geldspritze von 4,5 Millionen Mark sicherte sich Bertelsmann 1994 auch die Vermarktungsrechte der Hertha bis ins Jahr 2003. In der Saison 1996/97 gab es nochmal sechs Millionen, und fit für die Bundesliga soll der Aufsteiger mit weiteren neun Millionen Mark werden.[12]

Auch Mercedes investiert vorausschauend. Die schwäbischen Nobelkarossenbauer ziehen mit Unterstützung von Boris Becker eine neue Tennismannschaft heran, das »Mercedes-Junior-Team«. Was der Deutsche Tennisbund bisher nicht geschafft hat, nämlich für schlagkräftigen Nachwuchs zu sorgen, soll der Altstar nun mit Hilfe von Mercedes bewerkstelligen. Bis zum Jahr 2007 will das Unternehmen vier Millionen Mark jährlich für ein Jugendteam ausgeben. Für Mercedes, so fanden Marktforscher heraus, ist Tennis das ideale Betätigungsfeld, um weltweit einheitlich zu werben. Deshalb beendeten die Stuttgarter ihr Sponsoring nach dem Gießkannenprinzip und kauften sich 1996 auch in die 72 ATP-Tennisturniere ein.

Mit Junior-Teams haben die Autobauer übrigens Erfahrung: Anfang der 90er Jahre lernten die Rennfahrer Michael Schumacher, Karl Wendlinger und Heinz-Harald Frentzen bei Mercedes, wie am effektivsten aufs Gaspedal gedrückt wird.[13]

Heute ist Schumi zwar steinreich, den Hals kriegt er trotzdem nicht voll: »Es hat mir gezeigt, wie arm ich eigentlich bin«, kommentierte er den Besuch beim angeblich reichsten Mann der Welt, dem Sultan von Brunei.[14] Viel Geld wirkt eben schnell unmoralisch. Weil sich aber Otto und Lieschen Normalverbraucher mit den Sportstars identifizieren sollen und kräftig nach den beworbenen Produkten greifen sollen, ist ein wenig Barmherzigkeit angesagt. Michael Schumacher rechtfertigt seine Millionen damit, daß er später einen »Ausgleich für Ungerechtigkeiten schaffen« könne. Wem er sein Geld zugute kommen lassen will, weiß er allerdings noch nicht: »Das ist noch nicht so konkret. Im Moment konzentriere ich mich auf die Rennen.«[15] Sein Namensvetter aus dem Tennissport, Michael Stich, hat dagegen mehr Zeit übrig und immerhin eine Stiftung für aidskranke Kinder gegründet.

## 6. Was macht man mit 19 Milliarden? Wofür die Superreichen Geld ausgeben

Die Frankfurter Goethestraße ist auch nicht mehr das, was sie einmal war. Noch am 26. Mai 1997 fragte *Focus* in seiner Titelgeschichte »Der neue Spaß am Luxus«, ob in Mainhattans teuerster Straße schon der Euro gelte. Denn für 1000 Mark gebe es dort nur die Hälfte – allenfalls ein Sakko, aber nicht die passende Hose dazu. Der Gag ist erstens nicht besonders witzig und zweitens nicht wahr. Selbst bei Versace kann man einen ganzen Anzug für knapp über 1000 Mark kaufen, wenn auch nur im Schlußverkauf. Aber das Geldausgeben macht auf der Luxusmeile keinen rechten Spaß mehr: Zu viele Voyeure unter den Touristen, die beim Juwelier Friedrich ungläubig eine Uhr für 82 500 Mark bestaunen; zu viele Normalos, die bei Annas oder Christophle einkaufen; sogar Bettler trauen sich vereinzelt über den Roßmarkt – die Grenze zwischen Standardausgabe und Luxusversion – und halten zwischen dem Goldschmied Ernst Noth und der Boutique von Jil Sander ihre Hand auf.

Understatement ist bei den Nobelboutiquen angesagt: Im Schaufenster von Christophle – ordinär gesprochen ein Laden für Haushaltswaren und Geschirr – kostet kein Stück mehr als 999 Mark. Um ein Modell des Überschallflugzeugs Concorde sind all die mehr oder minder nützlichen Dinge drapiert, die man zu Hochzeiten verschenken kann. Die Concorde deutet auch an, wohin sich die bundesdeutsche Haute Volée zurückziehen kann, wenn es ihr selbst in den noblen Gegenden von Frankfurt zu billig wird – mal eben für ein langes Wochenende nach New York zum Shopping.

Doch geben wir uns nicht mit silbernen Teekannen für 5 300 Mark bei Robbe und Behring oder giftgrünen, fellgefütterten Velourslederjacken für 9 900 Mark bei Hermès ab. Was macht ein Mann mit knapp 19 Milliarden Mark, wenn er sogar schon eine Insel in der Karibik besitzt? Das Problem hat seit dem Frühsommer 1997 Curt Engelhorn, der ehemalige Eigner von Boehringer Mannheim und Nummer drei der deutschen Superreichen. Er muß den Verkaufserlös für seinen Chemiekonzern zwar mit seiner zerstrittenen Verwandtschaft teilen, nicht aber mit dem Finanzminister, da die Holding seines Imperiums steuersparend auf den Bermudas residiert. Mit einem dreistelligen Millionenbetrag will er sein schlechtes Gewissen beruhigen und einen Härtefonds für die Opfer der nun zu erwartenden Rationalisierungen bei Boehringer Mannheim einrichten. Danach kann er sich ans Geldzählen machen. Damit dürfte der 71jährige für den Rest seines Lebens ausgelastet sein – und darüber hinaus. Denn *Bild* rechnete vor, daß Engelhorn 30 Jahre bräuchte, wollte er sein gesamtes Vermögen Hundertmarkschein für Hundertmarkschein in die Hand nehmen.

Eine Yacht dürfte der Hausherr von Five Star Island, einem kleinen Felsen in der Karibik, zwar bereits besitzen, der Vollständigkeit halber sei jedoch erwähnt, daß so ein Luxuskreuzer gebraucht schon für 595 000 bis 1,1 Millionen Dollar zu haben ist – inklusive Mehrwertsteuer.

Auch an einem Ferrari hätte der Milliardär auf seiner nur einige 100 Quadratmeter messenden Domäne wenig Freude. Macht nichts. Die Jubiläumsversion zum 50. Geburtstag von Schumis liebstem Spielzeug ist ohnehin längst vergriffen. Es gab nämlich nur 349 Stück für 850 000 Mark – als Standardmodell. Servolenkung, Automatikgetriebe, Airbag und Klimaanlage kosteten extra.

Engelhorn könnte sein Geld auch versaufen – pardon, in Wein anlegen. Eine Flasche 1870er Lafite-Rothschild für 30 000 Mark oder eine 4,5 Liter-Flasche 1961er Petrus Jérobam kann man für 44 000 Mark auf Weinauktionen ersteigern und genüßlich mit jedem Schluck 100 Mark seines Vermögens durch die Kehle rinnen lassen.

Kartoffeln und deren Preise sind seit Friedrichs Zeiten ein Thema für kleine Leute. Es sei denn, man hat das Glück, für 900 Mark pro Kilo die Bonnette von der französischen Atlantikinsel Noirmoutier zu bekommen. Da könnte dann auch ein nobler Gaumen wieder aufmerken.

Der französische Edelerdapfel hat alle Voraussetzungen, in den »Clewi«, den »Cost-of-living-extremely-well-Index«[1] aufgenommen zu werden. Mit diesem Index errechnet *Forbes* jährlich die Kosten des Warenkorbs für die oberen Zehntausend. 1996 kostete zum Beispiel ein Rolls Royce Silberpfeil 176 500 Dollar, 6 600 Dollar mehr als noch ein Jahr zuvor. Der Preis eines Privatjets für zehn Personen ohne irgendwelche Extras ist im gleichen Jahr um 8,3 Prozent auf fünf Millionen Dollar gestiegen. Um 42 Prozent ist die

US-amerikanische Pferderasse Thoroughbred teurer geworden. Durchschnittlich 350 000 Dollar kostete so ein Vierbeiner 1996.

In den Index gehen auch solche Kleinigkeiten ein wie ein Seidenkleid des Edelschneiders Bill Blass, ein Jahr an der Harvard Universität, ein Opernabonnement in der New York Metropolitan - natürlich die Loge am Samstag abend –, Kaviar und Champagner der Extraklasse, ein Dinner im feinen La Tour d'Argent in Paris, Face-lifting und der Psychiater an der noblen New Yorker Upper East Side. Die Steigerung des Clewi blieb 1996 mit 2,4 Prozent hinter den allgemeinen Lebenshaltungskosten (drei Prozent) zurück. Das liegt nach Auskunft von *Forbes* am starken Dollar, der Luxusimporte aus Deutschland, Japan und der Schweiz verbilligt.

Nicht mal mit der Teuerungsrate kriegt Curt Engelhorn sein Vermögen klein. Bleibt die Frage: Was soll er mit seinen Milliarden tun? Da gäbe es auch einige gemeinschaftsdienliche Möglichkeiten. Er könnte zum Beispiel mit gut einem Drittel seines Vermögens die Länder Ruanda (1,6 Milliarden Mark Schulden), die Zentralafrikanische Republik (1,5 Milliarden), Burkina Faso und Burundi (je 1,9 Milliarden) auf einen Schlag entschulden.

Wenn Engelhorn etwas mehr Geld für sich behalten möchte, könnte er einen Vorschlag von Tiny Muskens umsetzen, einem katholischen Bischof aus den Niederlanden: Jeder Millionär solle ein Viertel seines Vermögens abgeben. »Dann können sie noch immer all ihre Schwimmbäder, Villen und Yachten behalten.«[2] Engelhorn wäre dann knapp 4,7 Milliarden Mark los. Der ehemalige Oberbürgermeister von München und SPD-Altvordere Georg Kronawitter ist noch bescheidener und hat einen »Solidarbeitrag der Superreichen« vorgeschlagen. Die zehn Prozent besonders Vermögenden sollen 15 Prozent ihrer Reichtümer abgeben. Engelhorns Beitrag beliefe sich auf 2,8 Milliarden Mark. Nachteil: Der Solidarbeitrag wäre eine einmalige Leistung.

Die Journalisten Hans-Peter Martin und Harald Schumann bringen daher eine Luxussteuer ins Gespräch, »eine 30prozentige Abgabe auf alles, was Reichen Spaß macht: Immobilienkäufe über den Eigenbedarf am Wohnort hinaus, Luxuslimousinen, Hochsee-Yachten, Privatflugzeuge, hochwertiger Schmuck, kosmetische Chirurgie...«[3] Das hätte den Charme, daß die Superreichen die öffentlichen Haushalte dauerhaft alimentierten, und wäre ein Beitrag zur Umverteilung. Es ist unwahrscheinlich, daß dadurch Arbeitsplätze verloren gehen. Denn es ist kaum zu erwarten, daß jemand auf einen Ferrari verzichtet, nur weil er statt 850 000 Mark nun 1,105 Millionen kostet.

# 7. Beim Urlaub wird's schon eng
## Wie man mit einem Durchschnittsverdienst lebt

Eigentlich geht es uns viel zu gut! – Das zumindest meint Hilmar Kopper, wenn er behauptet: »Die deutsche Armutsgrenze liegt irgendwo zwischen Mallorca und den Seychellen.«[1] Oder wenn der Chef der CDU/CSU-Bundestagsfraktion Wolfgang Schäuble sich dagegen ausspricht, die Massenkaufkraft zu stärken, »weil dann das Geld von den Urlaubern nur in die Karibik getragen wird«. Die Botschaft lautet allenthalben »Gürtel enger schnallen!« Doch die das fordern, kennen die Pein enger Hosenbünde allenfalls aus der alljährlichen Fastenkur in Badgastein. Kopper verdient im Monat das Doppelte eines normalen Jahreseinkommens. Wolfgang Schäuble muß sich zwar mit knapp 30 000 Mark zufriedengeben.[2] Doch auch ihm fehlt offensichtlich die Phantasie, sich vorzustellen, daß eine Facharbeiterfamilie mit zwei Kindern sich kaum eine 14tägige Pauschalreise nach Mallorca leisten kann oder daß so manche alleinerziehende ausgebildete Verkäuferin ergänzende Sozialhilfe beantragen könnte. Von den täglichen Sorgen und Nöten ums liebe Geld, mit denen sich inzwischen auch normal verdienende Menschen in Deutschland plagen, wissen die hohen Herren nicht viel – und wollen wohl auch nichts wissen. Denn sonst könnten sie nicht so dreist über das Hochlohnland Deutschland schwadronieren. Viele Medien haben die gleiche Bildungslücke und plappern die Mär von den viel zu hohen Einkommen allenthalben nach.

1995 verdienten ArbeitnehmerInnen in Westdeutschland durchschnittlich 4 233 Mark brutto, in den neuen Bundesländern 3 198 Mark. Netto blieben 2 686 Mark (Ost: 2 213 Mark) übrig.[3] Noch nie war die Last von Steuern und Abgaben so hoch wie heute. Durchschnittlich 36,5 Prozent der Bruttoverdienste in Westdeutschland gingen 1995 an den Fiskus, an die gesetzliche Kranken-, die Renten- und die Arbeitslosenversicherung. 1982 lag die Quote noch bei 29,4 Prozent. Im Osten stieg sie von 20,4 (1989) auf 30,8 Prozent (1995).[4] Damit finanzieren die ArbeitnehmerInnen die Folgen der deutschen Vereinigung und versicherungsfremde Leistungen.

4 041 Mark hat eine durchschnittliche Familie heute jeden Monat in der Kasse. Die Haushalte in den alten Bundesländern können 4 916 Mark monatlich ausgeben, in den neuen Bundesländern 3 166 Mark, nicht einmal 65 Prozent des Westniveaus. Im Schnitt leben von diesem Einkommen etwas mehr als zwei Personen.[5] Familien, die nur die Hälfte haben, gelten nach einer Definition der Europäischen Union (EU) als arm. Wer doppelt soviel ausgeben kann, erreicht die Reichtumsgrenze.[6] Zwischen 2 000 und 8 000 Mark netto für zwei Personen im Portemonnaie bewegt sich das, was in Deutschland als normales Leben gilt. Doch eine Ärztin oder ein Rechtsanwalt am oberen Ende dieser Skala und ein Maurer mit Mindestlohn auf dem Bau oder eine Hilfskraft in der Metallindustrie haben wenig gemein. Durchschnittsverdienste bringen ein Facharbeiter oder eine Bankangestellte nach Hause.

Wer jung, flexibel, mobil, gut ausgebildet, gesund und kinderlos ist, hat Chancen, auf der Einkommensleiter ganz nach oben zu klettern und in Regionen vorzustoßen, wo es bei einer Sparquote von bis zu 30 oder 40 Prozent eines Monatseinkommens egal ist, ob die Mineralölsteuer angehoben wird und die Mehrwertsteuer 15 oder 20 Prozent beträgt. Einem kleinen Teil der NormalverdienerInnen gelingt dieser Sprung: DINKS (double income, no kids – doppeltes Einkommen, keine Kinder) nennt man die GewinnerInnen. Die Zugehörigkeit zu einer sozialen Gruppe – etwa zu den Selbständigen oder den Angestellten – ist dagegen keine Garantie mehr dafür, ein besonders großes Stück vom Wohlstandskuchen zu ergattern. Denn selbständig sind nicht nur der Steuerberater oder der Apotheker, sondern auch die Kioskbesitzerin um die Ecke und der EMS-Kurier. Angestellt ist sowohl ein Abteilungsleiter bei der Sparkasse als auch die Verkäuferin bei Tengelmann.

## So viel verdienen Otto und Lieschen Normalverdiener pro Monat

| Berufsgruppe | West in DM | Ost in DM | Bemerkung |
|---|---|---|---|
| **Beamtinnen und Beamte** | | | |
| BriefzustellerIn A4 | 3 496 | 3 449 | Ost: Arbeiter (Lg 6a), nicht vergleichbar, da Beamte keine Sozialbeiträge zahlen |
| Schalterbeamter A7 | 3 952 | 3 797 | Ost: Angestellte (Vg. Vc); nicht vergleichbar, da Beamte keine Sozialbeiträge zahlen |
| Finanzbeamter A 10 | 5 004 | 4 254 | |
| GrundschullehrerIn A 12 | 5 925 | 5 164 | viel Teilzeit, Ost: Sachsen-Anhalt (VG III) |
| Oberstudienrat A 14 | 6 981 | 5 663 | viel Teilzeit, Ost: Sachsen-Anhalt (VG IIa) |
| ProfessorIn C3 | 8 100 | 6 885 | |
| RichterIn Amtsgericht (West), Kreisgericht (Ost) R1 | 7 367 | 6 262 | |
| RichterIn am Bundesarbeitsgericht R6 | 13 449 | | gibt es nur im Westen |
| **Tarifbeschäftigte im öffentlichen Dienst** | | | |
| Müllwerker | 3 807 | 3 137 | |
| Krankenschwester (Gemeinden) | 4 793 | 4 074 | zusätzlich durchschnittlich 240 DM Nacht- und Wochenendzuschläge (Ost: 204 DM) |
| Verwaltungsangestellte (Gemeinden) | 4 314 | 3 667 | |
| BusfahrerIn ÖPNV | 4 453 | 3 669 | |
| Stationsarzt in städtischer Klinik | 7 221 | 6 138 | Rufbereitschaft und Bereitschaftsdienst mit Zulage |
| Telefonauskunft Vg. VII | 3 829 | 3 534 | |
| ICE-BegleiterIn | 3 012 | 2 530 | zusätzlich viele Zulagen |

| | | | |
|---|---|---|---|
| **Industrie** | | | |
| Hilfskraft Lg 2 Leistungszulage 13 %* | 2 868 | 2 868 | |
| MontagearbeiterIn Lg 2 Akkordlohn* | 3 426 | 2 919 | West: Akkord 135 %, Ost: Akkord 115 % |
| FacharbeiterIn Lg. 8 Prämienlohn* | 4 435 | 3 778 | West: Prämie 135 %, Ost: Prämie 115 % |
| Kaufmännische Angestellte (Gg. 4/4, Leistungszulage 10 %)* | 4 906 | 4 906 | |
| MeisterIn* | 5 613 | 5 613 | |
| DiplomingenieurIn (Gg. 7/4, Leistungszulage 10 %)* | 7 120 | 7 120 | |
| AbteilungsleiterIn* | 10 500 | 10 500 | außertariflich, 40-Stunden-Woche |
| Mindestlohn auf dem Bau | 2 704 | 2 559 | |
| **Handel und Banken** | | | |
| AbteilungsleiterIn Kaufhaus | 6 179 | 5 439 | mit mehr als 8 Vollzeitbeschäftigten, West: NRW, Ost: Brandenburg |
| Marktleitung Supermarkt | 4 768 | 4 399 | mit mehr als 8 Vollzeitbeschäftigten, West: NRW, Ost: Brandenburg |
| ausgebildete Verkäuferin | 3 232 | 2 917 | West: NRW, Ost: Brandenburg |
| Bankangestellte beratende Tätigkeit | 4 439 | 4 439 | |
| Zweigstellenleitung einer Bank | 6 246 | 6 246 | |

Stand Juli 1997, öffentlicher Dienst: Oktober 1997

* Metallindustrie; West: Niedersachsen, 35 Wochenstunden; Ost: Sachsen-Anhalt, 38 Wochenstunden

Lg.: Lohngruppe, Vg.: Vergütungsgruppe, Gg.: Gehaltsgruppe

Eingruppierung soweit nicht anders angegeben tarifliche Bruttoentgelte bzw. Besoldung, 39 Jahre, »typische« Berufsbiografie; öffentlicher Dienst: 39 Jahre, verheiratet, ein Kind

Zum Jahreseinkommen zählen außerdem 13. Monatsgehalt oder Weihnachtsgeld, Urlaubsgeld, vermögenswirksame Leistungen und andere Zulagen. In der Metallindustrie wird der jährliche Verdienst mit dem Faktor 13,25 hochgerechnet.

## So viel verdienen Selbständige und Besserverdienende pro Jahr

| Berufsgruppe | West in DM | Ost in DM | Bemerkung |
|---|---|---|---|
| Rechtsanwalt | 140 000 | 88 000 | 1994, Spannbreite West: 97 000 bis 265 000 Ost: 61 000 bis 181 000 |
| Arzt* | 162 375 | 136 648 | durchschnittliches zu versteuerndes Jahreseinkommen 1992 |
| Zahnarzt | 192 130 | 141 690 | durchschnittliches zu versteuerndes Jahreseinkommen 1995 |
| Unternehmensberater McKinsey | bis zu 750 000 | | 1995 |
| Bank erste Ebene | 159 000 | | 1996, Führungskräfte gibt es fast nur im Westen |
| Bank zweite Ebene | 136 000 | | 1996, Führungskräfte gibt es fast nur im Westen |
| Marketingleiter EDV-Unternehmen | 137 000 | 109 000 | 1996 |
| Wirtschaftsprüfer* | 245 751 | 54 857 | durchschnittliches zu versteuerndes Jahreseinkommen 1992 |
| Steuerberater* | 151 373 | 64 101 | durchschnittliches zu versteuerndes Jahreseinkommen 1992 |
| Architekt* | 113 297 | 92 875 | durchschnittliches zu versteuerndes Jahreseinkommen 1992 |
| Apotheker | 130 000 | | Gewinn vor Steuer 1996, nach Angaben der ABDA kein generelles West-Ost-Gefälle |
| Tankwart | 94 180 | 70 428 | durchschnittlicher Gewinn vor Steuern 1995 |

* West: Hessen, Ost: Mecklenburg-Vorpommern

Quellen: Handelsblatt vom 22.11.96, 17.1.97 und 7.3.97, Statistische Landesämter Hessen und Mecklenburg-Vorpommern, Kassenzahnärztliche Bundesvereinigung, Manager Magazin 1.4.95, Bundesverband des Deutschen Tankstellen- und Garagengewerbes e.V.

Die Beträge sind Durchschnittsangaben. Natürlich zählt ein Teil der in den aufgeführten Berufsgruppen Tätigen nicht mehr zu den »Normalverdienern«, sondern zu den Einkommensmillionären.

Um die Bruttojahreseinkommen annähernd mit monatlichen Bruttoentgelten zu vergleichen, kann der in der Metallindustrie geltende Teiler von 13,25 angenommen werden.

## Klaus R. – Die »typische« Kleinfamilie

Es gibt sie noch, die typische Kleinfamilie. Klaus R. ist der Familienvater. Hochqualifizierter Facharbeiter, Alleinverdiener, da seine Frau die beiden Kinder betreut. Der 33jährige arbeitet in einem traditionsreichen Maschinenbauunternehmen in Hannover. Bei 33 Mark Stundenlohn bringt er in der Normalschicht 5 085 Mark brutto im Monat heim. Für einen Facharbeiter ein Spitzenlohn. Netto bleiben der Familie 3 477 Mark. Dazu kommen 440 Mark Kindergeld und 226 Mark Erziehungsgeld. 4 143 Mark sind eine Menge Geld. Doch wenn Klaus R. die Fixkosten von insgesamt 2 491 Mark abzieht – darunter allein 1 370 Mark laufende Kosten für die Wohnung, außerdem Versicherungen, Telefon, Auto, Kindergarten, Fernsehgebühren, Zeitung, Ratenzahlung usw. – bleiben nur noch 1 652 Mark übrig. Knapp 400 Mark pro Woche haben die vier Personen für Ernährung, Kleidung, Körperpflege und Freizeit, kaum mehr als der Sozialhilfesatz. Urlaub gab es seit vier Jahren nicht mehr. Aber jetzt will die Familie für das Urlaubsgeld von 3 509 Mark vierzehn Tage pauschal nach Mallorca fliegen. 2 600 Mark kostet das Appartement. Das jüngere Kind ist erst ein Jahr alt und zahlt nichts.

Einen normalen Verdienst hat auch eine alleinlebende technische Angestellte mit 5 100 Mark brutto und 2 800 Mark netto. Oder eine alleinerziehende Schichtarbeiterin mit 3 100 Mark brutto und 2 300 Mark netto. Oder der Geschäftsführer eines Sozialverbandes mit 7 200 Mark brutto und 4 400 Mark netto. Das klingt alles gar nicht so schlecht – wenn die technische Angestellte nicht im teuren Ballungsraum Hamburg lebte und sich nach Abzug aller Fixkosten mit 200 Mark pro Woche begnügen müßte; wenn die Schichtarbeiterin sich nicht hätte scheiden lassen, weswegen sie nun ihren Sohn allein durchbringt und seit einem Jahr auf neue Kleidung verzichtet.[7]

Selbst der Geschäftsführer könnte mal seinen Sozialhilfeanspruch prüfen lassen: Denn seine fünf Kinder sind auch bei einem gehobenen Gehalt im Budget nicht vorgesehen. Die Familie lebt zwar mit Kindergeld von 5 800 Mark monatlich. Jedoch bleiben für die sieben Personen nach Abzug aller Fixkosten gerade mal 60 Mark am Tag zum Leben. An Urlaub ist schon seit Jahren nicht zu denken.

Otto und Lieschen Normalverdiener schnallen den Gürtel tatsächlich enger – im wahrsten Sinne des Wortes: Der Anteil von Essen und Trinken an den Gesamtausgaben – Besuche im Restaurant inklusive – ist in den letzten Jahren gesunken. An der Miete ist kaum zu sparen. Hier werden die Preise diktiert. Rund ein Viertel ihres Einkommens müssen die Westdeutschen durchschnittlich für ihr Grundrecht auf Wohnen abzweigen, die Ostdeutschen ein knappes Fünftel. Je niedriger der Verdienst, desto höher der Mietanteil. Das untere Fünftel der westdeutschen Familien zahlt dafür 36,5 Prozent seines Einkommens, das obere Fünftel 16,1 Prozent. Für Ostdeutschland lauten die entsprechenden Anteile 29,8 und 11,9 Prozent.[8] 1995 stiegen die Kosten für die Miete um neun Prozent.

Beim Urlaub, so die amtliche Statistik, wollen sich die Weltmeister im Verreisen nicht einschränken und gaben 1995 sogar mehr Geld aus als in den Vorjahren. Doch auch die Touristikbranche sieht erste Vorboten für eine Rezession, selbst wenn zunächst nur der Zweiturlaub gestrichen wird.

Am unteren Ende der Normalverdienerskala ergibt sich ein völlig anderes Bild. Urlaub ist dort häufig zum Fremdwort geworden. Die Lebenssituation der acht Prozent bundesdeutscher Bevölkerung, die zwischen 50 und 60 Prozent des durchschnittlichen Haushaltseinkommens zur Verfügung haben, unterscheidet sich kaum von den zehn Prozent Armen, die mit weniger als der Hälfte des Durchschnitts auskommen müssen. Auch sie leben in zu kleinen, zu teuren und schlechten Wohnungen und mit materiellen Nöten. Zu diesem Ergebnis kam der Soziologe Werner Hübinger. »Prekären Wohlstand« nennt er die Lebenssituation.[9] Die ärmsten NormalverdienerInnen sind nach dieser Untersuchung sogar stärker überschuldet als die Armen. Eine mögliche Erklärung ist, daß sie lange mit allen Mitteln den einmal erlangten Lebensstandard zu halten versuchen und Kredite in der Hoffnung aufnehmen, sie zurückzahlen zu können, wenn es wieder aufwärts geht. Aber wer einmal in die unteren Etagen abgerutscht ist, kommt dort kaum wieder heraus. Wer den Absprung aus der Armutszone schafft, landet meist im prekären Wohlstand und bleibt dauerhaft von Armut bedroht.

Immer mehr Familien, die noch zu den Normalverdienern zählen, kommen ohne staatliche Unterstützung nicht mehr aus. Die Bundesarbeitsgemeinschaft Sozialhilfeinitiativen schätzt, daß – vorsichtig gerechnet – Paare ohne Kind bei einem Erwerbseinkommen von netto 2128 Mark pro Monat einen Anspruch auf ergänzende Sozialhilfe haben, mit einem Kind bei 2500 Mark, mit zwei Kindern bei 2750 Mark und mit drei Kindern bei 3000 Mark.

Je mehr Kinder eine Familie hat, desto tiefer befindet sie sich im Wohlstandsgefüge. »Die Einkommenssituation von Haushalten mit nur einem Kind ist bereits als unterdurchschnittlich zu bezeichnen. Mit jedem weiteren Kind nähern sich die Haushalte der Armutsschwelle«, sagt Werner Hübinger. Der Familienbund liefert Zahlen: Ein Single mit einem Durchschnittsentgelt von 4500 Mark im Monat hat nach Abzug von Steuern und Abgaben etwa 2566 Mark zur Verfügung. Einem Ehepaar mit zwei Kindern läßt der Staat bei gleichem Verdienst zwar ungefähr 3472 Mark. Wenn man davon jedoch die 40 Prozent Kinderkosten abzieht, die der Familienbund veranschlagt, bleiben jedem Elternteil nur 981 Mark – 1585 Mark weniger als das, was ein Single ausgeben kann.[10]

## Sybille S. – Kredit für den Zahnersatz

Nicht nur Kinder, auch das falsche Geschlecht macht arm. Frauen verdienen weniger als Männer. Daran hat sich in den vergangenen Jahrzehnten trotz Bildungs- und Höhergruppierungskampagnen, Modellprojekten »Mädchen in Männerberufen«, Frauenförderplänen und Gleichstellungsgesetzen nicht viel geändert. Sybille S. (48) zum Beispiel arbeitet schon seit zehn Jahren in verschiedenen Abteilungen bei Bosch in Salzgitter. Trotz ihrer vielfältigen Erfahrungen und Qualifikationen ist sie in der zweitniedrigsten Lohngruppe eingestuft. Das kann sie nur durch einen relativ hohen Prämienlohn auffangen. 3905 Mark bekommt die geschiedene Frau in der Normalschicht brutto: 2263 Mark netto in Steuerklasse I. Doch die monatlichen Kosten für Miete, Strom und Gas, Telefon, Versicherungen, Gebühren, Auto und einen Kredit belaufen sich auf 1793 Mark. Der Kredit war nötig, als Sybille S. 1996 für einen komplizierten Zahnersatz 9000 Mark zuzahlen mußte. Soviel Geld hatte sie nicht.

Heute bleiben ihr 470 Mark zum Leben. Das reicht nicht. Also jobbt sie mit einem Vertrag für 610 Mark am Wochenende in einer Kneipe. Das verschafft ihr ein Zubrot von 300 bis 500 Mark. 1996 konnte sie nach sechs Jahren Balkonien die 2 694 Mark Urlaubsgeld tatsächlich für Urlaub ausgeben, weil die Kinder aus dem Haus waren: 14 Tage pauschal auf Gran Canaria.

**Bruttoeinkommen von Männern und Frauen**

**Einkommensunterschiede in Prozent**

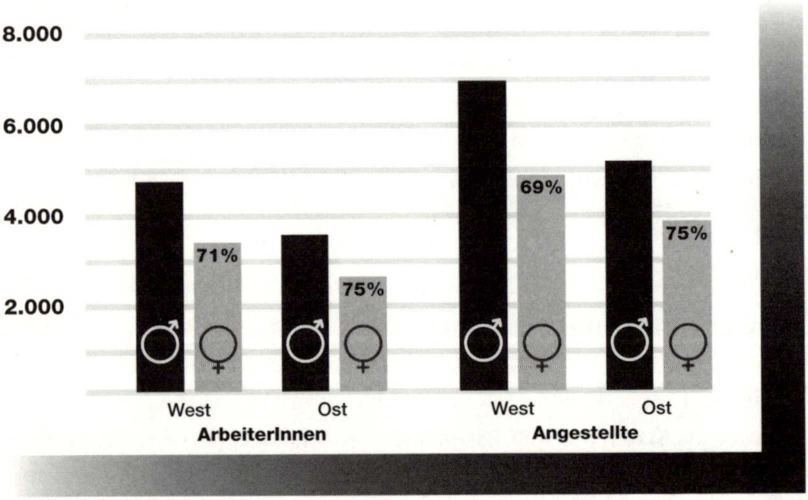


Quelle: Statistisches Bundesamt 1995

Die Politologin Anni Weiler schlägt Alarm, denn die Lohndifferenzierung zwischen den Geschlechtern nimmt seit Beginn der 90er Jahre wieder zu, auch wenn weibliche Angestellte in den vergangenen Jahren aufgeholt haben.[11] Der Anteil ungelernter Arbeiterinnen ist unverändert hoch, so der Befund. Auch ein höheres Bildungsniveau nützt den Frauen nicht viel: »Die weiblichen Angestellten mit Hochschul- bzw. Universitätsabschluß erzielen durchschnittliche Bruttomonatsverdienste, die kaum über denen der Männer mit Volks-, Haupt- und Realschule liegen, und die weiblichen Angestellten mit Fachhochschulabschluß nur wenig über den durchschnittlichen Bruttomonatsverdiensten der männlichen Angestellten der Gruppe mit Volks-, Haupt- und Realschulabschluß ohne abgeschlossene Berufsausbildung.«[12] Der Ökonom Klaus Schömann resümiert: »Rangieren in der Einkommenshöhe an erster Stelle ältere Männer mit unbefristeten Arbeitsverträgen und liegen ihre jüngeren befristeten Kollegen mit einem um 13 Prozent niedrigeren Einkommen hinter ihnen, so sind sie immer noch besser gestellt als unbefristet beschäftigte Frauen, die ein um weitere 17 Prozent niedrigeres Einkommen erzielen. Mit einem um neun Prozent niedrigeren Einkommen bilden deren befristete Kolleginnen das untere Ende der Skala.«[13]

Immer mehr Menschen, die sich jahrzehntelang in materieller Sicherheit wähnten, werden arbeitslos und rutschen ab. »Schockfälle« nennt Harald Rein vom Frankfurter Arbeitslosenzentrum (FALZ) diese Klienten. Selbst wer wieder Arbeit findet, gerät in eine Abwärtsspirale. »In einem Großbetrieb, da hattest Du soziale Sicherheit, konntest etwas zur Seite legen, ein Häuschen kaufen und Dich auf starke Betriebsräte verlassen«, erinnert sich Rolf Kaul, der ehemalige Betriebsrat des Frankfurter Metallunternehmens Messer Griesheim. Doch wer über einen Sozialplan und geblendet von fünfstelligen Abfindungen entlassen wird, merkt häufig zu spät, wie schnell das Geld dahinschmilzt, und muß finanzielle Abstriche hinnehmen, um neue Arbeit zu bekommen: keine übertariflichen oder zusätzlichen sozialen Leistungen, weniger Geld, Befristung, geringere Arbeitszeiten. Muß der neue Betrieb Jobs abbauen, geht es noch ein Stückchen weiter runter. Bis am Ende überhaupt kein Arbeitsplatz mehr zu finden ist.

## Cordula A. – Spirale abwärts

Zum Beispiel die 47jährige Cordula A. aus Frankfurt. 23 Jahre lang arbeitete sie als technische Zeichnerin in einem Unternehmen für Meß- und Regeltechnik und verdiente 4 660 Mark brutto. Mit diesem Geld, weiteren 880 Mark Unterhalt vom Vater ihrer 20jährigen Tochter und 200 Mark Kindergeld ließ es sich gut leben. Doch Anfang der 90er Jahre blieben die Aufträge aus. Immer mehr Beschäftigte wurden hinausgedrängt. Schließlich ließ sich auch Cordula zu einem Aufhebungsvertrag überreden, weil der gestiegene Streß und das miese Betriebsklima sie mürbe gemacht hatten. »Ich habe gedacht, ich ruhe mich ein paar Monate aus, dann suche ich einen neuen Job. Mit sechs Monaten Arbeitslosigkeit habe ich gerechnet, mehr nicht«, erinnert sie sich. Aus dem halben Jahr wurden zweieinhalb, in denen sie 1600 Mark Arbeitslosengeld bekam. Die Theaterbesuche wurden genauso gestrichen, wie die mit Freunden verquasselten Abende im Restaurant. »Ich konnte nicht mehr einfach 50 Mark für ein Essen ausgeben.« Mit der Zeit bröckelte der Freundeskreis. Auch Bücher konnte die Leseratte nicht mehr kaufen. »Ich bin halt in die Stadtbibliothek gegangen.« Die Zeitschriftenabonnements wurden »ausgemistet«. Auf regelmäßiges Taschengeld mußte die Tochter, die inzwischen studiert, verzichten. Mal ein Fünfziger, wenn etwas übrig war, oder ein Zwanziger von der Oma. Cordula hat sich in der Zeit so gut wie keine neue Kleidung gekauft. 30 Mark für den Geburtstagsblumenstrauß einer Freundin? Lieber nicht. Das Auto nur noch in Notfällen.

An die 200 Bewerbungen hat Cordula geschrieben. Gerade noch rechtzeitig, bevor sie in die Arbeitslosenhilfe abrutschte, bekam sie eine neue Arbeit in einem Vermessungsbüro. 3500 Mark brutto, 40-Stunden-Woche, 13. Monatsgehalt vom Betriebsergebnis abhängig (»wird es wohl eher nicht geben«), nur noch 25 statt 30 Tage Urlaub. Cordula weiß, daß ihr Chef sie nur deswegen unbefristet eingestellt hat, weil er einen Einarbeitungszuschuß bekommt. Das gibt ihr für über ein Jahr Sicherheit. Was dann kommt, ist ungewiß. Die Geschäfte des Vermessungsbüros laufen nicht gut. »Wer als letzter kommt, muß als erster gehen«, das weiß auch Cordula.

## Dumping-Löhne: Das Geschäft mit der Angst

Von der Angst vor Arbeitslosigkeit profitieren die Lohndrücker, besonders in Ostdeutschland. Zwar verdienen die Beschäftigten bei den Banken und in tarifgebundenen Betrieben der ostdeutschen Metallindustrie das gleiche Grundentgelt wie im Westen – wenn auch die MetallerInnen dafür drei Stunden länger pro Woche arbeiten müssen. Aber es gibt keine vermögenswirksamen Leistungen, weniger Weihnachtsgeld und keine außertariflichen Zulagen. Düster sieht es in Firmen aus, die nicht an die Tarife gebunden sind, zumeist kleinen Klitschen. Zwölf Mark pro Stunde für einen Facharbeiter, das heißt 2000 Mark brutto im Monat, oder acht Mark für eine

Akkordarbeiterin (1300 Mark Monatslohn) sind da keine Seltenheit. Angesichts einer offiziellen Arbeitslosigkeit von 25 Prozent und einer realen Beschäftigungslücke von 40 Prozent, wie im Arbeitsamtsbezirk Sangerhausen in Sachsen-Anhalt, sehen sich immer mehr Menschen gezwungen, für solche Hungerlöhne zu arbeiten.

Fernsehmoderator Friedrich Küppersbusch kommentierte die Situation in der Bauindustrie mit dem Hinweis, daß jeder genommen werde, der kein Geld wolle.[14] Der Sarkasmus ist berechtigt. Auf deutschen Baustellen, vor allem im künftigen Berliner Regierungsviertel, herrscht Chaos. Im Sommer 1997 mußte die IG BAU sogar der Absenkung des gesetzlichen Mindestlohns von 17 auf 16 Mark (West) und von 15,64 auf 15,14 Mark (Ost) zustimmen, um das Instrument des Mindestlohns überhaupt zu retten und ausländische Billiganbieter vom Sozialdumping mit Stundenlöhnen von kaum mehr als fünf Mark abzuhalten. Ostdeutsche Bauunternehmen versuchen den Mindestlohn, der im Tarifgefüge nur für Ungelernte in den ersten sechs Monaten vorgesehen ist, als Regelbezahlung durchzusetzen, um mit der ausländischen Konkurrenz mitzuhalten. Viele Bauarbeiter können daher von den tariflichen Ecklöhnen von 24,94 Mark im Westen und 23,69 Mark im Osten nur noch träumen.

## Scheinselbständige – abhängiger als zuvor

Eine andere Variante der Lohndrückerei ist die Scheinselbständigkeit. Ob der fruher angestellte Informatiker jetzt als freier Mitarbeiter für seinen ehemaligen Arbeitgeber Computerprogramme schreibt, der entlassene Monteur den Kundendienst auf eigenes Risiko und für weniger Geld übernimmt oder ein Zeitschriftenverlag die gesamte Grafikabteilung entläßt und nur mit jenen »frei« weiterarbeitet, die kuschen. In allen Fällen sind die scheinbaren Unternehmer abhängiger denn je, verdienen weniger und sind sozial kaum noch abgesichert. Nach Berechnungen des Instituts für Arbeitsmarkt- und Berufsforschung in Nürnberg (IAB) arbeiten etwa 431000 Menschen nur zum Schein selbständig. Bis zu 9,4 Milliarden Mark an Beiträgen für Renten-, Kranken- und Arbeitslosenversicherung gehen dabei jährlich verloren. Urlaubsgeld gibt es genauso wenig wie Lohnfortzahlung im Krankheitsfall. Und der Kündigungsschutz? Zum Beispiel zwei Wochen zum Ende des Kalendermonats bei der EMS Kurier Post, einer Tochter der Deutschen Post AG.

Auch im Transportgewerbe blüht die Scheinselbständigkeit. Die Unternehmen vermeiden auf diese Weise nicht nur Personalkosten, sondern auch einen wartungsintensiven und teuren Wagenpark. Die scheinbaren Unternehmer müssen die Transporter selbst anschaffen und nach dem Corporate Design des Auftraggebers herrichten. Alternative: Die Kuriere leasen ein Fahrzeug des Auftraggebers. Bei EMS kostet das 1350 Mark im Monat. Auch die Arbeitskluft stellt nicht der Arbeitgeber, wie bei einem angestellten Kurier. Das Outfit müssen die Scheinselbständigen beim Auftraggeber kaufen. Dazu kommt bei EMS der Scanner zur Auftragsabwicklung: 1500 Mark.

Auf guten Touren, etwa im Rhein-Main-Gebiet, können Kurierfahrer im Monat etwa 10000 Mark umsetzen. Doch dazu müssen sie bis zu 15 Stunden am Tag schuften – ohne Überstundenzuschläge. Vom Umsatz gehen die Kosten für den Transporter ab, einschließlich Sprit. Auch Krankenversicherung und Altersvorsorge gibt es nur privat. Vom Umsatz bleibt am Ende nicht einmal die Hälfte übrig. In der Branche wird hinter vorgehaltener Hand gemunkelt, daß die Fahrer bisweilen mit größeren Geldscheinen nachhelfen müssen, um profitable Touren zu bekommen. Das ist zwar illegal, doch beweisen läßt sich nichts. Denn wer sich beschwert, ist seine Aufträge los, und Stütze gibt es für scheinselbständige Arbeitslose nicht.

Aus den vielen Gerichtsverfahren wegen Scheinselbständigkeit hat der Kurierdienst der Post AG, die EMS, ihre Konsequenzen gezogen: Damit die EMS keinen Ärger mit der Sozialgerichtsbarkeit wegen der Scheinselbständigen bekommt, schließt sie keine Verträge mehr mit Einmannunternehmen ab. Das hat nach Erfahrung der Deutschen Postgewerkschaft dazu geführt, daß sich entweder mehrere Fahrer zu einem größeren Unternehmen zusammenschließen oder sie ihrerseits Subunternehmer beschäftigen – quasi »Subsubs«. Am Ende steht in jedem Fall ein Scheinselbständiger.

# 8. McJobs
# Armut trotz Arbeit

*»Wir Deutsche müssen wieder lernen, auf niedrigem Niveau zu schuften, statt auf höchstem Niveau zu jammern.«*

*Lothar Späth*

»Mehr Lohnflexibilität würde auch bei uns die Beschäftigung erhöhen, ohne daß auf unserem Arbeitsmarkt eine Gruppe der ›working poor‹, der armen Arbeitnehmer entstehen würde«, behauptet Wirtschaftsminister Günter Rexroth – vermutlich wider besseres Wissen. Die »working poor« gibt es nämlich schon. Thomas Heyll, Sprecher des Bundesverbandes der Systemgastronomie, weiß das und rät Menschen, die 1500 Mark im Monat in der Tasche haben, wenn sie 40 Stunden pro Woche bei McDonald's Hamburger verkaufen: »Entweder mehr Stunden arbeiten als die Regelarbeitszeit von 40 Stunden oder noch ein oder zwei weitere Jobs suchen und dort zusätzliches Geld verdienen.«

Mehr als die Hälfte aller Beschäftigten bei McDonald's hat einen Zweitjob: Zeitung austragen, Taxi fahren oder Putzen, wie Samih. Der 37jährige Palästinenser ist Asylbewerber. Seine Frau und die sechs Kinder leben in Jordanien. Beim Hamburger-Konzern arbeitet er in Dauernachtschicht. Das bringt 1700 bis 1800 Mark netto im Monat. Bis vor einiger Zeit ging Samih am Sonntag früh putzen: Die Nachtschicht bei McDonald's endete um fünf Uhr. Der Putzjob begann zwei Stunden später. Ein Jahr hat er das durchgehalten, dann ist er krank geworden. Jetzt lebt er nur noch von McDonald's: 520 Mark Miete im Monat für ein Zimmer mit Waschbecken und Klo auf dem Flur, mehrere hundert Mark fürs Telefonieren nach Jordanien. 800 Mark, so sagt er, schickt er jeden Monat dorthin. »Mein Kühlschrank ist immer leer.« Er kann ja bei McDonald's zum Personalpreis essen.

»Für uns bleiben nur Kentucky, Pizza Hut und McDonald's.« Das sagen AsylbewerberInnen, die eine Arbeitserlaubnis brauchen. Die bekommen sie aber nur, wenn Deutsche oder EU-BürgerInnen den Job nicht haben wollen. Arbeitspapiere werden nur für drei bis sechs Monate ausgestellt. Das nutzt der Bulettenking gnadenlos aus. Die Bruttoverdienste sollen auf 1800 Mark gedrückt werden.

McJob heißt nicht nur wenig Geld, sondern auch Schikane. Wer nicht spurt, bekommt keine neue Arbeitserlaubnis, oder sie wird so lange hinausgezögert, daß einer mal drei Monate nicht arbeiten kann. Oder die Dienstschichten werden verändert, so daß der ausgetüftelte Zeitplan für den Zweitjob nicht mehr funktioniert.

Auch Uschi muß aufpassen, weil sie kein Blatt vor den Mund nimmt. Sie arbeitet bei McDonald's in Wiesbaden in der Spätschicht und gibt sich mit ihrem Mann zu Hause die Klinke in die Hand, damit die drei Kinder immer beaufsichtigt sind. 1000 Mark netto verdient die 40jährige beim Hamburger-Brater. Für 610 Mark geht sie frühmorgens drei Stunden putzen. Auf 3600 bis 3800 Mark im Monat kommt sie gemeinsam mit ihrem Mann. Die Kaltmiete kostet 1000 Mark, und ein Auto brauchen sie auch. Urlaub? »Vor fünf Jahren hat meine Schwester mich und die Kinder zwei Wochen eingeladen.« Selbst das Freibad als Urlaubsersatz ist teuer. Fünf Mark Eintritt pro Person, zusammen 25 Mark.

## Geringfügig gesichert, geringfügig entlohnt

»Während doppelverdienende Paare die Spitze der Einkommenspyramide bilden, stehen doppelverdienende Frauen ganz unten«, bilanziert der Journalist Alexander Neubacher. »Mindestens zwei Millionen Erwerbstätige gehen nach Schätzung von Bundesarbeitsminister Norbert Blüm inzwischen einer Nebentätigkeit nach, die meisten davon Frauen. Und dabei weiß Herr Blüm nur von den offiziell gemeldeten Nebenjobs.«[1]

Wieviel Menschen in geringfügigen Beschäftigungsverhältnissen für höchstens 610 Mark im Westen und 520 Mark im Osten arbeiten, weiß weder Blüm noch jemand anderes. Die Schätzungen für 1994 liegen zwischen 4,45 und 6,24 Millionen, Tendenz stark steigend. Die Zahl der betroffenen Frauen ist von 1990 bis 1994 um die Hälfte in den alten und sogar um 69 Prozent in den neuen Bundesländern gestiegen. Der Anteil der geringfügig Beschäftigten an allen Erwerbstätigen betrug 1995 im Westen 11,1 Prozent. Zu finden sind sie in Privathaushalten, im Handel, der Gastronomie, dem produzierenden Gewerbe und in der Gebäudereinigung. Im Osten haben sechs Prozent nur geringfügige Arbeit. Hier spielen private Haushalte keine Rolle, eine um so größere dafür Handel, Handwerk, öffentliche Arbeitgeber und Baugewerbe.[2]

Für die meisten Frauen sind diese Arbeiten die einzige Einnahmequelle. Unter den 1,2 Millionen geringfügig Beschäftigten in Westdeutschland, die einen Haushalt führen, gibt es kaum Männer. McJobs sind für alleinerziehende Mütter häufig die einzige Möglichkeit, Geld zu verdienen. Im Westen schuftet bisweilen auch der Familienvater im Zweitjob für 610 Mark, weil sein erstes Gehalt nicht reicht. In den neuen Ländern benötigen Arbeitslose und FrührentnerInnen diese Jobs, um überhaupt über die Runden zu kommen.

McJobs verdrängen sozial abgesicherte Arbeit. Nach Angaben der Gewerkschaft HBV sind zwischen 1992 und 1995 140 000 Vollzeitarbeitsplätze in 500 000 Mini-Jobs umgewandelt worden. In manchen Großbetrieben des Einzelhandels arbeiten bereits 35 Prozent der Belegschaft geringfügig – nicht immer freiwillig: »Es häufen sich die Klagen von Frauen im Einzelhandel, die aus einem sozialversicherungspflichtigen Beschäftigungsverhältnis in ein geringfügiges Beschäftigungsverhältnis gedrängt werden«, klagt Jürgen Glaubitz vom Hauptvorstand der Gewerkschaft HBV.[3]

Eine andere Variante der Verdrängung: Der Autozulieferer VDO unterhielt bis Ende 1992 ein Werk im alten Frankfurter Arbeiterviertel Bockenheim. Un- und angelernte Arbeiterinnen – oft Ehefrauen von Gastarbeitern – konnten dort in »Hausfrauenschichten« ihren Teil zum familiären Budget beitragen. Sie schickten ihre Kinder morgens in die Schule, gingen dann zur VDO »schaffen« und waren nachmittags wieder für die Familie da. Heute ist das Werk nach Karben vor den Toren Frankfurts ausgelagert, es gibt nur noch Früh- und Spätschicht. Die meisten der ehemaligen Arbeiterinnen schlagen sich inzwischen mit geringfügigen Jobs durch: Ein paar Monate für 610 Mark bei der Lebensmittelkette HL Regale auffüllen oder in einem der Kaufhäuser auf der Einkaufsstraße Zeil aushelfen. Dann wieder schwarz putzen gehen. Eine neue unbefristete Stelle haben nur wenige gefunden.

In 43 Tarifbranchen liegen die Grundverdienste in den untersten Entgeltgruppen unter 2 000 und in den Ecklohngruppen unter 2 500 Mark.[4] »Niedrigeinkommen gelten nicht mehr unbedingt als einkommens- und sozialpolitisches Problem, das es zu beheben gilt«, resümiert Autor Reinhard Bispinck. »Deren Schaffung ist mittlerweile positiver Bestandteil verschiedenster Konzepte zur Verringerung der Arbeitslosigkeit.« Da geht es nicht mehr nur um untertarifliche Einstiegslöhne für Langzeitarbeitslose und Härteklauseln für ostdeutsche Betriebe in wirtschaftlichen Schwierigkeiten, wie sie inzwischen unter anderem in der Chemie-, der Metallindustrie und im Bauhauptgewerbe vereinbart worden sind. Auch die fortwährende Debatte um das Lohnabstandsgebot zwischen Niedrigeinkommen und Sozialhilfe ist Ausdruck eines so bestechend einfachen wie zynischen Denkmodells: je weniger Lohn, desto mehr Arbeitsplätze.

Klassischer Niedriglohnbereich ist die Gastronomie. Hussein aus Tunesien hat 27 Jahre lang im Rhein-Main-Gebiet als Kellner gearbeitet, zuletzt als Oberkellner in einer Autobahnraststätte für 2 400 bis 2 500 Mark plus Trinkgeld. Inzwischen ist Hussein arbeitslos und soll seine Frau und drei Kinder von 1200 Mark ernähren. 800 Mark beträgt allein die Miete. Zum Sozialamt will Hussein nicht gehen: »Ich habe immer gearbeitet und noch nie Geld vom Staat genommen.« Er sei zu teuer, hört er bei Bewerbungen immer wieder. 610-Marks-Kräfte sind billiger. Hussein will jetzt zurück nach Tunesien und hofft, in einem der Touristenzentren Arbeit zu finden.

## Beschäftigungsboom im Haushalt

Einen beschäftigungspolitischen Boom sollen geringbezahlte Dienstleistungen in Privathaushalten bringen. Das IFO-Institut erwartet etwa 214 000 neue Arbeitsplätze in Westdeutschland.[5] Was die VorkämpferInnen der Beschäftigungsoffensive in Haus, Garten und Kinderzimmer nicht sagen, aber meinen: Je weniger eine private Hausangestellte kostet, desto mehr Menschen lassen ihren Dreck von anderen wegmachen.

Den ersten Schritt in diese Richtung vollzog die Bundesregierung mit dem »Dienstmädchenprivileg« in der Steuerreform 1989, mit dem unter bestimmten Bedingungen bis zu 12 000 Mark für eine private Hausangestellte von der Steuer absetzbar wurde. Zweiter Schritt sind die »Haushaltsschecks«, mit denen seit Anfang 1997 illegale Putzhilfen und Kinderfrauen legalisiert und neue Stellen in Privathaushalten geschaffen werden sollen. Der steuerlich begünstigte Betrag wurde auf 18 000 Mark erhöht, und die Einschränkungen fielen weg.

Putzfrauen und Kindermädchen, die mehr als 610 Mark im Westen und 520 Mark im Osten verdienen, können sich mit den Schecks bezahlen und unbürokratisch bei der Sozialversicherung anmelden lassen. Die *Wirtschaftswoche* feierte das neue System als »absoluten Renner«, um Steuern zu sparen, und verriet unverheirateten Paaren den Trick, einen der beiden Partner (wen wohl) für die Arbeiten, die ohnehin zu erledigen sind, zu Hause anzustellen, um den steuerlichen Freibetrag einzustreichen.[6] Doch nur, wer einen Steuersatz von mindestens 30 Prozent hat, bekommt etwas zurück, weil die Steuerersparnis den Lohn der Perle übersteigt. So richtig lohnt sich ein Dienstmädchen für GroßverdienerInnen: Bis zu 5 500 Mark Steuern im Jahr sparen Hausherren mit Spitzensteuersatz.

Die Jobs sollen Frauen nach der Familienpause schmackhaft gemacht werden. Doch statt einer Weiterqualifizierung oder einem sicheren Arbeitsplatz wird ihnen angeboten, für Geld das zu tun, wofür sie zu Hause traditionell ohnehin zuständig sind. Mit McJobs im Haushalt soll lediglich die Arbeitslosenstatistik geschönt werden. Die qualifizierten Arbeitsplätze – soweit vorhanden – bleiben Männern vorbehalten. Die Wiedergeburt der Dienstmädchen und Tagelöhner.

Statt die gesellschaftliche Arbeitsteilung auch zwischen den Geschlechtern so zu verändern, daß jeder Mensch für seinen Lebensunterhalt selbst sorgen, berufliche und soziale Bestätigung erfahren und die eigenen persönlichen und familiären Angelegenheiten regeln kann, machen die GewinnerInnen in McDeutschland zeitintensiv Karriere und lassen sich derweil den Haushalt von anderen zu Niedrigstlöhnen erledigen.

Die Probleme der Putzfrauen, die sich schwarz und ohne Aufenthaltsgenehmigung illegal für zehn bis 15 Mark pro Stunde verdingen, werden auf diese Weise nicht gelöst. Dazu müßte die Schwarzarbeit in Privathaushalten rigide kontrolliert und sanktioniert (und der Zuzug von Ausländerinnen und Ausländern liberalisiert) werden.

Dennoch sind die Haushaltsschecks ein Flop: Ende Februar 1997 hatte die AOK, die wie die anderen gesetzlichen Krankenkassen mit der Organisation beauftragt ist, gerade mal 283 Stück ausgegeben.

## Lohndumping

Wenn niedrige Löhne Arbeitsplätze schüfen, müßte in Ostdeutschland die Wirtschaft florieren. Tut sie aber nicht. Beispiel Bekleidungsindustrie in Sachsen: Dort nähen Frauen in nichttarifgebundenen Betrieben für einen Leistungslohn von 7,50 Mark Hosen und Röcke. Der tarifliche Leistungslohn liegt bei 9,35 Mark in der Lohngruppe IV und 9,69 Mark in der Lohngruppe V. Über die Leistungsnorm werden die Stundensätze tarifwidrig weiter gedrückt, so daß fixe Arbeiterinnen maximal 5,62 Mark pro Stunde oder 955 Mark brutto im Monat verdienen können. Für Blusen gibt es 9,17 Mark Leistungslohn. Bei gleicher Leistung stehen auf dem Lohnzettel 1 167 Mark brutto und 895 Mark netto. Zwar seien die Niedrigstlöhne teilweise sittenwidrig, beklagt die Gewerkschaft Textil-Bekleidung. Es finden sich aus Angst vor Arbeitslosigkeit freilich keine Klägerinnen. »Außerdem gibt es in Zeiten der Rezession anscheinend keine guten Sitten mehr.« Die Arbeitslosenquote ist übrigens trotz der unternehmerfreundlichen Bezahlung 1996 um zehn Prozent auf 15,9 Prozent geklettert.

Niedriglöhne senken die Kaufkraft und steigern so die Arbeitslosigkeit. Außerdem drücken sie auf den Verdienst von Otto Normalverdiener. Während die gelbe Post nach wie vor ihre ZustellerInnen zu »Dienstleistungsfachkräften« ausbildet und ihnen über 3 000 Mark brutto bezahlt, gieren private Zeitungszustelldienste auf das Ende des Briefmonopols, um ihren geringfügig beschäftigten Turnschuhbrigaden die lukrativen Massensendungen (Infopost) aufzupacken. Die Banken haben sich die Billigkonkurrenz sogar selbst geschaffen: Eine Bankangestellte mit beratender Tätigkeit verdient nach Tarif 4 400 Mark brutto. An den Telefonen der Direktbanken, die große deutsche Geldhäuser gegründet haben, geben die JobberInnen für 15 Mark pro Stunde Auskunft. Vollzeitbeschäftigte verdienen etwa 2 600 Mark im Monat, 1 800 weniger als die Kollegin am Schalter.

Geradezu ruinös ist die Konkurrenz auf den Baustellen. 1,1 bis 1,2 Millionen Beschäftigte gibt es auf dem Bau. Mindestens 500 000 haben keinen deutschen Paß. Ihnen nützt der deutsche Mindestlohn von 16 Mark West und 15,14 Mark Ost herzlich wenig. Da werden Kost und Logis, Heimreisen nach Polen oder Portugal oder Provisionen abgezogen, da wird den ausländischen Vertragsarbeitern erzählt, sie müßten nach den Tarifen ihres Heimatlandes entlohnt werden, oder einfach keine Überstunden bezahlt. Wenn die Billiglöhner zehn Mark pro Stunde bekommen, können sie von Glück reden.

Die Spirale nach unten setzt sich in der Arbeitsförderung fort. Legales Instrument, um Menschen an untertarifliche Bezahlung zu gewöhnen, sind Arbeitsbeschaffungsmaßnahmen (ABM). Sie wurden bisher mit 90 Prozent des Tarifentgelts entlohnt. Seit 1997 werden nur noch 80 Prozent bezahlt. »Das heißt, daß ein ABM-Beschäftiger oder eine ABM-Beschäftigte einen Tag in der Woche umsonst arbeiten muß«, resümiert die Vizepräsidentin des Arbeitslosenverbandes Deutschland, Monika Balt.[7]

Dennoch sind ABM-Stellen und der Paragraph 249h des Arbeitsförderungsgesetzes (AFG), mit dem Arbeit in sozialen Diensten, im Umweltschutz und in der Jugendhilfe öffentlich gefördert wird, häufig der einzige Rettungsanker für die Opfer der Deindustrialisierung in Ostdeutschland: »Lebensstellung, arbeitslos, neuer Job, arbeitslos, neuer Job, wieder arbeitslos, Arbeitsbeschaffungsmaßnahme, noch mal arbeitslos, neue ABM. Demnächst wieder arbeitslos.« So beschreibt der *Spiegel* die Karriere eines Maurers im Erzgebirge.[8] Da greift man nach jedem Strohhalm. »Für uns geht es ausschließlich darum, mehr Geld, also mehr Kaufkraft in die Region zu holen«, sagt Hans-Jürgen Vogt, Direktor des Arbeitsamtes Sangerhausen, dem Bezirk mit der höchsten Arbeitslosenquote der Republik (1997: 24,4 Prozent offiziell registriert).[9] Die Spirale nach unten reißt den Einzelhandel mit in den Abgrund: 17 Prozent weniger Umsatz im Jahr 1996 kosteten weitere Arbeitsplätze.

## Armut trotz Arbeit

| Berufsgruppe | West in DM | Ost in DM | Bemerkung |
|---|---|---|---|
| ABM | 2 757 | 2 278 | Durchschnitt 1996, hohe Teilzeitquote |
| gemeinnützige Arbeiten für Sozialhilfeempfänger | 2,- bis 4,- | | Stundenlohn |
| geringfügig Beschäftigte | 610 | 520 | |
| z.B. Innenreinigerin | 14,46 | 10,75 | West: Baden-Württemberg, Ost: Sachsen, tariflicher Stundenlohn brutto bis zur Geringfügigkeitsgrenze |
| Erntehelfer | 9,10 und 10,43 | | für die regionalen Tarifabschlüsse empfohlene Stundenlöhne der IG BAU |
| ungelernte Verkäuferin | 2472 | 2502 | Tarifgebiet West: Nordrhein-Westfalen, Ost: Brandenburg |
| Friseurin | 2560 | 1280 | Tarifgebiet West: Hessen, Ost: Sachsen |
| § 249h AFG | | 2294 | Metallindustrie Sachsen-Anhalt, niedrigste Engeltgruppe |
| HeimarbeiterIn | 13,33 | 12,22 | Stundenlohn, festgesetzt vom Heimarbeiterausschuß beim Bundesarbeitsministerium |
| KellnerIn (gelernt) | 2462 | 2250 | tariflicher Durchschnitt |
| Rotationskraft McDonald's | 2 060 | 1 766 | tariflich besteht die Möglichkeit, das Entgelt um 10 % abzusenken |

Quellen: Bundesanstalt für Arbeit; Bundesarbeitsgemeinschaft Sozialhilfeinitiativen; Die Zeit 5/97; eigene Recherchen.

Stand: Juni 1997, i.d.R. Bruttoangaben

## Gisela F. – Chefsekretärin für 2 000 Mark

Gisela F. steht noch ganz am Anfang einer ABM-Karriere. Die 33jährige hat bis Frühling 1996 als Sekretärin in einem metallverarbeitenden Betrieb in Halle an der Saale gearbeitet, rutschte danach in eine Maßnahme nach Paragraph 249h AFG und von 4 000 auf 2 500 Mark brutto. Wie sie mit dem Geld auskommen wird, weiß sie noch nicht. Erst vor wenigen Wochen hat sie sich von ihrem Mann getrennt und eine eigene Wohnung bezogen. Die Kosten halten sich bei einer Miete von 650 Mark plus 80 Mark für Strom und Gas in Grenzen. Ein Auto braucht sie nicht. Mit 220 Mark Kindergeld, 395 Mark Unterhalt und der Abfindung von 15 000 Mark, von der sie auch die Klassenfahrt der 14jährigen Tochter nach England bezahlen will, hofft Gisela F. über die Runden zu kommen, bis sie eine neue Stelle gefunden hat. Das müßte allerdings vor November 1997 sein, wenn die ABM ausläuft. Ein Angebot hat sie ausgeschlagen, als Chefsekretärin in einem kleinen Betrieb für 2 000 Mark brutto zu arbeiten, weniger als das Arbeitslosengeld, das ihr zustünde.

## Peter G. – mit 48 zu alt

Peter G. aus der Nähe von Halle hat dagegen schon viel versucht, um nicht gänzlich abzurutschen. Der Schlosser wurde im Oktober 1992 arbeitslos, seine Frau folgte im Jahr darauf. Im April 1993 kam der 48jährige durch eine ABM seines alten Betriebes in der Nähe von Halle als Schweißer unter. Mitte 1994 war er wieder arbeitslos. Fortbildungen in seinem erlernten Beruf, als Schweißer und als Baumaschinenführer folgten. Seit 1995 arbeitet der 48jährige wieder in seinem alten Betrieb: für 2 500 Mark brutto. Seine Frau hat in einem Zentrallager bei Aldi Arbeit gefunden. Doch dort werden auch schon wieder Stellen abgebaut. Zusammen verdienen sie 3 095 Mark netto. Die 22jährige Tochter, eine Hotelfachfrau, ist arbeitslos, sie bekommt 700 Mark. Die beiden 19jährigen Zwillinge lernen Landschaftsgärtner (700 Mark) und Fleischer (500 Mark), wissen aber, daß sie danach nicht übernommen werden. Das zwölfjährige Nesthäkchen geht aufs Gymnasium. Die G.s müssen mit jedem Pfennig rechnen. Sie brauchen zwei

Autos, damit alle zu ihrer Arbeit kommen. Das macht 600 Mark im Monat. Miete zahlen sie nicht, weil sie im eigenen Häuschen wohnen, nur etwa 350 Mark Nebenkosten pro Monat. Doch das Haus ist alt. 35 000 Mark hat das neue Dach gekostet, das fällig wurde, als es hineinregnete. Jetzt zahlen sie 360 Mark pro Monat für den Kredit ab.

Einige Zeit versuchte das Ehepaar nach der »Methode Avon«, für eine amerikanische Firma Kosmetikprodukte, Kochtöpfe und Waschmittel zu verkaufen. Doch das rentierte sich nicht, weil die vielen Telefonate und privaten Einladungen auf eigene Rechnung so viel Geld verschlangen. »Wir haben rechtzeitig Schluß gemacht, bevor wir draufzahlten«, erinnert sich Peter G. Mit Versicherungsverträgen hatten sie genausowenig Glück.

Letztes Jahr hat G. 7 000 Mark im Lotto gewonnen. Gerne hätte er seiner Frau den ersten Auslandsurlaub dafür geschenkt. Aber dann haben sie das Geld doch lieber ins Haus gesteckt. G. wünscht sich, daß die ABM verlängert wird. Wenn sie endgültig vorbei ist, will er sich »auf Montage« bewerben. Ob er Chancen hat, weiß er nicht. »Mit 48 ist man normalerweise schon zu alt.«

## Gesetzlich fixierte Abwärtsspiralen

Trotz sieben Millionen Menschen ohne reguläre Beschäftigung hält sich hartnäckig das Bild vom Arbeitslosen als arbeitsscheuer Faulpelz in der sozialen Hängematte, mit dickem Auto vor der Tür. Dieses Vorurteil bekam im März 1997 mit einer neuen Regelung für zumutbare Arbeit eine rechtliche Grundlage: Berufs- und Qualifikationsschutz gibt es nicht mehr. Der Einkommensschutz ist schon länger aufgeweicht. Das Frankfurter Arbeitslosenzentrum (FALZ) hat die Konsequenzen für den alleinlebenden »Kalle Durchschnitt« errechnet, der bisher 2 248 Mark netto verdiente: In den ersten drei Monaten muß er 20 Prozent Einkommensverlust hinnehmen und landet bei 1 800 Mark. In den folgenden drei Monaten ist eine Minderung um 30 Prozent möglich: Kalle Durchschnitt muß sich mit 1 574 Mark zufriedengeben. Ab dem siebten Monat schließlich muß er auch Arbeiten annehmen, mit denen er nur noch die Höhe seines Arbeitslosengeldes verdient: 1 299 Mark. Verliert Kalle diesen Job wieder, landet er in der gleichen

**„Zumutbare Arbeit“ bei Arbeitslosigkeit**

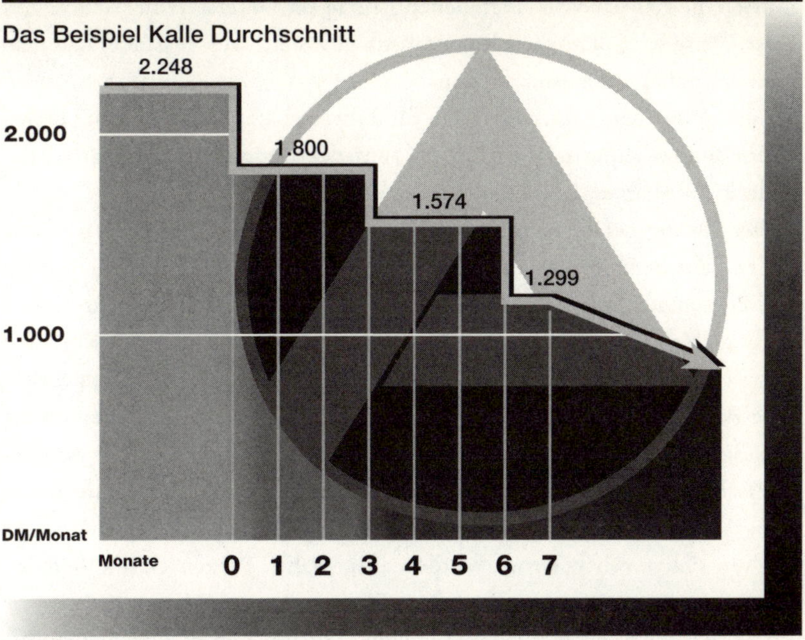


Quelle: Frankfurter Arbeitslosenzentrum (FALZ)

Spirale und nach sechs Monaten bei weniger als 800 Mark »zumutbarem« Verdienst.

Seit Sommer 1996 können ArbeitslosenhilfeempfängerInnen zu Einsätzen in der Landwirtschaft, der Gastronomie oder der Wald- und Forstwirtschaft zwangsverpflichtet werden. Diese Saisonarbeiten verrichten derzeit hauptsächlich ausländische Beschäftigte, sogenannte KontingentarbeiterInnen, für die der jeweilige Betrieb eine Genehmigung beim Arbeitsamt einholen muß, wenn sie nicht aus der Europäischen Union stammen. Das dazu passende Vorurteil hat die *Hannoversche Allgemeine Zeitung* (HAZ) in einer Schlagzeile formuliert: »Billigjobs – sind sich die Deutschen für manche Arbeit zu fein?« Jetzt können ArbeitslosenhilfeempfängerInnen zu dreimonatigen Arbeitsdiensten verdonnert werden, für mindestens sechs Stunden am Tag und nicht mehr als zehn Mark pro Stunde brutto. Von der Bundesanstalt für Arbeit bekommen sie dafür einen Zuschuß von 25 Mark am Tag. Liegt der Tagesverdienst auch nur eine Mark über ihrer Arbeitslosenhilfe, müssen sie den Job annehmen, sonst droht die Sperre. Nach ihrem Einsatz müssen die Arbeitslosen einen neuen Antrag auf Unterstützung stellen. Auf diese Weise wird die Arbeitslosenstatistik geschönt, und Ausländer hält man vom deutschen Arbeitsmarkt fern.

In der Nürnberger Bundesanstalt für Arbeit schätzt man, daß damit in den alten Bundesländern 10 bis 20 Prozent des Bedarfs an Saisonarbeitern gedeckt werden, in den neuen Ländern 30 bis 50 Prozent.

Der Zwang gefällt nicht einmal den potentiellen Arbeitgebern. Diese haben häufig schon seit Jahren gewachsene Arbeitsbeziehungen, vor allem mit Leuten aus Polen. Teilweise sind diese ErntehelferInnen sogar billiger als deutsche Saisonkräfte, nämlich dann, wenn der Arbeitgeber Kost und Logis vom Lohn abzieht. Zudem ist von Langzeitarbeitslosen, die eigentlich eine Arbeit in ihrem Beruf suchen, keine große Motivation zu erwarten. Das Beispiel einer hessischen Obst- und Gemüsegenossenschaft ist symptomatisch, die statt der Genehmigung für vier polnische ErntehelferInnen vom Arbeitsamt 25 Namen von Langzeitarbeitslosen bekam. Von diesen stellten sich zwölf vor, vier wurden ausgewählt. Wegen Gesundheitsbeschwerden hörten zwei nach wenigen Tagen auf.

Die Verpflichtung zu »gemeinnützigen Arbeiten« droht auch Sozialhilfebezieherinnen und -beziehern. Nach einer Untersuchung des Deutschen Städtetages wurden 1993 etwa 35 000 Zwangseinsätze geleistet, bei denen der »Mehraufwand« mit bis zu vier Mark pro Stunde abgegolten wurde. »Hilfe zur Arbeit« heißt der entsprechende Passus im Bundessozialhilfegesetz. Ein Zynismus, würden die meisten Betroffenen doch gerne arbeiten, wenn sie einen Arbeitsplatz oder eine Arbeitserlaubnis bekämen oder ihr Kind unterbringen könnten.

## Traudel S. – Zwang statt Arbeit

Zum Beispiel Traudel S., die in Frankfurt/Main von der Sozialhilfe lebt, seit sie sich 1978 von ihrem prügelnden und saufenden Mann trennte. Traudel S. holte den Hauptschulabschluß nach, scheiterte aber an der Prüfung in der Handelsschule. Einen Kurs als Büroassistentin bezahlte ein Bekannter, dem sie das Geld zurückerstatten muß. Einen Job als Verkäuferin hielt sie trotz attestierter chronischer Knochenhautentzündung drei Monate lang durch. Beim Kaufhof bot sie an, sich sechs Wochen lang ohne Bezahlung in der Lohnbuchhaltung einarbeiten zu lassen – Absage. Straßenbahnfahrerin wollte sie auch mal werden – zu alt. »Statt dessen soll man für zwei Mark Klos putzen. Da packt einen die Wut«, schimpft sie. Drei Tage lang putzte sie vier Stunden täglich versiffte Männertoiletten auf einem Sportplatz. Nicht einmal das Fahrgeld für die Straßenbahn wurde erstattet, weil das im allgemeinen Sozialhilfesatz bereits enthalten sei.

Zwar sollen SozialhilfeempfängerInnen nur »zusätzliche« Arbeiten zugewiesen bekommen, »die sonst nicht, nicht in diesem Umfang oder nicht zu diesem Zeitpunkt verrichtet werden würden«,[10] um Billigkonkurrenz zu regulären Jobs zu vermeiden. Doch die Arbeitsdienste werden beispielsweise im Frankfurter Garten- und Friedhofsamt so regelmäßig geleistet, daß es Verantwortliche für einzelne Betriebshöfe gibt und das Sport- und Badeamt sich genötigt sah, das Sozialamt zu bitten, die »WiSo-Kolleginnen« zu verständigen, als die Sportanlagen zwischen Weihnachten und Neujahr geschlossen blieben. Die »WiSo-Kolleginnen«, das sind jene, die »wirtschaftliche Sozialhilfe« – sprich Hilfe zum Lebensunterhalt – erhalten.

Hungerlöhne drücken nicht nur auf die Tarifentgelte, sondern auch auf die Sozialleistungen. Ein Instrument dafür ist das Lohnabstandsgebot im Bundessozialhilfegesetz. Es besagt, »daß bei Haushaltsgemeinschaften von Ehepaaren mit drei Kindern die Regelsätze zusammen mit Durchschnittsbeträgen für Kosten von Unterkunft und Heizung sowie für einmalige Leistungen unter den zu erzielenden monatlichen durchschnittlichen Nettoarbeitsentgelten unterer Lohn- und Gehaltsgruppen einschließlich anteiliger einmaliger Zahlungen zuzüglich Kindergeld und Wohngeld in einer entsprechenden Haushaltsgemeinschaft mit einem alleinverdienenden Vollzeitbeschäftigten bleiben« müssen.[11] Wenn die Nettoeinkommen sinken, etwa wegen höherer Steuern und Abgaben oder mieser Tarifabschlüsse, schmilzt auch die Sozialhilfe. Steigende Löhne schlagen sich in der Sozialhilfe allerdings nicht nieder. Steigen die Mieten der SozialhilfeempfängerInnen, so erhöht sich der Druck auf die Regelsätze, da alle Sozialhilfeleistungen addiert werden, um das Lohnabstandsgebot zu wahren.

Den Abstand wollen PolitikerInnen von CDU/CSU und FDP künftig auf 15 Prozent festschreiben. Dieser Wert wird aber schon heute nur von

Paaren mit drei oder Alleinerziehenden mit zwei Kindern unterschritten und ist weniger ein Beweis für zu hohe Sozialleistungen als ein Beleg für die staatliche Benachteiligung von Familien. Ähnliches besagt auch eine Studie im Auftrag des Arbeitsministeriums von Nordrhein-Westfalen. Sie beziffert die Differenz mit 1568 Mark für einen alleinstehenden männlichen Angestellten, 1096 Mark bei einer Arbeiterin und mit 671 Mark bei einer Arbeiterfamilie mit drei Kindern. Überschneidungen gebe es lediglich bei überhöhten Mieten oder bei einer Sozialhilfefamilie mit drei Jugendlichen, die den Höchstsatz von 90 Prozent eines Erwachsenen bekommen. Aber das verschweigen die LohnabstandspredigerInnen lieber.

Ihr Ziel, Löhne und Sozialleistungen gleichermaßen zu drücken, sucht die Bundesvereinigung der Deutschen Arbeitgeberverbände (BDA) über das Konzept des »Kombilohns« zu erreichen: Eigenes Arbeitseinkommen soll demnach nur noch zu 70 bis 90 Prozent auf die Sozialhilfe angerechnet werden. BDA-Chef Dieter Hundt will Platz schaffen für Niedriglöhne, 20 bis 30 Prozent unterhalb der unteren Tarifgruppen. Gleichzeitig soll die Arbeitslosenhilfe mittelfristig abgeschafft werden, denn sie passe »nicht in ein Anreizsystem zur Arbeitsannahme, da ihre Zahlung direkt Arbeitslosigkeit voraussetzt«.[12] Das Arbeitslosengeld will Hundt nicht mehr 32 Monate lang auszahlen lassen, wie bisher, sondern nur noch ein Jahr lang. Das Ziel ist klar: Sozialleistungen sollen den Betroffenen nicht mehr ein menschenwürdiges Leben sichern, sondern diese dazu zwingen, Arbeit zu schlechtesten Bedingungen und kärglichster Bezahlung anzunehmen. Daß damit ein Niedriglohnsektor unterhalb des Tarifniveaus geschaffen würde, nimmt Hundt gerne in Kauf.

# 9. Am Boden eines reichen Landes
## Wie Menschen von 500 Mark leben

*»Wären die Armen nur nicht so häßlich,*
*die soziale Frage ließe sich leicht lösen.«* *Oscar Wilde*

So soll er sein, der Arme: bescheiden, demütig, die Kleidung abgetragen, geflickt, aber sauber und gebügelt, mit gesenktem Kopf durch die Welt schleichend. Der Arme ist dankbar für ein paar Mark Almosen, kauft duldsam bei Aldi oder im Caritasladen und durchwühlt am Markttag verschämt die leeren Obst- und Gemüsekisten nach angefaulten Stücken. Der Arme läßt sich vom Roten Kreuz mit getragener Kleidung und von der AWO mit abgestoßenen Möbeln versorgen. Beim Fußballspiel hört er sich auf der nahen Parkbank sitzend den Jubel über die Tore der Heimmannschaft an und bummelt über den Jahrmarkt, sich an den glücklichen, mit Zuckerwatte verklebten Kindergesichtern erfreuend. Allenfalls ein Seufzer entfährt dem Armen ob der Tatsache, daß er an dem bunten Treiben nur als Zaungast teilnehmen kann.

Mit Freude nimmt er jede angebotene Arbeit an: Für zwei Mark pro Stunde den Fußballplatz samt Sanitäranlagen herrichten – er macht es doch gern. Wenn er dem Nachbarn für 20 Mark und eine Flasche Bier den Rasen mäht, (ob der Schwarzarbeit vom schlechten Gewissen geplagt) schenkt der Arme dem barmherzigen Samariter ein dankbares Lächeln – aber nur mit geschlossenem Mund, damit man die faulen Zähne nicht sieht, die schon seit Jahren kein Zahnarzt mehr behandelt hat…

So oder ähnlich stellen sich konservative und liberale PolitikerInnen den idealen Armen vor, dem sie munter die wenigen verbliebenen Rechte zusammenstreichen können. Denn Arme haben keinen Anspruch auf Ansprüche.

Schon an der Frage, wer als arm gilt, scheiden sich die Geister. In der Europäischen Union hat sich als Definition für Einkommensarmut ein Haushaltseinkommen durchgesetzt, das – gewichtet nach Haushaltsgröße – weniger als 50 Prozent des gesellschaftlichen Durchschnitts beträgt, in Deutschland etwa 2 000 Mark. Im Frankfurter Sozialbericht 1995/96 wurden die Beträge näher definiert: 1 100 bis 1 400 Mark für eine Person, 1700 bis 2 200 Mark für zwei, 2 100 bis 2 700 für drei Personen und für größere Haushalte 2 800 bis 3 500 Mark monatlich.[1] Nach dieser Einteilung waren 1995 im Westen 8,8 Millionen Menschen – 13 Prozent der Bevölkerung – und im Osten 1,1 Millionen Menschen – 7,9 Prozent der Bevölkerung – arm. Seit 1990 hat die Armut im alten Bundesgebiet um 23,8 Prozent zugenommen, sich in den neuen Ländern sogar mehr als verdoppelt. Noch stärker zugenommen hat die »strenge Armut«, definiert als höchstens 40 Prozent des durchschnittlich verfügbaren Haushaltseinkommens: Sie stieg von 1990 bis 1995 im Westen von 3,9 auf 6,1 Prozent der Bevölkerung (4,1 Millionen) und im Osten von 0,8 auf 3,1 Prozent (440 000).[2]

Auch der Bezug von Sozialhilfe gilt gemeinhin als Kriterium für Armut. 1995 bezogen 2,55 Millionen Menschen Sozialhilfe, 3,1 Prozent der Bevölkerung. Alarmierend ist vor allem, daß die Zahl innerhalb eines Jahres um 10,7 Prozent zugenommen hat und seit 1980 um fast 300 Prozent. In Ostdeutschland liegt der Anteil der SozialhilfebezieherInnen zwar noch unter dem Niveau des Westens, nahm aber von 1994 bis 1995 mit 11,3 Prozent wie schon in den Vorjahren überproportional zu.[3] Mit Bitterkeit formulieren die Autoren des Armutsberichtes von DGB und Paritätischem Wohlfahrtsverband: »Von ›unten‹ gesehen haben wir zumindest bei der Sozialhilfe die zügige Angleichung der Lebensverhältnisse zwischen Ost und West erreicht, die für andere Lebensbereiche noch aussteht.«[4]

Aber zuwenig Geld ist es nicht allein: Wie sieht es aus mit der Wohnung, mit der Gesundheitsversorgung, der Bildung, den Transportmöglichkeiten, dem Rechtsschutz, der Beteiligung an kulturellen, sozialen und politischen Aktivitäten? All das sind Kennzeichen für Benachteiligung, gemessen am gesellschaftlichen Standard. Mindestens 7,3 Prozent der Menschen im Westen und 10,3 Prozent im Osten waren 1992, als der Armutsbericht von DGB und DPWV entstand, in zweien der Bereiche Einkommen, Arbeit, Wohnraum und berufliche Bildung unterversorgt und galten damit als arm.[5]

Die Definition von »relativer Armut« bezieht den Wohlstand ein. Wer danach fragt, hat auch den relativen Reichtum und dessen (Um-)Verteilung im Blick. Vielleicht liegt es daran, daß die konservativ-liberale Bundesregierung diese Armutsdefinition genauso ablehnt wie den Indikator »Sozialhilfe«. In ihrer Antwort auf eine Große Anfrage der SPD zur Armut in Deutschland heißt es: »Wer die ihm zustehenden Leistungen der Sozialhilfe in Anspruch nimmt, ist nicht mehr arm.«[6] – Armut wird wegdefiniert und verdrängt. Offen oder verdeckt versuchen einige Hardliner auch, die »absolute Armut« als Maßstab für staatliche Sozialpolitik hoffähig zu machen, also den Kampf ums nackte Überleben. Über Reichtum muß dann überhaupt nicht mehr geredet werden. Die Frage lautet nur noch, was jemand braucht, um nicht zu verhungern oder zu erfrieren. Wohlgemerkt, so denken PolitikerInnen, die zwischen 12 000 und 30 000 Mark im Monat brutto verdienen, das ist soviel wie der Bedarfssatz von sozialhilfeberechtigten Haushaltsvorständen (etwa 540 Mark) in 22 bis 55 Monaten.

## Hans D. – Armutsrisiko Krankheit

Hans D. kann nicht einmal 540 Mark ausgeben. »Ist es wenig, wenn ich mit knapp 500 Mark im Monat auskommen muß?« fragt der 40jährige Hallenser. 900 Mark netto verdient er als Gebäudereiniger. 310 Mark Miete kostet die Zwei-Zimmer-Wohnung mit Kohleheizung. »Kohlen kauft man im Sommer. Da sind sie billiger.« Aber der Termin hängt auch von der Geldbörse ab. Gas und Strom kosten 90 Mark, die Satellitenschüssel 15 Mark. Für 25 Mark monatlich versucht Hans D., eine kleine Altersrente anzusparen. Auswärts essen verkneift er sich, lädt sich lieber häufiger mal bei seinen Eltern ein. Urlaub? – ein Fremdwort. Nur mit dem Rauchen will er nicht aufhören.

Hans D. hat Arbeit – noch. Er ist gelernter Lager- und Transportfacharbeiter. Aber nach sechs Monaten auf »Kurzarbeit Null« im Jahr 1991 putzt er bei seiner alten Firma in der Nähe von Halle die Räume. Seit Januar 1997 ist er von der Arbeit freigestellt. Die Firma will ihn loswerden. Denn Hans D. ist Epileptiker, bekommt ziemlich regelmäßig alle zwei Monate einen Anfall, fällt dann für einige Tage oder gar Wochen aus. Seit er Ende 1996 mit der Maßgabe aus der Kur heimkehrte, er dürfe nicht mehr an Maschinen, nicht mehr in großer Höhe, nicht mehr nachts arbeiten und vor allem nicht schwer heben und tragen, ist es aus. Die Kündigung liegt bei der

Hauptfürsorgestelle in Halle, die bei dem zu 90 Prozent Schwerbehinderten zustimmen muß. Den Rentenantrag wegen Berufsunfähigkeit hat die Landesversicherungsanstalt (LVA) abgelehnt. Hans D. könne ja noch arbeiten, nur eben mit Einschränkungen. Wer einen Epileptiker bei einer Arbeitslosenquote von über 20 Prozent in Sachsen-Anhalt einstellen soll, sagt die LVA nicht. Und so beschränkt sich der 40jährige auf ein Leben als Zaungast – etwa auf Straßenfesten oder in Spielhallen – und wartet auf eine Entscheidung. Die wahrscheinlichste: Die Hauptfürsorgestelle stimmt der Kündigung zu, und der LVA-Bescheid bleibt negativ. Dann wird Hans D. arbeitslos – mit zunächst etwa 540 Mark Arbeitslosengeld pro Monat. Der Weg zum Sozialamt ist vorgezeichnet. Arbeitslosigkeit war 1993 in Ostdeutschland mit knapp zwei Dritteln aller Betroffenen der Hauptgrund für einen Sozialhilfeantrag. Inzwischen dürfte der Anteil noch höher liegen. Im Westen suchte 1993 gut ein Drittel aller SozialhilfebezieherInnen einen Job.[7] Jeder fünfte Arbeitslose, der bei den Hilfeeinrichtungen von Diakonie und Caritas in Ostdeutschland um Rat fragt, hat Anspruch auf Sozialhilfe.[8]

## Christoph M. – Armutsrisiko Arbeitslosigkeit

Auch Christoph M. ist arbeitslos, hat aber kaum noch Hoffnung auf einen Job. Dinge, um die man sich jahrelang vergeblich bemüht, schreibt man irgendwann einmal ab. Arbeit findet Christoph M. heute schon deswegen nicht, weil potentielle Arbeitgeber ihm die Motivation absprechen. Er ist bis über die Halskrause verschuldet und bekäme den Lohn bis auf ein Existenzminimum ohnehin gepfändet. Der Gerichtsvollzieher geht in der kleinen Zwei-Zimmer-Wohnung ein und aus. Motorrad, Stereoanlage, Videorecorder, alles weg.

Der 33jährige, der in einer kleinen Stadt in der Rhein-Main-Region lebt, ist ein ehemaliger Jugendarbeitsloser vom Ende der 70er Jahre. Damals war er nach der Lehre nicht übernommen worden. Eine neue unbefristete Stelle fand er nicht, weil der Prozeß um seine Kriegsdienstverweigerung sich sieben Jahre hinzog und Unternehmen keinen einstellten, der seinen Wehr- oder Zivildienst noch vor sich hatte. Christoph hangelte sich von Befristung zu Befristung, immer wieder unterbrochen von Arbeitslosigkeit. Als er zwei

Jahre Berufserfahrung gesammelt hatte, besuchte er die Technikerschule. Nach einem Jahr mußte er unterbrechen – Zivildienst. In dieser Zeit bekam er Rückenprobleme. An körperlich schwere Arbeit war nicht mehr zu denken und damit auch nicht an den Abschluß als Techniker. Also wieder arbeitslos.

Christoph wurde Vater. »Wenn ich eh zu Hause bin, kann ich auch den Erziehungsurlaub nehmen«, dachte er sich. Seine Frau arbeitete in ihrem Beruf als Sozialpädagogin. Doch er bekam die Arbeitslosenhilfe gestrichen. Denn als Erziehungsurlauber steht er dem Arbeitsmarkt nicht zur Verfügung. Da half es nichts, daß Christoph versicherte, für das Kind ließe sich eine Lösung finden, wenn er Arbeit bekäme. Den Prozeß um seinen Anspruch auf Arbeitslosenhilfe verlor er.

Damals ging es mit den Schulden los. Er trennte sich von seiner Frau. Die gab ihre Arbeit auf und forderte Unterhalt. Den Streit um das Sorgerecht für seine vierjährige Tochter hat Christoph in der ersten Instanz verloren. Doch er prozessiert weiter – wenn auch mit geringen Chancen. Denn er lebt an der Pfändungsfreigrenze und ist arbeitslos: 220 Mark Arbeitslosenhilfe pro Woche plus 130 Mark Wohngeld im Monat. Die Miete kostet knapp 500 Mark – nicht gerade ein kindgerechtes Einkommen. »Ich könnte ganz gut leben, wenn meine Tochter nicht wäre.« Doch auch wenn er Arbeit hätte, würde das Gericht nicht anders entscheiden. Denn dann hätte er keine Zeit, die Vierjährige zu betreuen.

Überschuldete Menschen haben auf dem Arbeitsmarkt kaum Chancen. Nach Einschätzung des Landesarbeitsamtes Nordrhein-Westfalen müssen erst die Schulden reguliert werden, bevor jemand in eine dauerhafte Arbeit zu vermitteln sei. 1996 waren zwei Millionen Haushalte in der Bundesrepublik überschuldet, davon allein 650 000 in den neuen Bundesländern. Immer häufiger sind Mittelschichtfamilien betroffen. »Wer von heute auf morgen seinen Job verliert, hat Schwierigkeiten, seinen Verpflichtungen nachzukommen«, sagt der Geschäftsführer des Bundesverbandes Deutscher Inkassounternehmen (BDIU) in Hamburg, Carsten D. Ohle.[9]

Auch bei einer Scheidung stürzt die Finanzierung etwa für einen Hauskauf manchmal in sich zusammen. Die Leidtragenden sind in der Regel die Frauen. Sie bekommen nach einer Trennung in aller Regel das Sorgerecht für die Kinder zugesprochen und rutschen in die Sozialhilfe ab, weil der Ex-

Mann und Vater nicht oder nicht genügend Unterhalt zahlt oder Arbeit und Kinder sich nicht vereinbaren lassen. Von 118 659 Menschen, die 1994 wegen einer Trennung oder Scheidung von Sozialhilfe lebten, waren 103 640 Frauen – über 87 Prozent.

## Traudel S. – Armutsrisiko Frau

1,7 Millionen Familien mit nur einem Elternteil – zumeist der Mutter – gibt es nach Angaben des Verbandes alleinerziehender Mütter und Väter (VAMV) in Deutschland. 289 000 alleinerziehende Frauen lebten 1995 von der Sozialhilfe.[10] Traudel S. aus Frankfurt hat eine geradezu klassische Sozialhilfekarriere hinter sich. 1954 – mit 14 Jahren – nahmen ihre Eltern sie von der Schule und steckten sie in einen Haushalt. Danach schlug sie sich mit ungelernten Jobs durch, zuletzt gemeinsam mit ihrem Mann als Hausmeister. Nach der Scheidung fütterte sie ihre drei Kinder mit der Sozialhilfe durch. Wenn das Geld knapp wurde, erbettelte sie mittags in einer Kindertagesstätte die Essensreste, um sie zu Hause »aufzupeppen«. »Irgendwann haben sich die Kinder geweigert, das zu essen«, erinnert sich Traudel S. Heute lebt nur noch der jüngste Sohn Rolf (18) bei ihr. Die Frau wurstelt sich halt so durch: Die Couchgarnitur aus brüchigem Kunstleder stammt vom Sperrmüll, das Bücherregal besteht aus Holzbrettern und leeren Mineralwasserkästen. Mutter und Sohn klauen die Säcke für die Altkleidersammlung und verkaufen den Inhalt auf Flohmärkten. »Wenn wir erwischt werden, sagen wir, es sei Bügelwäsche«, verrät Traudel S.

## Rolf S. – Armutsrisiko Kind

Sohn Rolf S. gehört zur zweiten Sozialhilfegeneration. Eine Lehre als pharmazeutisch-technischer Assistent hat er abgebrochen, eine neue Stelle nicht gefunden. Jetzt hängt er zu Hause herum. Perspektive null. »Die schlechteren Lebensbedingungen führen dazu, daß Kinder aus armen Familien schlechter in der Schule sind, weil sie beispielsweise in engen Wohnverhältnissen leben, die Familienkonflikte sie belasten und zu Unruhe, Passivität oder Konzentrationsstörungen führen. Sie haben wenig Chancen, aus ihrer Situation herauszukommen – zumal, wenn sie keine Lehrstelle finden«, sagt der Bundesgeschäftsführer des Kinderschutzbundes, Walter Wilken.[11] Fast eine Million Kinder und Jugendliche in Deutschland lebten 1995 von der Sozialhilfe, fast die Hälfte von ihnen mit einer alleinerziehenden Mutter.[12] Die Zahl der sozialhilfeberechtigten Kinder stieg von 1994 bis 1995 überproportional um 10,5 Prozent. Jedes 16. Kind ist davon betroffen, in den Großstädten jedes zehnte.

Arme Kinder sind häufiger krank, weil sie seltener geimpft werden, weil eher am Essen als an der Kleidung gespart wird, um den Schein zu wahren, weil in armen Familien sechsmal stärker geraucht wird, weil die Kinder in einem Milieu aufwachsen, in dem sie mit Alkohol-, Arznei- und Drogensucht konfrontiert werden.[13] Arme Kinder sind aggressiver und schneller gewalttätig. StraftäterInnen werden jünger und zahlreicher. Der Grund ist nicht die Armut allein, sondern das Wohlstandsgefälle, mit dem arme Kinder täglich fertig werden müssen. Dauernd wird ihnen der Reichtum der Gesellschaft vorgeführt, von dem sie ausgeschlossen sind, vor allem von Schulkameraden in Markenklamotten und durch die Dauerberieselung mit Werbung.

Nach der Schule setzt sich die Ausgrenzung fort. Für immer mehr junge Menschen ist die erste Erfahrung mit der Arbeitswelt negativ: Sie sind überflüssig – kein Ausbildungsplatz. Nach der Shell-Jugend-Studie von 1997 halten über 88 Prozent der Jugendlichen Arbeitslosigkeit für »ein Problem, das die persönliche Zukunft stark beeinträchtigen« wird. Seit einigen Jahren wird im Sommer alle paar Wochen die neueste Fieberkurve der »Lehrstellenlücke« veröffentlicht. Nach Schätzungen des DGB werden auch 1997 rund 100 000 Ausbildungsplätze fehlen. Die Angst vor Arbeitslosigkeit drohe zur »prägenden Generationenerfahrung« zu werden, befürchtet Arthur Fischer, einer der Autoren der Shell-Studie.[14]

## Ingrid W. und Isolde J. – Armutsrisiko Alter

Für Rentnerinnen ist Armut bereits seit Jahrzehnten die »prägende Generationenerfahrung«. Daran hat sich nicht viel geändert. Viele alte Menschen rutschen nur deshalb nicht ab, weil sie als Paar von zwei Renten leben. Eine Rente allein reicht auch nach 40 Jahren Arbeit häufig nicht. Ingrid W. zum Beispiel hatte in den fünfziger Jahren zunächst in einem Haushalt gearbeitet, wie viele junge Mädchen im hessischen Hinterland. Nach der Heirat und der Geburt des ersten Sohnes ging sie in die Fabrik, zunächst nur, weil das alte Haus, das sie von den Eltern übernommen hatte, ein neues Dach brauchte. Aber dann ist sie in der Crackerfabrik am Ort geblieben. 38 Jahre lang hat sie in die Rentenkasse eingezahlt. Doch in der Süßwarenindustrie verdient man nicht viel. So kamen nur 1327 Mark Rente heraus. Arm ist sie nur deswegen nicht, weil ihr Mann als Erwerbsunfähiger 1700 Mark bekommt.

Ingrid W.s Kollegin Isolde J. hat einen ähnlichen Lebenslauf hinter sich. Aber wegen ihrer zehn Kinder mußte sie ihre Erwerbsarbeit für längere Zeit unterbrechen. Deswegen kamen nur 1169 Mark Rente heraus. Davor hat sie vier Jahre lang Rente wegen Erwerbsunfähigkeit bekommen – 870 Mark.

Isolde J. und Ingrid W. haben noch eine vergleichsweise hohe Altersversorgung. 1996 bekamen Frauen in Westdeutschland durchschnittlich 809 Mark Rente, im Osten 1087. Männer brachten es auf 1800 Mark im Osten und 1771 Mark im Westen.[15] Nur das Altersruhegeld der Ost-Männer übersteigt die idealtypische »Eckrente«, die ein Durchschnittsverdiener nach 45 Jahren Arbeit erhält. Die betrug 1996 netto 1942 Mark im Westen und 1598 Mark im Osten. Doch zwei Fünftel der Männer in der Arbeiterrentenversicherung und immerhin noch 14 Prozent in der Angestelltenrentenversicherung hatten 1995 weniger als diesen Betrag. Bei den Frauen lagen sogar 96 Prozent der Arbeiterinnen und 76 Prozent der Angestellten darunter. »Bei geltendem Rentenniveau braucht ein Durchschnittsverdiener 28 Versicherungsjahre, um mit seiner Rente das Sozialhilfeniveau zu überschreiten«, rechnet der CDU-Bundestagsabgeordnete Ulf Fink vor.[16] Dennoch wollen PolitikerInnen, die bereits nach acht Jahren im Bonner Parlament das Doppelte einer »Standard-Eckrente« sicher haben – nämlich rund 3885 Mark – die Renten von 70 auf 64 Prozent kürzen. Ulf Fink hat auch hierfür die Konsequenzen errechnet: »Wird das Rentenniveau von 70 auf 65 Prozent gesenkt, erhöht sich der unter dem Sozialhilfeniveau liegende Anteil der Versichertenrenten bei Männern nach 40 und mehr Versicherungsjahren von bisher 1,1 auf 2 Prozent, bei den Versichertenrenten an

Frauen von 5,9 auf 14,5 Prozent, der Anteil der Witwenrenten sogar von 35,4 auf 48,1 Prozent.« Die wohlversorgten Damen und Herren in Bonn spekulieren darauf, daß RentnerInnen nicht nur von der gesetzlichen Altersversorgung, sondern auch von anderen Einkommen leben – was stimmt – und ignorieren den Grundsatz, den ihr Herz-Jesu-Sozialist und Bundesrentenminister Norbert Blüm seit seinem Amtsantritt 1982 vor sich herträgt: Rente ist Alterslohn für Lebensleistung. Und der steht jedem zu, der gearbeitet hat, unabhängig davon, was er oder sie sonst noch an Einkommen hat.

Während die Ost-RentnerInnen wegen der großzügigen Umstellung der in der DDR erarbeiteten Altersversorgung als VereinigungsgewinnerInnen gelten, werden jene, die aufgrund der Entindustrialisierung in Ostdeutschland Anfang oder Mitte 50 ausgemustert worden sind und sich bis zum Rentenalter mit ABM, Krankmeldungen, Arbeitslosenunterstützung und Sozialhilfe durchwursteln, in die Altersarmut stürzen. Auch für die rapide wachsende Zahl jener, die dank der Kahlschlagpolitik der Bundesregierung in geringfügigen Beschäftigungsverhältnissen oder Scheinselbständigkeit überhaupt keine oder nur minimale Rentenanwartschaften erarbeiten konnten, tickt eine Zeitbombe.

Einen kleinen Vorgeschmack auf dieses künftige Szenario geben die Arbeitsimmigranten der ersten Generation, die in Deutschland geblieben sind, aber so geringe Beitragszeiten vorzuweisen haben, daß sie ohne ergänzende Sozialhilfe nicht auskommen. In Frankfurt, der Stadt mit den meisten Einwohnern nichtdeutscher Herkunft (28,8 Prozent), zeichnet sich das bereits ab. Dort erhielten 16,7 Prozent der über 65jährigen Männer und 18,4 Prozent der gleichaltrigen Frauen ohne deutschen Paß Hilfe zum Lebensunterhalt vom Sozialamt – zumeist Arbeitsimmigranten, die bis 1973 angeworben wurden.[17] Die absoluten Zahlen sind zwar noch relativ gering. In Frankfurt geht es um etwa 1000 Personen. Das Problem wird jedoch größer, je mehr »GastarbeiterInnen« ins Rentenalter kommen.

Arm sind auch die »neuen« Migrantinnen und Migranten: SpätaussiedlerInnen aus den Nachfolgestaaten der Sowjetunion, Armutsflüchtlinge und AsylbewerberInnen. Doch daß diese die Sozialetats der deutschen Kommunen über Gebühr belasten, ist ein Ammenmärchen. In Frankfurt zum Beispiel, wo die Quote derer, die Sozialhilfe erhalten, unter den Nichtdeutschen mit 10,8 Prozent doppelt so hoch ist wie unter den Deutschen, gehört die große Mehrheit der AusländerInnen, die Hilfe zum Lebensunterhalt beantragen müssen, zur ersten »Gastarbeiter«-Generation. Nicht einmal ein Viertel der Bürgerkriegsflüchtlinge aus dem ehemaligen Jugoslawien erhielt 1995 Sozialhilfe oder Leistungen nach dem Asylbewerberleistungsgesetz.[18]

## Ivanka R. – Armutsrisiko Migration

Wären Ivanka R. und ihre Familie Deutsche, bekämen auch sie Sozialhilfe. Aber da sie aus Jugoslawien stammen, haben sie keinen Anspruch darauf. Ivanka und ihr Mann Branko leben seit 20 Jahren in Deutschland. Die beiden 18- und 16jährigen Söhne sind hier geboren. Doch die Familie wird nur geduldet, obwohl sie noch nie Geld vom Staat verlangt, sondern immer gearbeitet hat. Branko war ungelernter Arbeiter in einem großen Frankfurter Metallbetrieb. Aber der machte Anfang 1997 dicht. Ivanka geht für 15 Mark pro Stunde putzen, sechs Tage pro Woche, jeden Tag zwei oder drei Putzstellen. Die Zwei-Zimmer-Wohnung, in der die vierköpfige Familie gewohnt hat, ist schon vor über einem Jahr wegen Eigenbedarfs gekündigt worden. Vor kurzem hat Ivanka endlich eine neue Wohnung gefunden: zweieinhalb Zimmer, aber keine ordentliche Küche. In der alten Wohnung hatten die R.s eine Einbauküche. »Wie gut, daß ich wenigstens die Mikrowelle habe«, sagt Ivanka. Sie sucht weiter nach einer Wohnung. Denn die 800 Mark plus Nebenkosten für 64 Quadratmeter kann sie sich eigentlich gar nicht leisten. Bei einer der Putzstellen liest sie Samstags die Wohnungsannoncen durch. So spart sie das Geld für die Zeitung.

Wenn kein Wunder geschieht, muß Familie R. Ende November 1997 ausreisen. Die Duldung wurde nicht mehr verlängert, obwohl Ivanka und Branko keine Bürgerkriegsflüchtlinge, sondern Arbeitsimmigranten sind. Aber Branko ist nun mal arbeitslos. Wegen der Ausreiseverfügung hat der älteste Sohn keine Chance, eine Lehrstelle zu finden. In Serbien hat er noch weniger zu erwarten. Er hat dort nie gelebt, und die Wirtschaft liegt am Boden.

Ivanka R. arbeitet schwarz. Mit Schwarzarbeit werden die Sozialversicherung und die deutschen Finanzämter um Milliardenbeträge betrogen. Wenn sich die Serbin allerdings ans Sozialamt gewandt hätte, wäre ihre Duldung schon früher nicht verlängert worden und ihre Familie hätte sich noch früher in das Heer der Perspektivlosen in Serbien einreihen müssen.

Ohne Steuern und Abgaben arbeiten vor allem EmpfängerInnen von Sozialleistungen. Fast die Hälfte der Befragten einer nicht repräsentativen Umfrage zur Schwarzarbeit, die an der Frankfurter Fachhochschule erarbeitet worden ist, bekamen Geld vom Staat. 39 Prozent hatten Lohn oder Gehalt und zwölf Prozent gar kein geregeltes Einkommen. Ebenfalls knapp die Hälfte gab als Grund für die Schwarzarbeit an, daß das Geld nicht zum Leben reicht. 24 Prozent suchten größere finanzielle Spielräume, 15 Prozent hatten Schulden.[19]

## Waldemar P. – Schwarzarbeit

Die übelste Form von Schwarzarbeit wird auf dem Arbeiterstrich geleistet, zum Beispiel am Hamburger Hafen oder auf der Hanauer Landstraße in Frankfurt. Dort warten jene, die offiziell mit einem Touristenvisum aus Polen oder aus Litauen eingereist sind, frühmorgens darauf, daß irgendjemand kommt und ihnen für ein paar Stunden Arbeit gibt: Privatleute, die schwarz ihr Haus renovieren lassen, oder Firmen, die Sozialabgaben sparen wollen. Auch Schlepperkartelle schleusen die Leute illegal ein und verleihen sie an Firmen: »Die speisen die Leute mit Minimalstlöhnen von 1,50 bis fünf Mark ab und schreiben auf den Zettel einen Stundenlohn von 60 bis 70 Mark«, klagt der Hamburger DGB-Vorsitzende Erhard Pumm.[20] Waldemar P. hat das selbst einmal erlebt. Der 35jährige kommt aus Polen, hat aber einen deutschen Paß. Sechs Monate hat er in Norddeutschland auf einem Schlachthof für 9,23 Mark pro Stunde Schweine ausgenommen. Sein Chef, der in Polen Arbeiter per Zeitungsanzeige angeworben hatte, rechnete 24 Mark ab. Sonntags sollte Waldemar saubermachen. Zwei Stunden, so behauptete der Chef, würde die Arbeit dauern, und zwanzig Mark sollte er bar auf die Hand bekommen. Doch geschrubbt hat Waldemar den ganzen Tag – für das gleiche Geld. Der Chef, den Waldemar Petar nennt, bekam für die Sonntagsarbeit 250 Mark. Auch die chemische Grundreinigung des Schlachthofs mußten die Arbeiter übernehmen – ohne Schutzkleidung.

Einige verätzten sich dabei die Haut, andere bekamen Ausschläge. Doch die 2 000 Mark für Schutzanzüge wollte Petar sparen. Nach sechs Monaten flog Waldemar raus. »Du weißt zuviel«, begründete Petar den Rausschmiß. Wer neu ist, läßt sich vieles gefallen. Aber Waldemar hatte herausbekommen, wieviel sein Chef an der Schwarzarbeit verdient.

Schwarzarbeit hat auch etwas mit verdeckter Armut zu tun, damit, daß Menschen sich den Demütigungen und Mißbrauchsverdächtigungen auf dem Sozialamt nicht aussetzen wollen – ständig neue Anträge stellen müssen, wenn die Hilfe zum Lebensunterhalt für das Paar neuer Schuhe oder den Wintermantel nicht reicht. Über Mißbrauch wird heutzutage viel geredet, kaum jedoch über verschämte Armut. Dabei übersteigt die Zahl derer, die ihren Anspruch auf staatliche Unterstützung gar nicht erst geltend machen, die Zahl der MißbraucherInnen um ein Vielfaches. »Auf zehn Bezieher von Sozialhilfe kommen fast 17 verdeckt arme Personen, die faktisch unter dem gesetzlich fixierten sozio-kulturellen Existenzminimum leben«, haben Caritas und Diakonisches Werk für Ostdeutschland hochgerechnet.[21] Für Frankfurt wird geschätzt, daß nur etwa 55 Prozent derer, die Anspruch auf Sozialhilfe hätten, diese tatsächlich beantragen.[22] Vor allem Ältere vegetieren lieber still vor sich hin, statt ihre Ansprüche geltend zu machen, weil sie befürchten, daß die Sozialbehörden das Geld ihrerseits von den Enkelkindern einfordern.

Neben der verschämten Armut, die verdrängt wird, gibt es die offene – die Drogenabhängigen und Obdachlosen, die aufdringlichen BettlerInnen, Sinti und Roma. Jene, die stinken, rülpsen, randalieren und auf offener Straße ihren Rausch ausschlafen. – Jene eben, die Oscar Wilde mit seinem Zitat von den »häßlichen Armen« im Blick hatte. Nur zu gerne sind gerade NormalbürgerInnen damit einverstanden, daß diesen Menschen statt mit sozial- mit polizeistaatlichen Mitteln begegnet wird. Private Sicherheitsdienste sollen die BettlerInnen von den Konsumtempeln fernhalten. Die Drogenszenen in Bahnhofsvierteln oder Parks werden abgeräumt, mit »Gefahrenschutzverordnungen« wie in Frankfurt sollen diese Randgruppen aus der Fußgängerzone verdrängt werden. Seit neuestem werden öffentliche Parks privatisiert, damit die neuen EignerInnen ihr Hausrecht ausüben und jene vertreiben können, die bereits durch die immer größer werdenden Maschen des sozialen Netzes gefallen sind. Allzu offensichtliche Armut stört nicht nur den Konsumrausch und schürt das schlechte Gewissen, sie erinnert auch an die eigenen Existenzängste. Denn die Armut wächst im sechstreichsten Land der Erde.

Die Gründe abzurutschen sind fast beliebig: arm, weil man das Sorgerecht hat, arm, weil man es nicht bekommt, arm, weil man 40 Jahre lang gearbeitet hat – leider am falschen Arbeitsplatz, arm, weil man keine Arbeit bekommt. Überschuldet, weil man für Haus oder Wohnung zuviel zahlen muß, arm, weil man obdachlos ist. Arm, weil man süchtig ist, süchtig, weil man arm ist. Und in Deutschland werden diese Armen verdrängt und bekämpft, statt daß man beginnt, die Armut zu bekämpfen.

# 10. Nur die halbe Wahrheit*
## Die offiziellen Statistiken zu Einkommen und Vermögen

Wer beim Surfen im Internet zufällig auf die Homepage des Statistischen Bundesamts stößt, sollte dort einmal den Suchbegriff »Millionäre« eingeben. Ergebnis: »Dieser Suchbegriff ist unbekannt.« Gibt man allerdings das Wort »Rinder« ein, erscheint eine umfangreiche Liste mit den Statistiken über die deutschen Rindviecher. Für Menschen, die wissen wollen, wie viele Rebstöcke für den deutschen Wein sorgen oder wie groß der Schweinebestand ist, sind die Erhebungen des Statistischen Bundesamtes ein wahrer Schatz. Doch wer etwas über die Einkommens- und Vermögensverteilung in Deutschland erfahren will, könnte verzweifeln. Es gibt zwar Daten, aber die sind entweder nicht aktuell oder nicht vollständig, oder es fehlen wichtige Angaben, oder sie sind nicht aussagekräftig oder nicht nach West und Ost getrennt oder alles zusammen. Da haben es die Schweden besser. Dort kann man in einem Wälzer, so dick wie ein Telefonbuch, nicht nur nachlesen, wieviel Steuern der Nachbar oder die Chefin zahlt, sondern auch, was König Carl Gustaf dem Fiskus zukommen läßt.

Der Deutsche Bundestag dagegen stimmte Gesetzentwürfe von Bündnis 90/Die Grünen, die jährliche Armuts- und Reichtumsberichte erstellen lassen wollten, nieder. Die politischen und wirtschaftlichen Eliten in Deutschland haben offensichtlich kein großes Interesse daran, die Verteilung des gesellschaftlichen Reichtums offenzulegen. Es liegt die Vermutung nahe, daß die Polarisierung der Einkommen und Vermögen bewußt verheimlicht wird. Man kann eben besser Wasser predigen, wenn man verschweigt, daß es Weinkeller gibt und wo sie sich befinden.

Wenn die politisch Verantwortlichen wollten, könnten sie die Voraussetzungen für mehr Transparenz schaffen. Als zu Beginn der 60er Jahre der

** Der Autor dieses Kapitels ist Dr. Volker Offermann, Referent für Arbeit, Soziales, Gesundheit und Frauen der SPD-Fraktion im Landtag von Brandenburg und Mitglied der Memo-Gruppe, die jährlich einen alternativen Wirtschaftsbericht vorlegt.*

Sachverständigenrat zur Begutachtung der gesamtwirtschaftlichen Entwicklung gegründet wurde, bestimmte das Gesetz, daß die »fünf Weisen« auch »die Bildung und die Verteilung von Einkommen und Vermögen« untersuchen sollen. 1968 verabschiedete der Bundestag einen Vorschlag zur Verbesserung der Einkommens- und Körperschaftssteuerstatistik. Der Bundesrat lehnte das Vorhaben allerdings ab. Seither wurde kein neuer Versuch unternommen, den gesetzlichen Auftrag zu erfüllen, zumal die heutigen Weisen dem marktliberalen Verständnis anhängen, wonach eine ungleiche Verteilung unterschiedliche Leistungen honoriere und Effizienz und Motivation fördere.

Aus den vorhandenen Quellen lassen sich nur unzureichende Daten zur Einkommens- und Vermögensverteilung gewinnen. Die wichtigsten Statistiken sind:

*Die Volkswirtschaftliche Gesamtrechnung:* Sie trägt kurzfristig den Wert aller Einkommen aus abhängiger und selbständiger Arbeit sowie aus Vermögen zusammen.

*Die Einkommensteuerstatistik:* Sie erfaßt alle drei Jahre die Einkommen der Steuerpflichtigen. Darunter allerdings nur die Verdienste jener Erwerbstätigen, die tatsächlich einen Antrag auf einen Lohnsteuerjahresausgleich ausfüllen. So fehlen etwa die Pauschalsteuern aus geringfügigen Beschäftigungsverhältnissen. Außerdem werden in den oberen Etagen unserer Gesellschaft in erheblichem Umfang Einkommen nicht deklariert und damit Steuern hinterzogen. Das Deutsche Institut für Wirtschaftsforschung (DIW) in Berlin weist beispielsweise für 1986 Geldvermögen von netto 2133 Milliarden Mark aus. Es wurden aber nur 543 Milliarden Mark Gesamtvermögen, darunter 375 Milliarden Mark Geldvermögen, versteuert.[1]

*Die Einkommens- und Verbrauchsstichprobe (EVS):* Alle fünf Jahre werden 50000 Haushalte zu ihren Haushaltsnettoeinkommen, ihren Verbrauchsgewohnheiten, ihrem Geld-, Immobilien- und Wertpapiervermögen befragt. Die Teilnahme ist freiwillig. Da sich die besonders reichen Haushalte bei der ersten EVS 1962/63 nur unzureichend beteiligten, wurden sie seither ausgeklammert. Bei der Erhebung von 1993 fehlen die Einkommen ab 35000 Mark monatlich. Verschwiegen werden also nicht nur die Einkommen der Superreichen, sondern sogar die Tatsache, daß es Superreiche gibt.

Die Bundesbank untersucht jedes Jahr das Investitions-, Spar- und Anlageverhalten von privaten Haushalten und Produktionsunternehmen. Die Daten erlauben allerdings keine Aussagen zur Konzentration von Einkommen und Vermögen.

Auch das DIW analysiert die Einkommen und Vermögen, allerdings eher als mathematisches Modell denn als exakte statistische Abbildung der Wirklichkeit. Dafür sind die Ergebnisse jährlich verfügbar. Die Einkommensstatistik wurde allerdings 1993 ausgesetzt.

Wer sich mit der Einkommens- und Vermögensverteilung in Deutschland beschäftigt, muß neben statistischen Mängeln auch methodische Probleme berücksichtigen: So läßt sich aus dem Arbeitseinkommen eines Facharbeiters

**Lohn- und Profitquote in Westdeutschland**

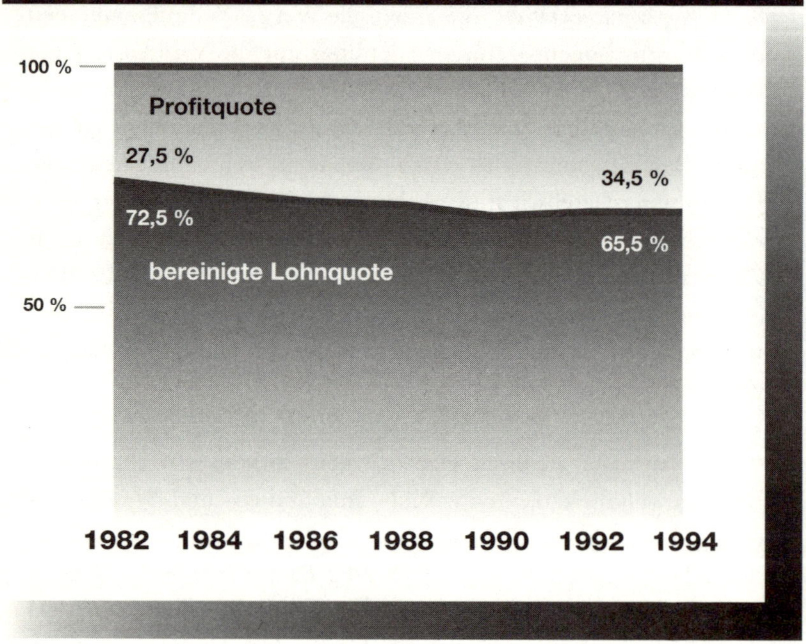


Quelle: Schäfer 1996, S. 587; eigene Berechnungen

beiters seine reale Einkommenssituation nicht ablesen. Vielleicht hat er noch einen Nebenjob, vermietet die Einliegerwohnung seines Häuschens oder besitzt Kapitalanlagen. Um Rückschlüsse auf seine Lebensverhältnisse zu ziehen, müßte man wissen, ob er verheiratet ist, ob seine Frau Geld verdient und wieviele Familienangehörige ernährt werden. Diese Angaben sind im verfügbaren Haushaltseinkommen gewichtet, lassen jedoch keine direkten Rückschlüsse auf die Einkommenssituation der einzelnen zu, weil ein Mehrpersonenhaushalt günstiger wirtschaften kann als ein Single.

Problematisch sind auch Angaben zum Einkommen nach sozialen Gruppen. Zu den Angestelltenhaushalten gehören beispielsweise sowohl die geringfügig beschäftigte Putzfrau als auch der angestellte Topmanager, auch wenn ihre Lebenssituationen nichts miteinander gemein haben. Zu den Selbständigen zählen zwei der reichsten Männer Deutschlands, die Aldi-Brüder Theo und Karl Albrecht, ebenso wie der Kioskpächter oder der Pizzabäcker von nebenan. In solchen Gruppen decken Mittelwerte, also der Durchschnitt aller Einkommen, keine Normalverhältnisse auf, sondern verschleiern diese geradezu. Denn wenige Reiche können die Einkommen aller nach oben korrigieren. Um diesen Effekt zu umgehen, kennt die Statistik den Medianwert. Dieser Betrag teilt die EinkommensbezieherInnen in eine »reichere« und eine »ärmere« Hälfte.

Trotz der unbefriedigenden Datenlage läßt sich einiges zur Verteilungssituation in Deutschland sagen.

## Polarisierung in Deutschland – Die Einkommensverteilung

Die ArbeitnehmerInnen in Westdeutschland erhalten einen immer geringeren Anteil am gesellschaftlichen Reichtum. Der Anteil der Einkommen aus abhängiger Beschäftigung am Volkseinkommen, also die Lohnquote, sank von 1982 bis 1991 um 7,6 Prozent auf 65 Prozent und fiel damit auf den Wert von 1960 zurück. Die allseits gerühmte neue Selbständigkeit kann nicht als Begründung für diesen Rückgang herhalten. Denn die Zahl der Selbständigen samt Familienangehörigen hat sich seit 1960 mehr als halbiert. Bei gleicher Lohnquote wie vor 37 Jahren entfällt heute auf jeden Selbständigen ein doppelt so hoher Anteil am Volkseinkommen. Auch die

## Wer verdient wieviel?

Arbeitseinkommen in DM pro Monat

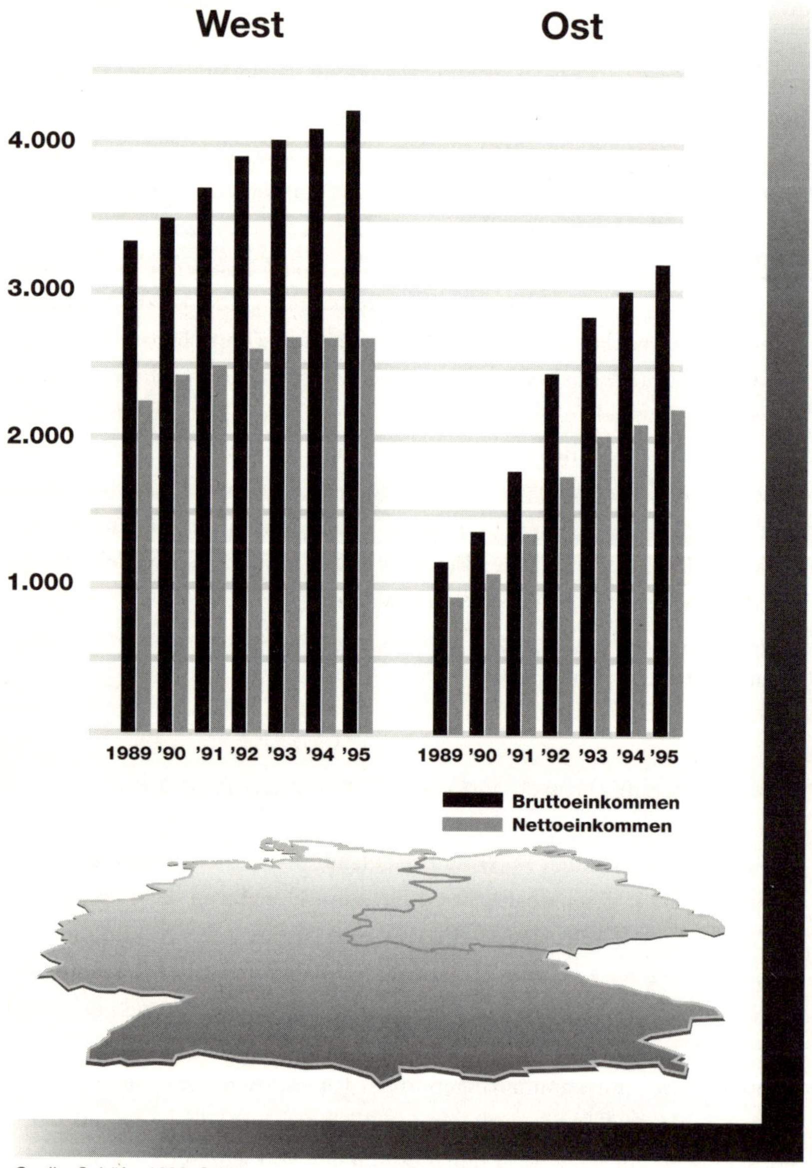


Quelle: Schäfer 1996, S.601

Vermutung, daß Einkommen aus Vermögen selbst in Arbeitnehmerhaushalten mehr ist als ein Sahnehäubchen für den Jahresurlaub, läßt sich nicht halten. Da wurde schlicht Reichtum von unten nach oben verlagert.[2]

Seit Antritt der Regierung Kohl traten die abhängig Beschäftigten finanziell auf der Stelle. Zwar erhöhten sich die Bruttoarbeitseinkommen von 1982 bis 1995 von 2 695 Mark um jährlich etwa 3,5 Prozent auf 4 233 Mark. Netto sprangen jedoch wegen der gestiegenen Steuern und Sozialabgaben nur jeweils 2,7 Prozent mehr heraus (von 1 904 auf 2 686 Mark). Und die Preissteigerung ließ davon gar nichts mehr übrig.

In Ostdeutschland ist die Angleichung der Lebensverhältnisse nach stürmischen Jahren praktisch zum Erliegen gekommen. Zwar schnellten die Arbeitseinkommen in den ersten Jahren nach der Vereinigung nach oben – von etwa 40 auf etwa 80 Prozent netto – oder in Zahlen von 934 Mark 1989 auf 2 213 Mark 1995. Der hohen Teilzeitquote im Westen und längeren Arbeitszeiten im Osten geschuldet, liegen die Effektivverdienste Vollzeitbeschäftigter je nach Bereich aber bei nur etwa 70 Prozent. Seit 1993 und 1994 bewegt sich in vielen Branchen fast gar nichts mehr. Eine Durststrecke oder ein Durchgangsstadium ist das nicht mehr. Es ist vielmehr davon auszugehen, daß Ostdeutschland auf Dauer bei der Einkommensentwicklung abgehängt wird. Dem vereinigten Deutschland drohen in seinem selbstgeschaffenen Mezzogiorno erhebliche soziale Konflikte.[3]

Die GewinnerInnen der deutschen Einheit sind die Besserverdienenden im Westen und die RentnerInnen im Osten. Zwar ist das Rentenniveau im Osten wie im Westen generell viel zu niedrig. Dennoch geht aus den laufenden Wirtschaftsrechnungen hervor, daß ein Rentnerhaushalt mit zwei Personen in den neuen Bundesländern mit durchschnittlich 2 759 Mark monatlich inzwischen mehr Geld zur Verfügung hat als in der alten Bundesrepublik (2 659 Mark). Das liegt an der großzügigen Umstellung der Renten, die rund 90 Prozent des Westniveaus erreichen, und an der hohen Erwerbsquote der Frauen, die allerdings mit wachsendem Erfolg gedrückt wird. Ostdeutsche Rentnerpaare können in der Regel mit zwei vollen Altersbezügen rechnen. Völlig anders sieht es bei einem durchschnittlichen Arbeitnehmerehepaar mit zwei Kindern aus. Meist ist im Osten mindestens einer arbeitslos, was die hohen Steigerungsraten bei den Tarifeinkommen von 25,9 Prozent 1992 und 12,5 Prozent 1993 wieder auffraß. Konsequenz:

Eine vierköpfige Familie östlich der Elbe kann mit 4349 Mark brutto nur gut 80 Prozent dessen ausgeben, was die gleiche Familie im Westen hätte, nämlich 5349 Mark. Noch krasser ist der Unterschied bei Familien mit gehobenem Einkommen. Besserverdienende mit zwei Kindern haben im Westen rund 8615 Mark monatlich zur Verfügung, im Osten nur 67,3 Prozent dessen, nämlich 5794 Mark.[4]

Ohnehin relativierten die enormen Preissteigerungen von 10,5 Prozent (1992) und 8,4 Prozent (1993) die Zuwachsraten. Seit 1994 stagniert die Angleichung der Haushaltseinkommen völlig. Denn tariflich tut sich in den meisten Branchen überhaupt nichts mehr. Gleichzeitig nimmt das Lohndumping zu.

Aber die Profite sind nicht einmal im Krisenjahr 1993 gesunken. Gut drei Prozent brutto mehr haben westdeutsche Unternehmen mit eigener Rechtspersönlichkeit eingestrichen. Sinkende Unternehmenssteuern ließen die Nettogewinne sogar um fünf Prozent nach oben klettern. Von 1982 bis 1993 verbuchten die Unternehmen ein jährliches Plus von 8,3 Prozent brutto. Im gleichen Zeitraum sank die Steuerbelastung von 29,3 auf 18,3 Prozent, was den Nettogewinn jährlich sogar um 9,8 Prozent wachsen ließ. Finanziert wurde das mit den gestiegenen Abgaben der abhängig Beschäftigten. Propagandistisch begründet wurde die Verringerung der Unternehmenssteuer um elf Prozent mit der Hoffnung auf mehr Beschäftigung. An der Massenarbeitslosigkeit hat dieses Steuergeschenk aber nichts geändert. Im Gegenteil, sie stieg allein in Westdeutschland von registrierten 1,833 Millionen (1982) auf 2,565 Millionen (1995). In Ostdeutschland gab es 1995 über eine Million offiziell registrierte Arbeitslose.

Die gleiche Tendenz zeigt sich bei den Einkommen aus Unternehmertätigkeit und Vermögen. Brutto sanken sie 1993 in Westdeutschland um 3,8 Prozent, netto um 3,6 Prozent. Die Produktionsunternehmen litten unter der Rezession, die Vermögenseinkommen unter dem sinkenden Zinsniveau. Den Gürtel enger schnallen mußten die Reichen deswegen noch lange nicht. Trotz der Einbußen übertrafen die Kapitaleinkünfte das Niveau von 1989 deutlich um 94,23 Milliarden Mark brutto und 98,08 Milliarden Mark netto. Sie waren von 545,22 Milliarden auf 639,45 Milliarden Mark brutto und von 455,31 Milliarden auf 553,39 Milliarden netto gestiegen, also um rund 21 Prozent brutto und 17 Prozent netto. Für 1997 schätzt das DIW,

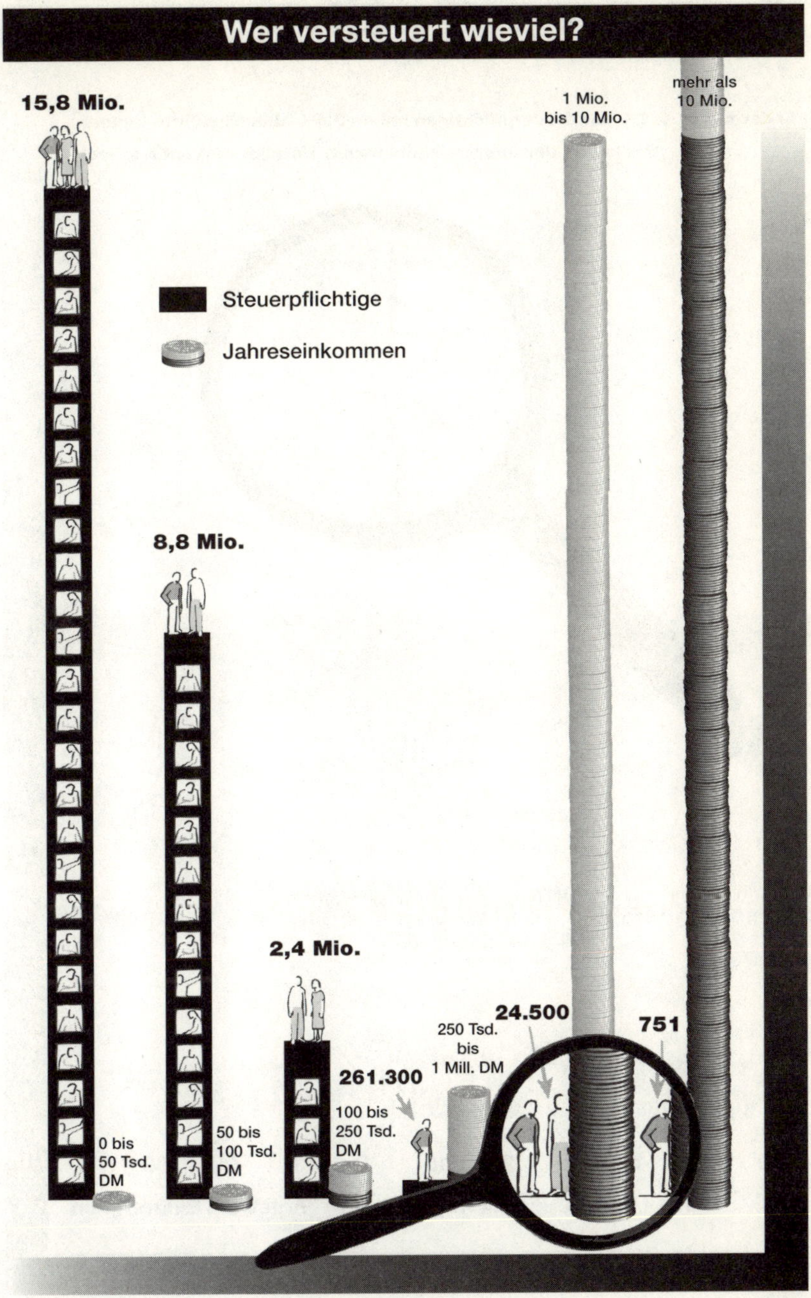


Quelle: Statistisches Bundesamt; eigene Berechnungen 1992

# Steuerpflichtiges Einkommen

**In der Lupe: 0,1% der Steuerpflichtigen haben 3,4% aller Einkünfte (unten)**
**0% (= 751 der Superreichen) haben 1% aller Einkünfte (oben)**

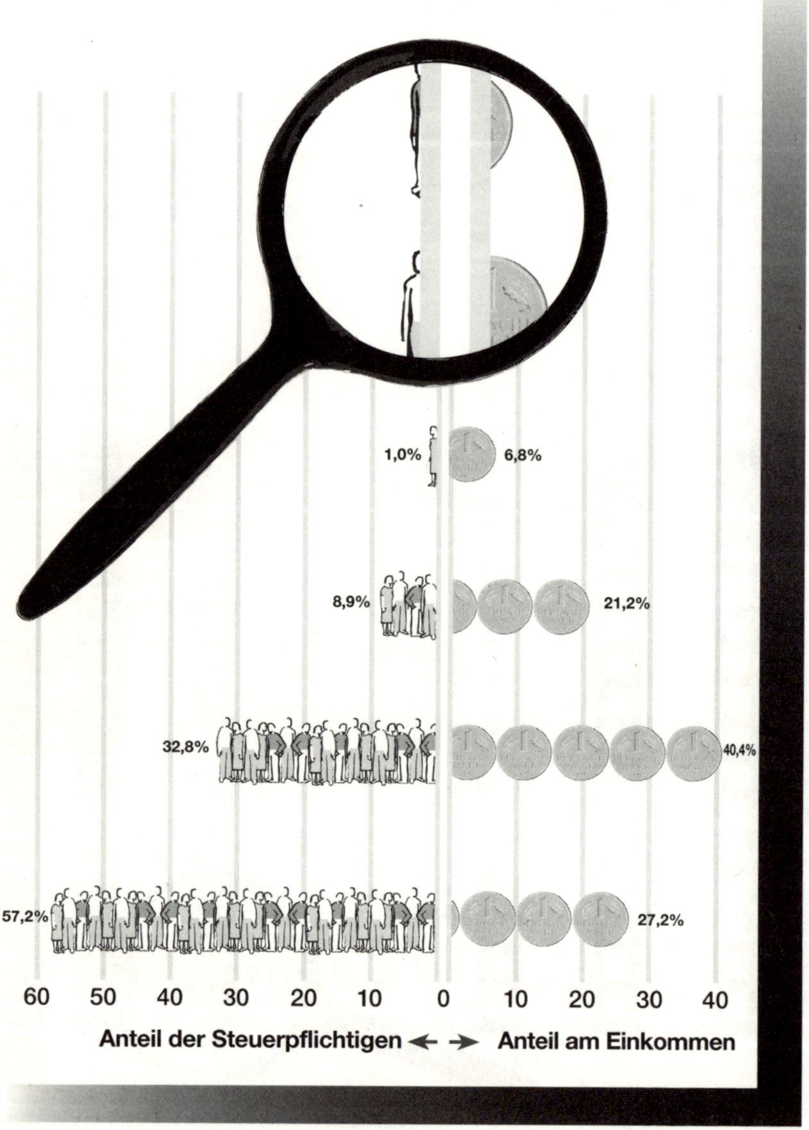


Quelle: Statistisches Bundesamt; eigene Berechnungen **1992**

daß die entnommenen Gewinne um weitere sechs Prozent steigen, während die Nettolöhne und -gehälter um 1,5 Prozent sinken werden.[5]

Ein Blick auf die Grafik (S. 123) der letzten verfügbaren Einkommensteuerstatistik von 1992 zeigt, daß die reichsten 751 Steuerpflichtigen – 0,027 Prozent aller SteuerzahlerInnen von 1992 – Gesamteinkünfte von 15 Milliarden Mark deklarierten, ein Prozent aller steuerpflichtigen Einkommen. Jeder dieser 751 Reichsten hatte durchschnittlich 20 Millionen Mark aus Gewinnen und Vermögen angegeben. Das ist mehr als 360mal soviel wie der Durchschnitt aller Steuerpflichtigen. Die Hälfte aller Steuerzahler deklarierte Einkommen von weniger als 50 000 Mark im Jahr, macht lediglich gut ein Viertel aller den Finanzämtern offenbarten Einkünfte. Das reichste Prozent aller Steuerpflichtigen, 1992 waren das 286 551 Personen mit Gesamteinkünften von jeweils über 250 000 Mark, hatte gut ein Zehntel aller Einkünfte gerafft und versteuerte durchschnittlich 602 170 Mark.

25 265 Einkommensmillionäre, also Menschen, die im Jahr mehr als eine Million Mark verdienen, lebten 1992 in Deutschland – zumindest, wenn man der Steuerstatistik glaubt. Ihr steuerpflichtiges Durchschnittseinkommen betrug mehr als 2,5 Millionen. Doch an der Seriosität dieser Zahlen darf gezweifelt werden. Unsere Millionäre wollen gar keine sein, zumindest nicht für die Steuer. Die Reichen und Superreichen – und ihre Steuerberater – kennen jede Menge Tricks, ihr Geld am Fiskus vorbei in die europäischen und überseeischen Steuerparadiese zu schleusen. Das Ausmaß von Steuerflucht und -hinterziehung läßt sich nicht annähernd seriös quantifizieren. In Deutschland gibt es aber sicher mehr als diese offiziellen 25 000 Einkommensmillionäre.

In der Sozialwissenschaft sind Armut und Reichtum genau definiert: Danach gelten 1992 etwa 400 000 Haushalte in Deutschland, 1,4 Prozent der Bevölkerung, mit mehr als 25 000 Mark verfügbarem Haushaltseinkommen im Monat als superreich. 3,1 Millionen (elf Prozent) sind mit mehr als 8 000 Mark im Monat reich. 21,8 Millionen Haushalte (77,7 Prozent) mit einem durchschnittlich verfügbaren Einkommen zwischen 2 000 und 8 000 Mark monatlich gibt es. Fast zehn Prozent der deutschen Bevölkerung, 2,8 Millionen Haushalte, können jeden Monat weniger als 2 000 Mark ausgeben und sind daher arm.

Unter den Superreichen finden sich nur Selbständige. Es steht allerdings zu vermuten, daß sich Mark Wössner, Jürgen Schrempp, Ferdinand Piëch, Rolf-Ernst Breuer und Co. armgerechnet haben. Denn die Gruppe der (angestellten) Manager taucht in der Statistik der Superreichen nicht auf.

Unter den Reichen, die mit dem Doppelten des Durchschnittseinkommens von 4 000 Mark ausgestattet sind, tummeln sich fast drei Viertel der Selbständigen.[6] Angaben hierüber existieren nur für Westdeutschland. Dort scheffelten die Selbständigen 1992 mit durchschnittlich 13 983 Mark netto im Monat dreimal so viel wie alle anderen Westhaushalte im Mittel (4 766 Mark) und gönnten sich damit auch dreimal mehr vom Einkommenskuchen als ihnen ihrem Anteil an der Bevölkerung gemäß zustünde. Auch Landwirte (5 992 Mark), Beamte (5 910 Mark), Angestellte (5 165 Mark) und Pensionäre (5 034 Mark) lebten überdurchschnittlich gut, begnügten sich dabei allerdings in etwa mit ihrem »gerechten« Anteil am gesamten Einkommen. Ein Teil von ihnen gehört sogar zur High Society: 17 von 100 Landwirten und Beamten, 12,7 Prozent der Angestellten und jeder zehnte Pensionär gelten als reich.

Westdeutsche Arbeitnehmerhaushalte traten dagegen auf der Stelle. Arbeiterinnen und Arbeitern fehlten mit 4 119 Mark bereits 600 Mark zum gesellschaftlichen Durchschnitt. Benachteiligt waren vor allem Arbeitslose (2 903 Mark) und RentnerInnen (3 313 Mark).[7]

Selbständige, Landwirte und Pensionäre gibt es nicht unter den Armen. Auch in Angestellten- und Beamtenhaushalten herrscht höchst selten Armut. Dagegen sind 6,4 Prozent der Arbeiterfamilien, ein Drittel der Arbeitslosenhaushalte und ein Fünftel der RentnerInnen arm.

Ungerechtigkeiten gibt es auch innerhalb der gesellschaftlichen Gruppen. Das zeigt das Medianeinkommen. Der Median aller Einkommen beträgt 3 700 Mark. Unter den Selbständigen verdienen 50 Prozent mehr als 12 500 Mark und 50 Prozent weniger. Der entsprechende Wert beträgt bei den Landwirten 5 600 Mark, bei den Angestellten 4 200 Mark, bei den Beamten 5 100 Mark, bei den Arbeitern 3 800 Mark, bei den Arbeitslosen 2 600 Mark, bei den Rentnern 3 000 Mark und bei den Pensionären 4 400 Mark.[8]

# Armut und Reichtum in Westdeutschland

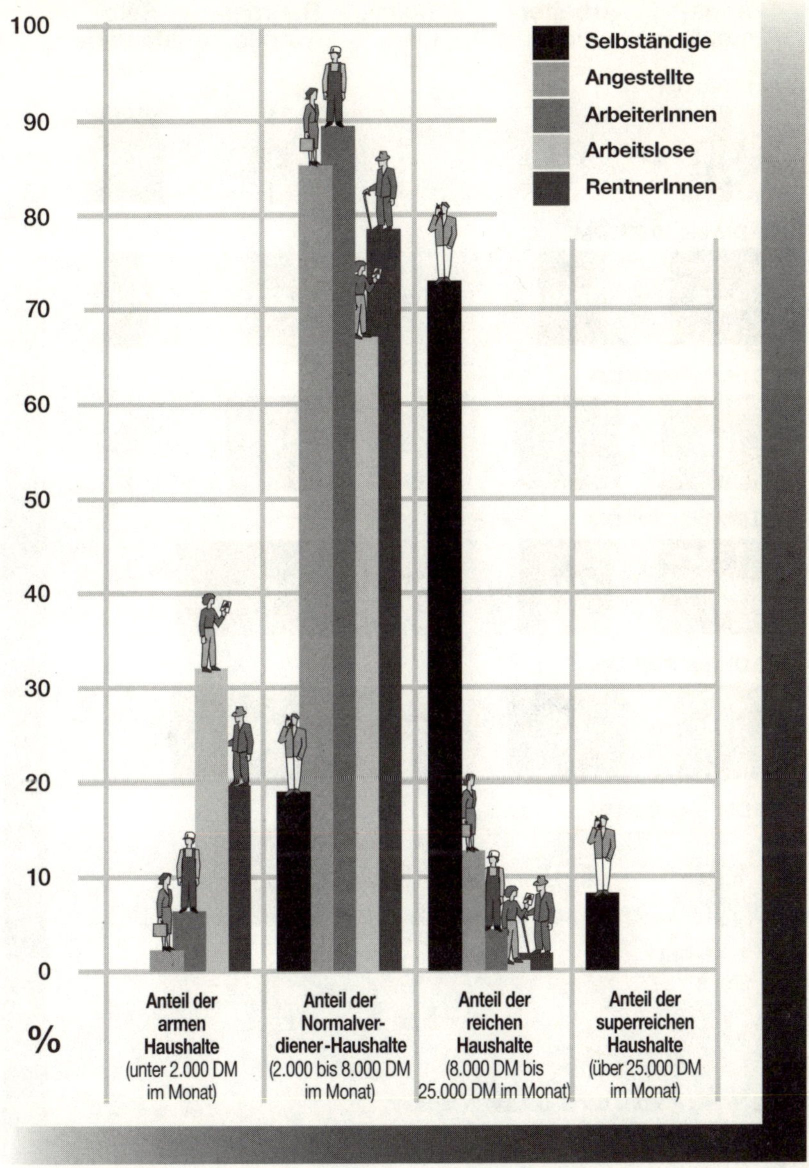


Quelle: *DIW-Wochenbericht* 45/94; eigene Berechnungen

# Soziale Verteilung der Einkommen

Monatliches Haushaltseinkommen*

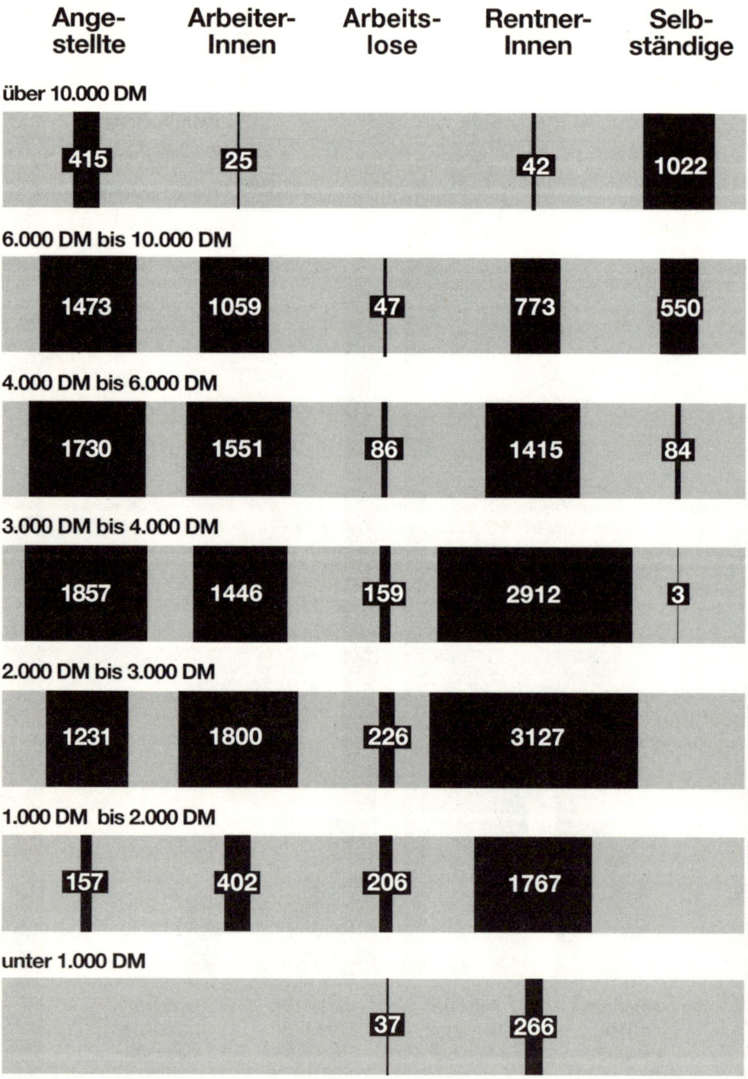


*1992 (West); Angabe der Haushalte in Tausend

Quelle: *DIW-Wochenbericht* 45/94; eigene Berechnungen

## Die erste Million ist die schwerste – Vermögensverteilung in Deutschland

Haben Sie 1996 auch 5 800 Mark Zinsen bekommen? Nein? Dann muß jemand anderes Ihren Anteil eingestrichen haben. Denn durchschnittlich kassierte jeder deutsche Haushalt diese Summe aus seinen Ersparnissen und Geldanlagen.[9] Wenn Sie allerdings herausfinden wollen, wer das Vermögen besitzt, das Ihnen zu 5 800 Mark Zinsen verhelfen könnte, stoßen Sie auf einige Schwierigkeiten. Denn es gibt kaum ein besser gehütetes Geheimnis in Deutschland als die Vermögensverteilung. Die letzte wirklich umfassende Untersuchung datiert von 1980. Und die ergab, daß ein Prozent aller Haushalte in der Bundesrepublik das 23fache dessen besitzt, was ihnen bei einer Vermögensverteilung entsprechend ihrem Anteil an allen Haushalten zustünde. Das zweitreichste halbe Prozent der Haushalte hat übrigens »nur noch« das sechsfache seines »gerechten« Anteils.[10] Vermutlich sind die Unterschiede noch größer, da auch die damalige Studie wertvolle Vermögensbestandteile wie Kunstsammlungen und Schmuck mangels verfügbarer Daten nicht berücksichtigen konnte.

Fünf Billionen Mark Geldvermögen hatten die Deutschen 1996 auf der hohen Kante. Nur drei Prozent der Haushalte im Westen und zwei Prozent der Haushalte im Osten gaben an, nicht einmal ein Sparbüchlein zu besitzen. Auf die Hälfte der Haushalte entfielen im Westen elf Prozent und im Osten 15 Prozent des Geldvermögens. Das reichste Zwanzigstel der Bevölkerung kann dagegen die Zinsen von 28 Prozent (West) und 23 Prozent (Ost) der Gesamtsumme verprassen. Selbst diese eindeutigen Zahlen beschreiben die soziale Ungleichheit nicht ganz. Denn sie stammen aus der Einkommens- und Vermögensstichprobe (EVS), die Einkommen ab 35 000 Mark monatlich außer acht läßt.[11]

1995 erhielten die Haushalte Selbständiger fast viermal so viele Zinsen und Dividenden wie alle anderen Haushaltsgruppen, also die Angestellten, Beamtinnen und Beamten, ArbeiterInnen, Arbeitslosen und andere, zusammen. Doch selbst innerhalb der Gruppe der Selbständigen gibt es erhebliche Unterschiede. So stellt das DIW fest: »Die Einkünfte, die ein Wirtschaftsprüfer 1989 aus Kapitalvermögen bezog, fielen im Durchschnitt zweieinhalb mal so hoch aus wie die eines Rechtsanwalts, diese wiederum dreimal so hoch wie die eines freiberuflichen Künstlers.«[12]

Kraß ist nicht nur der Gegensatz zwischen Arm und Reich, sondern auch zwischen West und Ost. Denn die Westdeutschen bezogen nach Angaben des DIW 1994 durchschnittlich 6400 Mark an Einkünften aus ihren Vermögen, die Ostdeutschen dagegen nur 1600 Mark. Die neuen Bundesländer stellen zwar 19 Prozent aller Haushalte. Diese haben aber nur sechs Prozent des Geldvermögens, also nur knapp ein Drittel dessen, was ihnen anteilmäßig zustünde. Eine Konsequenz aus dem wirtschaftlichen Ausverkauf der ehemaligen DDR. Für 1993 ergibt sich ein durchschnittliches Geldvermögen in der alten Bundesrepublik von 65300 Mark, in den neuen Ländern von 23400 Mark. Die Medianwerte lagen bei 35000 und 15000 Mark. Diese Zahlen zeigen nicht nur, daß die Ostdeutschen ein erheblich kleineres Stück vom Vermögenskuchen abbekommen, sondern daß sie – zumindest bis heute – ein bißchen mehr Verteilungsgerechtigkeit aus der DDR in den Kapitalismus hinübergerettet haben.

Eigentlich sind die Deutschen unglaublich reich. 9920 Milliarden Mark – eine 992 mit zehn Nullen – hatten die 34,8 Millionen deutschen Haushalte 1993 als Gesamtvermögen angehäuft, das nicht nur das Geld-, sondern auch Immobilien- und Betriebsvermögen umfaßt.[13] Wollte Dagobert Duck diese riesige Summe in einem Jahr zählen, er müßte Tag und Nacht in jeder Sekunde 314561 Mark in die Hand nehmen. Dabei ist auch dieser Gesamtbetrag zu niedrig angesetzt, weil beim Betriebsvermögen die Anteile juristischer Personen an den GmbH fehlen.

Durchschnittlich besaß jeder Haushalt 1995 gut 285000 Mark. 950000 Vermögensmillionäre leben in Deutschland. Diese Zahl des Deutschen Institutes für Wirtschaftsforschung (DIW) ist wesentlich realistischer als die Angaben des statistischen Bundesamtes. Die dort angegebenen 130000 Vermögensmillionäre beziehen sich lediglich auf die Personen, die bei ihrer Steuererklärung eine entsprechende Angabe gemacht haben. Vermögensmillionäre verdienen zwar nicht jedes Jahr mindestens eine Million, wie die Einkommensmillionäre. Aber wenn sie den Wert ihres Besitzes zusammenrechnen, kommen auch sie auf siebenstellige Summen. 28 Prozent der privaten Vermögenswerte sind im Besitz der Vermögensmillionäre. Doch was ist schon eine Million. Ex-Bundesbankchef Karl Otto Pöhl relativiert: »Die

# Wer hat wieviel?

Verfügbare Haushaltseinkommen 1992 in Westdeutschland*

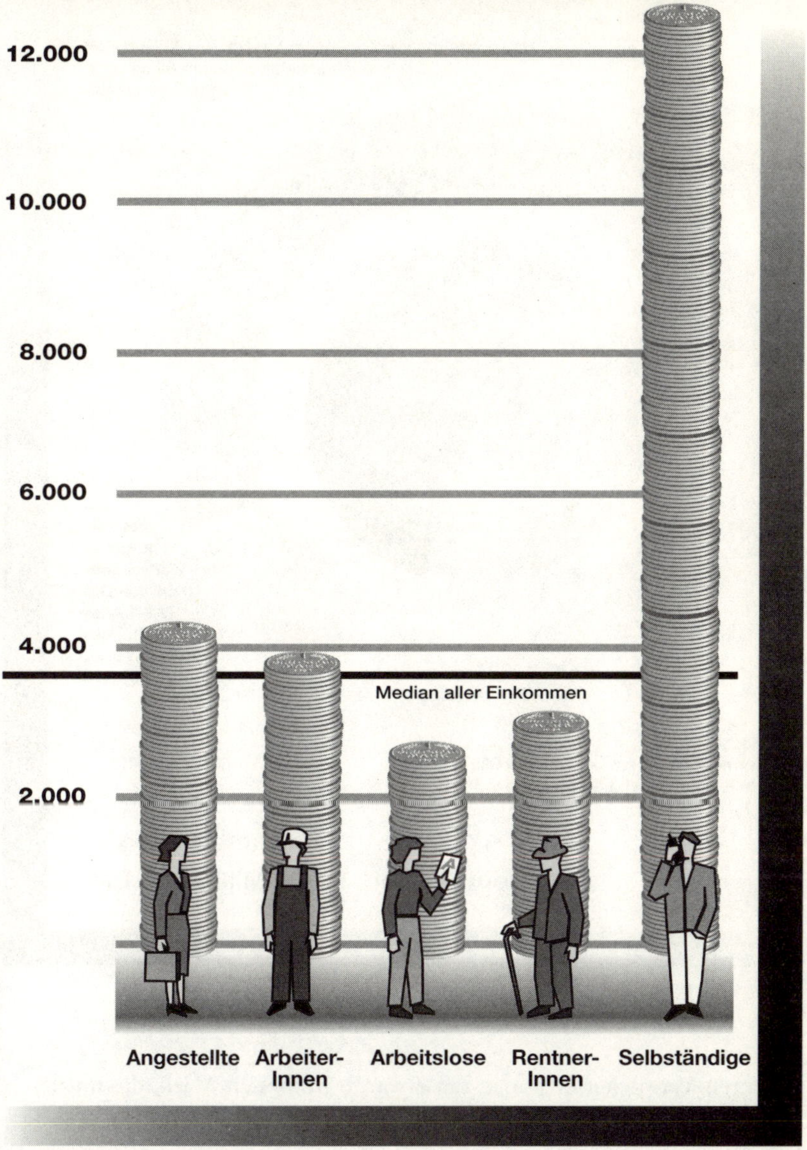


* angegeben ist der jeweilige Median, der Wert, der die Haushalte in eine ärmere und eine reichere Hälfte teilt.

Quelle: *DIW-Wochenbericht* 45/94; eigene Berechnungen

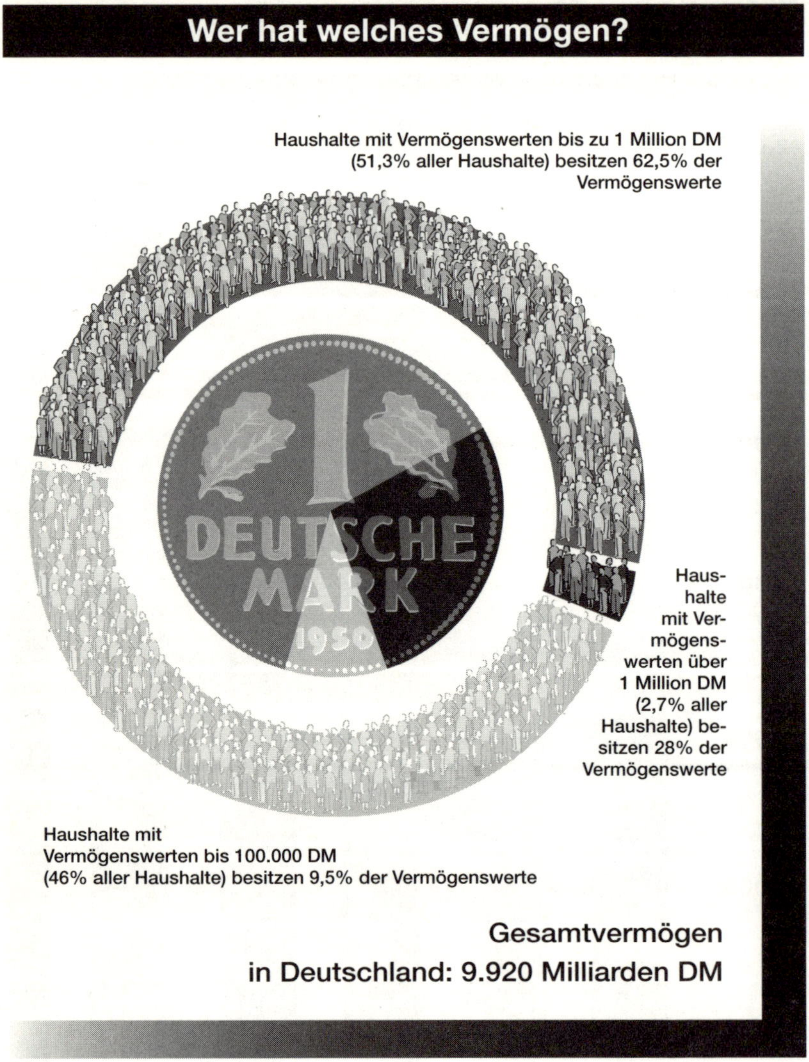


Quelle: DIW; eigene Berechnungen

größeren Vermögen beginnen bei etwa 20 Millionen Mark, die mittleren betragen etwa zwei bis 20 Millionen, und die kleinen liegen darunter.«[14] In der Tat: Zum Club der Vermögensmillionäre gehören nicht nur Flick, Quandt, Lambsdorff, Schumi, Graf und Schreinemakers, sondern auch das

Sozialarbeiterehepaar, das in einer Großstadt ein Mehrfamilienhaus geerbt hat. Da auch die 19,55 Milliarden Mark der Aldi-Dynastie in das durchschnittliche Vermögen von 2,9 Millionen der Vermögensmillionäre einfließen, täuscht die Statistik sogar unter Deutschlands Reichen eine zu große »Verteilungsgerechtigkeit« vor.

Wer ein Mehrfamilienhaus erbt, kann zum Vermögensmillionär werden. Immobilien sind der am wenigsten konzentrierte Vermögensbereich in Deutschland: Knapp fünf Prozent der Haushalte besitzen etwa 30 Prozent der Immobilien. Der gleiche Anteil der Bevölkerung hat immerhin 40 Prozent des Geldvermögens und ein Drittel des Gesamtvermögens angehäuft.[15] Um die Zahl der wirklich Reichen zumindest schätzen zu können, müßten die Häuslebauer abgezogen werden. Doch darüber gibt es – wen wundert's – keine Statistiken.

Über die Produktivvermögen in Deutschland existieren so gut wie gar keine Informationen. 1968 rechnete Wilhelm Krelle vor, daß nur 1,7 Prozent der Bevölkerung rund 70 Prozent des gesamten Eigentums an gewerblichen Unternehmen hielt.[16] Zehn Jahre später wurde dieses Ergebnis tendenziell bestätigt: »Danach besitzen 0,46 Prozent aller Haushalte 40 Prozent bzw. ein Prozent aller Haushalte 44,04 Prozent des gesamten Produktivvermögens.«[17] Eher spärliche Daten liefert außerdem die Einkommens- und Vermögensstichprobe von 1983. Sie ergab, daß sechs Prozent aller Haushalte Eigentum oder Beteiligungen an gewerblichen Unternehmen besitzen.[18]

*Forbes* nennt 47 deutsche Familien mit mehr als einer Milliarde Dollar Einkommen pro Jahr. Die 751 Haushalte, die mehr als zehn Millionen jährlich verdienen, dürften ebenfalls zu den Vermögensmilliardären zählen. Dagegen besitzen 16 Millionen Haushalte – knapp die Hälfte der Bevölkerung – weniger als 100 000 Mark. 46 Prozent teilen sich 9,5 Prozent vom Vermögenskuchen. Das durchschnittliche Vermögen dieser Gruppe beträgt 58 750 Mark. Familie Quandt kann 340 000mal soviel Geld ausgeben. Eine Säulengrafik zu dieser Vermögensverteilung würde das Buchformat sprengen. Wenn für das Durchschnittsvermögen dieses ärmeren Teils der Bevölkerung nur ein Millimeter angesetzt würde, türmte sich die Quandt-Säule auf 340 Meter, 40 Meter höher als der Commerzbank-Tower in Frankfurt, der höchste europäische Wolkenkratzer.

Zwischen den kleinen Leuten und den Vermögensmillionären lebt eine Gruppe von 51,3 Prozent der Bevölkerung mit durchschnittlich 347 339 Mark recht komfortabel. Auf sie entfallen 62,5 Prozent des bundesdeutschen Vermögens. Doch auch diese Mittelschicht ist sehr heterogen. Ihr Vermögen reicht von 100 000 Mark bis knapp unter eine Million.

»Wer hat, dem wird gegeben.« Dieser Grundsatz ist nicht nur eine Folge von Regierungsentscheidungen, sondern der »Selbstalimentation der Geldvermögen« geschuldet, wie es die Deutsche Bundesbank elegant formuliert. Denn 80 Prozent der Ersparnisse wurden 1993 nicht durch klassisches Sparen – also Rücklagen vom Einkommen – gebildet, sondern aus wieder angelegten Zinsen. In den 50er Jahren betrug dieser Anteil noch 16 Prozent.[19] 1988 haben westdeutsche Banken 171 Milliarden Mark an Zinsen ausgeschüttet, 1992 mehr als das Doppelte, nämlich 344 Milliarden. Im gleichen Zeitraum stieg das westdeutsche Geldvermögen jedoch nur um 39 Prozent.[20] Wo aber kommt das Geld für die Zinsen her? Wenn nicht aus dem Sozialprodukt, dann aus Schulden, lautet die Antwort. »Arbeit schafft die Werte«, lernen GewerkschafterInnen in ihrer Bildungsarbeit. Wenn das stimmt, kann der gesellschaftliche Wohlstand eigentlich nur in dem Maße zunehmen, wie das Sozialprodukt steigt. Der Umkehrschluß: Wenn die Zinsen, und damit die Vermögen, schneller wachsen als das Sozialprodukt, müssen sie sich aus – privaten oder öffentlichen – Schulden speisen. Das ist ein weithin vernachlässigter Aspekt der ungleichen Vermögensverteilung in Deutschland: Den schnell wachsenden Vermögen auf der einen Seite stehen Schulden auf der anderen gegenüber. Der drohende Finanzkollaps der Kommunen und die wachsende Überschuldung immer breiterer Bevölkerungskreise sind dafür nur der sichtbarste Ausdruck.

## Die Enteignung Ostdeutschlands

»Ich wär' so gerne Millionär...« singen die »Prinzen«, eine der erfolgreichsten deutschen Popgruppen der letzten Jahre. Die fünf Barden aus Leipzig zählen zu den 252 Einkommensmillionären, die das statistische Bundesamt 1996 in Ostdeutschland entdeckt hat.[21] Im Westen gibt es freilich hundertmal mehr Menschen, die pro Jahr mehr als eine Million verdienen, nämlich

25 000. Das Geld ist im alten Bundesgebiet geblieben – oder über einen Umweg zum rechten Ufer der Elbe vermehrt zurückgeflossen.

Dabei hatten es sich die BürgerrechtlerInnen, die in den letzten Monaten der DDR am Runden Tisch mitregierten, so schön ausgedacht. Eine Treuhandanstalt sollte 1990 die »Anteilsrechte der Bürger mit DDR-Staatsbürgerschaft am Volkseigentum der DDR« wahren. Der Vorschlag stammte von Wolfgang Ullmann, einem Mitbegründer von »Demokratie Jetzt« und zeitweiligem Bundestagsabgeordneten von Bündnis 90/Die Grünen. Das Volksvermögen sollte dem Zugriff transnationaler Konzerne entzogen und per Anteilschein an die DDR-Bevölkerung verteilt werden. Sogar den Entwurf einer solchen Gutschrift gab es bereits: »Vermögens-Anteil-Urkunde an einem 16millionstel Anteil am Volkseigentum der DDR zugunsten von Name, Vorname, geboren am … ausgegeben am … «[22]

Der Sachverständigenrat der Bundesregierung griff die Idee auf, die DDR-BürgerInnen zu Anteilseignern ihrer Betriebe zu machen. Allerdings nach kapitalistischer Manier. Sie sollten das, was ihnen nach DDR-Lesart ja ohnehin gehörte, noch einmal erwerben. »Der einfachste Weg ist die Umwandlung in Kapitalgesellschaften, deren Anteile dann an Bürger der DDR verkauft werden können«, hieß es in einem Sondergutachten der fünf Weisen.[23]

Ein Ziel, das auch die letzte DDR-Regierung und der Runde Tisch mit dem Treuhandgesetz vom 17. Juni 1990 verfolgten. Allerdings sah dieses Gesetz zumindest vor, daß neben der Verwendung der Privatisierungserlöse zur Strukturanpassung der Unternehmen »den Sparern zu einem späteren Zeitpunkt für den bei der Umstellung von Mark der DDR auf DM 2:1 reduzierten Betrag ein verbrieftes Anteilsrecht am volkseigenen Vermögen eingeräumt werden kann«.[24]

Diese Passage wurde später in den Einigungsvertrag übernommen, aber nie eingelöst. Wie sollte das auch gehen? Privates Beteiligungskapital gab es wegen des überwiegenden Staatseigentums am Produktivvermögen in der DDR im Prinzip nicht. Andere Vermögen hatten in der kurzen Zeit seit dem Zusammenbruch der staatssozialistischen DDR nicht gebildet werden können. Bilanz nach vier Jahren Arbeit der Treuhandanstalt: Etwa 85 Prozent des Volksvermögens wurde an westdeutsche Käufer veräußert. Nur sechs Prozent blieben in der Hand von ehemaligen DDR-Bürgern, was die ungleiche Vermögensverteilung zwischen Ost und West vertiefte.[25]

Als die Treuhand 1990 ihre Tätigkeit aufnahm, verfügte sie über 8 500 Betriebe, 15 000 Ferienobjekte und 25 000 Objekte des Handels und der Gastronomie.[26] Durch Zergliederung, Entflechtung, Spaltung und Zerlegung vorhandener volkseigener Betriebe und Kombinate entstanden 12 363 Unternehmen und Unternehmensteile.[27] Rund zwei Drittel davon wurden bis zur Auflösung der Treuhand am 31. Dezember 1994 vollständig oder mehrheitlich privatisiert, an Alteigentümer rückübertragen oder kommunalisiert. Knapp ein Drittel der Unternehmen befand sich in Liquidation, und gut ein Prozent erwartete noch seine Privatisierung.[28]

Der einzige Versuch, Produktivvermögen in ostdeutschen Händen zu belassen, stellten Management-Buy-Outs (MBO) dar. Leitende Mitarbeiter, die Belegschaft oder Teile davon sollten einzelne Unternehmen oder auszugliedernde Unternehmensteile übernehmen. Die Treuhand unterstützte dies. Sie verzichtete für einen gewissen Zeitraum auf den Mitverkauf der unternehmenseigenen Immobilien, stundete den Kaufpreis, gewährte Beraterzuschüsse, senkte Altschulden und führte Bürgschaften weiter. In der Folge gingen von 2 500 MBOs nur 40 in die Gesamtvollstreckung.[29] Für kapitalintensive Großunternehmen eignete sich dieses Vorgehen allerdings nicht. Die überwiegende Zahl der MBOs waren kleinere und mittlere Unternehmen im Dienstleistungssektor.[30]

Während die Bevölkerung der ehemaligen DDR dem Ausverkauf ihrer Wirtschaft zusehen mußte, verdienten westdeutsche Manager, Unternehmer und Glücksritter prächtig. Angeprangert wurden zunächst nur tatsächliche oder angebliche Versuche der PDS, einiger ihrer Funktionäre und des als DDR-Devisenbeschaffer berühmt gewordenen Alexander Schalck-Golodkowski, Geld beiseite zu schaffen. Doch der *Spiegel* fragte in seiner Serie »Ein Land im Sonderangebot« Anfang 1997, was sich die Erben der Blockparteien CDU und LDPD – nämlich West-CDU und FDP – neben den bekannten 60 und 91 Millionen Mark noch alles unter den Nagel gerissen haben.[31]

Es gab aber noch andere, die Wasser predigten und Wein tranken: Zum Beispiel den Rechtsanwalt Wolfgang Mueller-Stöfen aus Hamburg – pikanterweise mit der Cousine von Treuhandchefin Birgit Breuel verheiratet. Er diente ab Herbst 1990 ein Jahr lang als erster Generalbevollmächtigter der Treuhand und scheffelte danach als Liquidator im Osten knapp drei

Millionen Mark, das zehnfache seines Salärs bei der Treuhand. Liquidatoren, so nannten sich im Treuhanddeutsch jene, die von 1990 bis 1994 Tausende Betriebe »abwickelten«, sprich dichtmachten und die Beschäftigten auf die Straße setzten.

Ein weiteres Beispiel für Vereinigungsgewinnler sind die beiden Treuhand-Mitarbeiter Hans-Peter Rechel und Gregor Zinsmeier. Sie machten sich im Herbst 1992 mit Genehmigung ihrer Firma als freiberufliche Abwickler selbständig und strichen in den folgenden beiden Jahren gemeinsam knapp 19 Millionen Mark Honorar ein. Bei der Treuhand hatten sie sich mit 150 000 Mark Gehalt und 30 000 Mark Bonus zufrieden geben müssen. Anfang 1997 berichtete der *Spiegel,* »daß bis Ende 1996 gegen 180 Treuhänder eine Strafanzeige wegen Veruntreuung gestellt wurde, nur sechs waren zu diesem Zeitpunkt verurteilt. 1 801 Fälle von Wirtschaftskriminalität im Bereich der Treuhand und 357 Aushöhlungsverfahren zwischen 1991 und 1994 sind registriert. Aber rund 25 000 Verträge, Stand Ende 1996, müssen noch geprüft werden. Die Angaben über die Schäden variieren zwischen 300 Millionen und zehn Milliarden Mark.«[32]

# 11. Der anonyme Reichtum
## Oder: Wem gehört die Deutsche Bank?

Anfang 1997 versuchte der Krupp-Hoesch Konzern in einer Nacht- und Nebelaktion den größeren Konkurrenten Thyssen feindlich zu übernehmen. Der Coup war gut geplant: Krupp-Hoesch hatte über Strohmänner Aktien des Thyssen-Konzerns gekauft und wollte den übrigen Aktionären ein attraktives Angebot machen. Im Auftrag von Krupp-Chef Gerhard Cromme hatten die Investmentbank Goldman Sachs, die Dresdner Bank und die Deutsche Bank den Plan entwickelt.

»Warum berät die Bank den Angreifer Krupp, wenn sie zugleich beim attackierten Thyssen-Konzern im Aufsichtsrat sitzt? Wechselten gar interne Informationen von einem Unternehmen zum anderen?« fragte der *Spiegel*. Im Visier hatte er das Vorstandsmitglied der Deutschen Bank, Ulrich Cartellieri, zu dieser Zeit Aufsichtsratsmitglied bei Thyssen. Gemeint war aber auch der damalige Aufsichtsratschef der Dresdner Bank, Wolfgang Röller, der ebenfalls Thyssen beaufsichtigte. (Der Vorstandschef der Dresdner Bank Jürgen Sarrazin hat übrigens ein Aufsichtsratsmandat bei Krupp.) »Selbstverständlich habe ich keine Informationen über Thyssen an Krupp oder umgekehrt gegeben«[1], schrieb Cartellieri in einer persönlichen Erklärung, aber das glaubte ihm niemand so recht. Die Deutsche Bank zog ihn aus dem Aufsichtsrat von Thyssen zurück.

Stahlarbeiter an der Ruhr fürchteten um ihre Arbeitsplätze. PolitikerInnen aller Parteien gestanden ihre Hilflosigkeit gegenüber den internationalen Finanzmärkten ein. Nüchterner analysierte Rainer Hank den Coup in der *Frankfurter Allgemeinen Zeitung*. Unter der Überschrift »Wiederkehr des Kapitalismus« erinnerte er daran, daß Aufsichtsratsmitglieder die Aufgabe haben, die Interessen der Aktionäre wahrzunehmen. »Dann aber gibt es keinen Widerspruch mehr: Ein Deutsch- oder Dresdnerbanker wird als Aufsichtsrat den Thyssen-Aktionären empfehlen, genau jenes attraktive Krupp-Angebot anzunehmen, das er selbst als Bankvorstand für Krupp finanziert. Das ist die offene Welt des Kapitalismus – und sie ist konsequent.«[2]

Die aufgebrachten Stahlarbeiter sahen das anders und protestierten vor den Glastürmen der Deutschen Bank in Frankfurt für ihre Arbeitsplätze und gegen die Bankenmacht. Doch gegen wen richtete sich ihr Protest? Wem gehört eigentlich die Deutsche Bank?

Societé anonyme – anonymes Unternehmen – ist der französische Begriff für Aktiengesellschaft. In der Tat, die Besitzer der deutschen Industriekonzerne, der größten Banken und Versicherungen lassen sich nicht identifizieren. Die Eigentümer verdienen anonym, treten nicht in Erscheinung und brauchen nicht zu befürchten, daß Belegschaften sie in die Pflicht nehmen. Bekannt wird nur, wer mindestens fünf Prozent der Aktien hält.

Die Eigentumsformen und -strukturen der 100 größten deutschen Konzerne, die Rüdiger Liedtke analysierte, lassen sich stark vereinfacht in vier Gruppen einteilen: Unternehmen in mehrheitlichem Streubesitz, in mehrheitlichem Familienbesitz, Tochtergesellschaften ausländischer Konzerne und staatliches oder halbstaatliches Eigentum.

Ihre Aktien mehrheitlich breit gestreut haben die drei umsatzstärksten deutschen Industriekonzerne Daimler-Benz, Siemens und Volkswagen. Alle drei erzielten 1995 einen Umsatz von mehr als 80 Milliarden Mark. Das gleiche gilt für große Industriekonzerne wie VEBA, Preussag, Continental, Thyssen, Mannesmann, Degussa, MAN, Deutsche Babcock, Südzucker, Schering und Klöckner. Auch die drei größten Chemiekonzerne, Hoechst, BASF und Bayer, befinden sich im Streubesitz, genauso wie drei der vier größten Banken, die Deutsche Bank, die Dresdner Bank und die Commerzbank. Fast alle großen Versicherungen, wie die Münchner Rückversicherung, der Colonia Konzern, die Kölnische Rückversicherung und die durch die Fusion der Hamburg Mannheimer mit der Victoria entstandene Ergo, gehören ebenfalls dazu, wie auch der mit Abstand größte deutsche Versicherungskonzern, die Allianz AG, mit Beitragseinnahmen von über 70 Milliarden Mark.

Grenzfälle sind die BMW AG und die Deutsche Telekom. Die BMW-Anteile gehören zu knapp 50 Prozent der Familie Quandt, während der Rest breit gestreut ist. Die Telekom befindet sich auf dem Weg vom staatlichen Unternehmen zu einer Gesellschaft mit breitgestreutem Aktienbesitz.

Zu den Unternehmen, deren Anteile entweder von einer Privatperson, mehreren Familienmitgliedern oder einer Familienstiftung gehalten werden, zählen die meisten Handelsriesen: Metro, Tengelmann, Aldi, Otto-Versand, Helm, Quelle, Allkauf und Tchibo. Auch die mittleren bis kleineren der hundert größten Konzerne sind fest in der Hand von Familien, darunter Haniel, Bertelsmann, Henkel, Boehringer Ingelheim, E. Merck, SAP, Strabag AG, Röchling, Heräus, Freudenberg, Oetker, Springer, Wella, GEA und LTU.

Töchter ausländischer Unternehmen sind die beiden deutschen Ableger der Autokonzerne Ford und General Motors (Opel) sowie der großen Erdölkonzerne Shell, Esso, BP und Mobil Oil. Auch IBM, ITT, Philips, ABB, Philip Morris, PWA, Unilever, Nestlé, Hewlett Packard und Alcatel gehorchen ausländischen Herren.

Überwiegend im staatlichen oder halbstaatlichen Besitz sind (noch) die Deutsche Telekom, die Post AG, die Bahn AG sowie die Energiekonzerne RWE, VEW und Saarberg. Großes Gewicht haben in den letzten Jahren die Landesbanken erhalten, allen voran die Westdeutsche Landesbank (WestLB), die mittlerweile zu den vier größten deutschen Banken zählt, aber auch die Bayerische Landesbank. Die Nord/LB und die Bankgesellschaft Berlin wollen fusionieren.

In keines dieser Eigentumsschemata lassen sich Konzerne wie Heidelberger Zement, VIAG, REWE und SPAR, Ruhrkohle und Ruhrgas, Lufthansa, LINDE, TUI und Beiersdorf pressen.

Die Anteile einer weiteren Gruppe von Konzernen werden heute mehrheitlich von einer Stiftung gehalten, ohne daß die Eigentümerfamilie noch in Erscheinung tritt. Dazu zählen die Robert Bosch GmbH, der Krupp-Hoesch-Konzern, die Zahnradfabrik Friedrichshafen AG und der Zeiss Konzern.

Ostdeutsche Konzerne gibt es so gut wie nicht. Als Ergebnis der Wirtschafts- und Industriepolitik in den fünf neuen Bundesländern hat nicht ein einziger der 100 größten Unternehmen seinen Hauptsitz in Ostdeutschland, wenn man von den wenigen Berliner Konzernen absieht. Gleiches gilt für die 50 größten Banken und die 50 größten Versicherungen. Selbst von den Top 500 der deutschen Unternehmen befindet sich nicht einmal eine Handvoll östlich der Elbe.[3] Entweder wurden die großen ostdeutschen Kombinate von der Treuhandanstalt abgewickelt oder von westdeutschen Unternehmen geschluckt.

## Der unbekannte Aktionär

Wie ist der anonyme Reichtum organisiert? Wenn es keine identifizierbaren Eigentümer gibt, wer beherrscht dann die Konzerne? Wer trifft die Entscheidungen über Investitionen, Standortverlagerungen und Werksschließungen? Wem gehören die drei größten Konzerne Daimler-Benz, Siemens und Volkswagen? Und wem gehört die Deutsche Bank?

Zum Beispiel der schwäbische Edelkarossenhersteller Daimler-Benz. Dem Vorstandsvorsitzenden Jürgen Schrempp haftet der Nimbus an, knallhart zu sein. Daran hat auch seine vernichtende Niederlage beim Konflikt um die Lohnfortzahlung im Krankheitsfall nichts geändert. Er hat die Blamage ruhig weggesteckt. Das Image seines »Chefs« und Aufsichtsratsvorsitzenden Hilmar Kopper hat dagegen wegen der Rolle der Deutschen Bank bei der Krupp-Thyssen-Affäre und wegen seines Peanuts-Zitats nach der Pleite des Immobilienunternehmers Jürgen Schneider gelitten.

Der Deutschen Bank, deren Vorstandsvorsitzender Kopper bis zum Frühjahr 1997 war, gehören 24,4 Prozent am Stuttgarter Autobauer. Daher ist es ein ungeschriebenes Gesetz, daß die Deutsche Bank bei Daimler-Benz den Chef des Aufsichtsrats stellt. Auch nach seinem Ausscheiden als mächtigster deutscher Banker soll Kopper den Nebenjob vorerst behalten. Der zweite Haupteigentümer der Nobelmarke ist – und das wissen nur wenige – das Emirat Kuwait, das seine Petrodollars gewinnbringend am so sehr gefährdeten Standort Deutschland angelegt hat. Die restlichen 62,6 Prozent der Aktien gehören Privatpersonen, Banken, Unternehmen und Investmentfonds, die sich nicht identifizieren lassen.

Auch die meisten Anteile des zweitgrößten deutschen Konzerns, nämlich des Hauses Siemens, sind mit 93,06 Prozent breit gestreut. 6,94 Prozent liegen bei Familie von Siemens, das ist auf den ersten Blick nicht viel, aber bei einer Bilanzsumme von 82 Milliarden Mark summiert sich das zu einem gewaltigen Vermögen. *Forbes* schätzt den Reichtum der 180köpfigen Familie Siemens auf über 4,42 Milliarden Mark. Das macht für jedes Familienmitglied im Durchschnitt immerhin 24,5 Millionen.

Der drittgrößte deutsche Konzern, die Volkswagen AG in Wolfsburg, ist eine Ausnahme. Ein Fünftel der Aktien liegt beim Bundesland Niedersachsen. Deshalb gehört der Ministerpräsident in Hannover, Gerhard Schröder

(SPD), auch dem Präsidium des Aufsichtsrates an. Die restlichen 80 Prozent sind breit gestreut – unter Kleinaktionären, Belegschaftsmitgliedern und institutionellen Anlegern.

Bei der Antwort auf die eher symbolische Frage, wem die Deutsche Bank gehört, hilft auch ein Hinweis auf die Verflechtungen der fünf größten deutschen Finanzkonzerne weiter: Deutsche Bank, Dresdner Bank, Allianz Versicherung, Hypo Bank und Münchner Rück. Diese sind in einer unübersichtlichen Struktur miteinander verbandelt, teilweise sogar über sogenannte Überkreuz-Verflechtungen. Zum Beispiel besitzt die Allianz AG fünf Prozent der Aktien der Deutschen Bank, und die Deutsche Bank zehn Prozent der Aktien der Allianz AG. Wer gehört nun wem?

Die Verflechtung der Deutschen Bank mit der Allianz AG macht sich auch an Personen fest. 1995 waren vier Manager gleichzeitig im Aufsichtsrat der Deutschen Bank und der Allianz AG, nämlich der ehemalige Ruhrgas-Chef Dr. Klaus Liesen, einer der einflußreichsten Manager, der in zehn Aufsichtsräten sitzt und den Kontrollgremien der Allianz AG, der Volkswagen AG und der Ruhrgas AG vorsitzt, desweiteren Dr. Horst Burgard, ehemaliges Vorstandsmitglied der Deutschen Bank, Dr. Marcus Bierich, Aufsichtsratsvorsitzender von Bosch, und Dr. h.c. Hermann Franz, Aufsichtsratsvorsitzender von Siemens.

## Der neue Hit: shareholder value

In wessen Interesse Manager die Entscheidungen treffen, dokumentierte *Capital* im Juli 1995, nachdem der Pharmakonzern Schering eine enttäuschende Zwischenbilanz veröffentlicht hatte:

»Im Büro von Klaus Pohle war die Hölle los. Minutenlang hatte er die Situation nicht mehr im Griff. 70 Analysten aus aller Welt attackierten den Finanzchef des Berliner Pharmaspezialisten während einer Telefonkonferenz. Das war am 3. Mai 1995. Schering hatte seinen Zwischenbericht herausgegeben. Vor allem die angelsächsischen Analysten nahmen die schlechten Nachrichten entsetzt zur Kenntnis und forderten mehr Klarheit: Warum ist der Gewinn von Schering im ersten Quartal völlig überraschend um neun Prozent eingebrochen? – Warum hat uns Schering nicht früher über das schwache Ergebnis informiert? – Warum ist der Umsatz mit dem Multiple-Sklerose-Mittel Betaseron in den USA niedriger ausgefallen als geplant? Zu all diesen Fragen antwortete Pohle prompt, doch schaffte er es nicht, die Zweifel der ausländischen Börsenbeobachter zu zerstreuen. Während er redete, empfahlen einige Analysten die Aktie zum Verkauf. Folge: Die Schering-Aktie stürzte wie im freien Fall. Von 105 Mark am 2. Mai auf 93 Mark am 5. Mai.«

Vorstände von großen Konzernen bekommen Probleme, wenn sie die Renditeerwartungen des Finanzkapitals nicht erfüllen. »Befriedige deine Fondsmanager bei Strafe des eigenen Untergangs«, heißt das oberste Gebot. Die globalen Finanzmärkte und ihre Akteure sind gnadenlos. Angelegtes Kapital muß möglichst hohe Renditen abwerfen. Finanz- und Investmentfonds versprechen hohe Erträge für alle, die dort ihr Vermögen anlegen. Wirtschaftsmagazine und Finanzzeitungen berichten regelmäßig darüber, bei welchen Fonds sich die höchste Ausbeute erzielen läßt. Sinkt ein Fonds in den Hitlisten ab, hat dies dramatische Folgen. Fondsmanager und Bankenvertreter haben längst gewaltigen indirekten Einfluß auf das Management der großen Industriekonzerne gewonnen.

Die Finanzchefs der deutschen Konzerne touren regelmäßig durch die USA und präsentieren täglich mehreren Fondsmanagern interne Zahlen zu ihren Unternehmen. Mittlerweile hat sich der Begriff road-show dafür eingebürgert. Auch bei der Einführung der Telekom-Aktie jettete Ron Sommer in wenigen Tagen rund um den Globus, um den Brokern und Analysten die erwarteten Dividenden zu erläutern und für den Kauf von T-Aktien zu werben.

»One-to-ones« nennen Insider die Einzelgespräche, das sind harte Prozeduren, denen sich viele deutsche Finanzvorstände bei den Fondsmanagern unterziehen. Die Ergebnisse derartiger Unterredungen können unmittelbar zu kurzfristigen Entscheidungen über Kauf oder Verkauf von Aktienpaketen führen. »War ein Vorstand gut, werden schon mal für 40 Millionen Mark Aktien des betreffenden Unternehmens gekauft,« weiß das *Manager Magazin*.[4]

Die Manager treffen Entscheidungen nicht mehr im Auftrag des bösen Kapitalisten mit Zylinder und dicker Zigarre, sondern zum Nutzen vieler Aktionäre und Fondsmanager. Shareholder value heißt das neudeutsche

Modewort dafür – wörtlich übersetzt: Wert für Aktionäre. Das Konzept fußt darauf, alle unternehmerischen Entscheidungen ausschließlich und kompromißlos daran zu orientieren, ob sie kurzfristig für die Aktionäre zu Steigerungen der Kurse und Dividenden führen. Es zählt nicht mehr der langfristige Erfolg und Erhalt eines Unternehmens, gefragt sind Entscheidungen, die schnell wirken.

Alfred Rappaport, ein amerikanischer Wirtschaftsprofessor, gilt als Entwickler des shareholder value-Konzeptes. Als er 1986 seine Thesen veröffentlichte, war sich die Fachwelt einig, daß er im Grunde genommen nichts neues erdacht, sondern lediglich das alte Prinzip der Gewinnmaximierung nachdrücklich ins Blickfeld gerückt hatte. Wegen der zahlreichen bilanztechnischen Manipulationsmöglichkeiten will Rappaport nicht die Größe des »Bilanzgewinns« zum Maßstab der Entscheidungen machen, sondern den Mittelzufluß in das Unternehmen – den cash-flow. Von dieser Größe müssen zum Beispiel Zinsen und Tilgung für Kredite abgezogen werden, so daß der Betrag übrigbleibt, der zur Verteilung an die Aktionäre zur Verfügung steht – der free cash-flow. Dies ist das zentrale Entscheidungskriterium für alle Manager, die sich dem shareholder value Konzept verpflichtet fühlen.

Es wird ausschließlich so investiert, daß die Gelder möglichst schnell zurückfließen und möglichst hohe Gewinne abwerfen. Das führt zu einer kurzatmigen Geschäftspolitik, bei der verlustbringende Betriebe, die nicht in die Gewinnzone gehievt werden können, verkauft oder geschlossen werden. So kann es zu dem zynischen Effekt kommen, daß der Aktienkurs eines Unternehmens dann steigt, wenn das Management Massenentlassungen ankündigt.

Am 8. Juli 1997 überschritt der Deutsche Aktienindex die symbolische Grenze von 4 000 Punkten. Der DAX setzt sich aus den Aktienkursen der 30 wichtigsten deutschen AGs zusammen. Im ersten Halbjahr 1997 sind deren Kurse explodiert. Am 30. Dezember 1996 lag der DAX noch bei 2 889 Punkten und steigerte sich bis zum 8. Juli 1997 um fast 39 Prozent. Innerhalb eines halben Jahres war das Vermögen der Aktionäre um über ein Drittel gewachsen.

Am selben Tag, dem 8. Juli, verkündete der Präsident der Bundesanstalt für Arbeit in Nürnberg, Bernhard Jagoda, die neuen Arbeitslosenzahlen: 4,22 Millionen als arbeitslos registrierte Männer und Frauen in Deutschland. Auch der Frühsommer, in dem saisonal bedingt eigentlich mehr Menschen einen Job finden, hatte nur zu einer geringfügigen Entspannung geführt. Die Arbeitslosigkeit blieb auf Rekordniveau. Zwei Tage später plagte selbst den neoliberalen Chefkommentator der *Frankfurter Allgemeinen Zeitung,* Hans D. Barbier, die Frage: »Ist es obszön, auf einer Zeitungsseite die Nachrichten über Börsenrekorde neben die neuesten Meldungen über die Arbeiterentlassungen zu stellen? Die scheinbaren Widersprüche sind leicht zu erklären, wenn sie auch schwer verständlich erscheinen mögen.«[5] Barbier hat gleichwohl die Lösung parat: »Aber die Tendenz der Aktienkurse ist das plausible Ergebnis jener Entlassungswellen, die zur Massenarbeitslosigkeit geführt haben.«

Das shareholder value-Konzept funktioniert scheinbar unabhängig von Personen. Gehuldigt wird dem unbekannten Aktionär. Unternehmen, Banken, Versicherungen, Investment- und Finanzfonds sind in dieses Prinzip eingebunden, wie letztlich auch jede Privatperson, die ihr Geld in Aktien oder Fonds anlegt. Vor diesem Hintergrund scheint die Ausgangsfrage, wem die Deutsche Bank gehöre, fast schon zweitrangig.

Das größte deutsche Bankhaus ist eine Aktiengesellschaft. Ausländische institutionelle Anleger (40 Prozent), also Investmentfonds, Banken, Versicherungen und Unternehmen, teilen sich die Aktienpakete mit inländischen institutionellen Anlegern (17,3 Prozent), der Allianz AG (fünf Prozent), Privatpersonen (17,5 Prozent) sowie Beschäftigten und Pensionären der Deutschen Bank (20,2 Prozent). Fast 60 Prozent ihrer Aktien halten institutionelle Anleger. Dennoch stehen hinter dem »Denkmal des unbekannten Aktionärs« Personen, die an diesem Prinzip verdienen und ihr Vermögen mehren, die ihr Geld in Aktien und Fonds anlegen. Die Spur führt in Deutschland zu den Reichen und Superreichen, den 950 000 deutschen Vermögensmillionären, den 25 000 Einkommensmillionären und all denjenigen, die durch Steuermanipulation oder Steuerflucht in den Statistiken des statistischen Bundesamtes nicht auftauchen. Die Spur führt zu jenen, die mit Hilfe der Commerzbank, der Dresdner Bank oder der Nord/LB ihr Vermögen am Fiskus vorbei in einer der zahlreichen Steueroasen angelegt haben.

Doch das Vermögen der Reichen und Superreichen genügt den Managern nicht. Sie wollen auch an die Sparbücher des kleinen Mannes. Allenthalben beklagen Wirtschaftsbosse, daß die Deutschen Angst vor Aktien hätten und ihre Spargroschen lieber konservativ und sicher anlegen. Diese Zurückhaltung soll gebrochen werden. Das gelang zum Teil mit dem Spektakel um die Börseneinführung der T-Aktie. Sie wurde werbewirksam als Volksaktie inszeniert, mit der Folge, daß Tausende sich ein Stück vom deutschen Telefonmonopolisten kauften.

Der Fernsehsender des Medienmoguls Leo Kirch, Pro 7, tat es dem rosaroten Riesen nach. Auch mit dem Fernsehanteilschein wurden unter dem Motto »Pro 7 – jetzt auch als Aktie« die kleinen Leute angesprochen. »Aktien für alle« statt sicherer Anlageformen, private Altersvorsorge durch Renten- und Investmentfonds statt Generationenvertrag, Investivlöhne statt realer Lohnerhöhungen, all das trägt dazu bei, die Akzeptanz des shareholder value trotz dessen fataler Konsequenzen auf dem Arbeitsmarkt zu erhöhen und das gute alte Solidarprinzip auszuhöhlen, das traditionell mit dem rheinischen Kapitalismus deutscher Prägung verbunden ist.

## Die internationalen Finanzfonds

Nur die wenigsten der Wohlhabenden im In- und Ausland legen ihr Vermögen direkt in Aktien an. Sie kaufen zumeist Anteile an großen Investment- und Finanzfonds, die das verwaltete Vermögen weltweit in Aktien und anderen Finanzanlagen ertragreich unterbringen. Die Manager der großen Fonds sind längst zu entscheidenden Machtfaktoren auf den globalen Finanzmärkten geworden. Der weltgrößte, amerikanische Fonds Fidelity Investments jongliert mit etwa 860 Milliarden Mark – fast doppelt soviel wie der deutsche Bundeshaushalt. Großen Einfluß haben auch die Pensions- und Alterssicherungsfonds in den USA, wie etwa die Pensionskasse der kalifornischen Staatsangestellten, CALPERS, oder die private Rentenkasse amerikanischer LehrerInnen, CREF.

## Die größten Investmentfonds

**Fidelity Investments (860 Mrd. DM / 5 Mrd. DM)***
Privater US-Fonds in Boston, der in etwa 60 deutschen Unternehmen Aktien hält, z.B. bei Allianz, Daimler-Benz und VEBA.

**Capital Group (510 Mrd. DM / 15 Mrd. DM)**
Privater US-Fonds aus Los Angeles; Aktien in etwa 55 deutschen Unternehmen, z.B. Hoechst (14 Millionen Aktien) und Daimler-Benz (4,5 Millionen Aktien).

**TIAA-CREF (325 Mrd. DM / 1,8 Mrd. DM)**
US-Pensionsfonds, der die Altersgelder von 2 Millionen amerikanischen Lehrern und Universitätsangestellten verwaltet. In 38 deutschen Unternehmen engagiert, z.B. bei Daimler-Benz (886 360 Aktien), Deutsche Bank (755 700 Aktien), BASF (1,22 Millionen Aktien), Bayer (1,26 Millionen Aktien).

**Mercury (250 Mrd. DM / 6 Mrd. DM)**
Größter britischer Vermögensverwalter. In 30 deutschen Unternehmen engagiert, z.B. bei der Deutschen Telekom und bei Bayer.

**CALPERS (190 Mrd. DM / 1,5 Mrd. DM)**
Pensionsfonds der kalifornischen Staatsangestellten. In zahlreichen deutschen Unternehmen engagiert. Plant für den Herbst 1997 eine Offensive in Deutschland.

**Fleming (173 Mrd. DM / 4 Mrd. DM)**
Der Fonds hält u.a. Anteile an BMW, SGL Carbon, Allianz und Metro.

**ABN Amro (110 Mrd. DM / 6 Mrd. DM)**
Der niederländische Fonds hält Aktienpakete von SAP, Sixt, Allianz, Hoechst und Fresenius.

*gesamtes Anlagevermögen / Anlagevermögen in Deutschland

Quelle: Manager Magazin 8/97

Insgesamt wirtschaften die sieben genannten Fonds mit 2 418 Milliarden Mark, ein Betrag, fünfmal so groß wie der Bundeshaushalt. Allein in Deutschland gehören den sieben Fonds Anteile im Wert von 39,3 Milliarden Mark. Deutsche Fonds wie etwa die Dresdner Bank-Tochter DIT (Deutscher Investment Trust) oder die Deutsche Bank-Tochter DWS (Deutsche Gesellschaft für Wertpapiersparen) kommen nicht annähernd an diese Beträge.

Internationale Fonds halten an deutschen Konzernen beträchtliche Anteile. Für das Jahr 1997 hat das *Manager Magazin* deren Engagement auf 20 Prozent bei der Commerzbank, 51 Prozent bei Hoechst, 19 Prozent bei RWE, 18 Prozent bei Siemens und 13 Prozent bei VEBA beziffert. *Capital* schätzt, daß bereits 1995 deutsche Aktien im Wert von 180 Milliarden Mark in nichtdeutschen Händen waren.[6] So liegen die Auslandsanteile am Aktienkapital bei Firmen wie Schering, Hoechst, Bayer, Deutsche Babcock, VEBA und Siemens bei über 40 Prozent. Selbst das Grundkapital der Deutschen Bank und der Commerzbank gehört zu mehr als 40 Prozent ausländischen Anlegern. Der Mannesmann-Konzern und der Bauzulieferer WERU sollen bereits zu über 60 Prozent im Besitz ausländischer Aktionäre und Fonds sein.

Manche Wirtschaftswissenschaftler sprechen von einer dritten Etappe des Kapitalismus: Beim Übergang von der ersten zur zweiten Etappe wechselte in den meisten Großkonzernen der Besitz von einem Privatunternehmer zu einer großen Zahl von Aktionären. Doch diese mischten sich nicht in die Geschäftspolitik ein. Die Vorstände der Aktiengesellschaften konnten zusammen mit den Bankenvertretern in den Aufsichtsräten mehr oder weniger eigenverantwortlich die Unternehmensentscheidungen treffen. Heute nimmt der Einfluß der Aktionäre über die Fonds und ihre Manager auf Unternehmensstrategien gravierend zu. So wird in Mischkonzernen die Stillegung oder der Verkauf von defizitären Unternehmensteilen verlangt. Ziel ist es, die kurzfristige Dividende zu erhöhen, um die Finanzergebnisse der Fonds zu verbessern. Aus den USA sind bereits Fälle bekannt geworden, in denen die Vorstände von den Fondsmanagern zur Aufspaltung der Konzerne und zum Verkauf von Betriebsteilen gezwungen wurden.

Die internationalen Fondsmanager reiben sich an den Strukturen der deutschen Unternehmen und Banken, insbesondere an dem Geflecht wechselseitiger Vertretung in den Aufsichtsräten. Es ist damit zu rechnen, daß Repräsentanten der großen Fonds in die Aufsichtsräte deutscher Konzerne einziehen. Was dies für die Sicherheit der Arbeitsplätze bedeutet, kann sich jeder ohne viel Phantasie ausmalen.

# 12. Wäschewechselhäufigkeit
# Der heimliche Abschied vom Sozialstaat

Die geistig-moralische Wende, 1982 vollmundig verkündet, ist mittlerweile bei der »Wäschewechselhäufigkeit« der Menschen in den unteren Lohngruppen angelangt. Daran nämlich soll gemessen werden, wie viele Garnituren Unterwäsche SozialhilfeempfängerInnen kaufen dürfen, so zumindest will es Gesundheitsminister Seehofer. Mit dem Begriff »Wäschewechselhäufigkeit« – heißer Aspirant auf das »Unwort des Jahres 1997« – begründete der CSU-Mann im Frühjahr 1997 seinen Plan, die einmaligen Leistungen der Sozialhilfe generell zu pauschalieren, um sie besser kürzen zu können. SozialhilfeempfängerInnen sollen quasi die Unterhosen herunterlassen. (Wenige Monate nach der Veröffentlichung seiner Pläne genehmigte sich Seehofer übrigens gemeinsam mit seinen 672 Bundestagskolleginnen und -kollegen klammheimlich eine Diätenerhöhung von knapp einem Sozialhilfesatz, nämlich 525 Mark.)

In Hessen liegen die monatlichen Bedarfssätze der Sozialhilfe zwischen 540 Mark für den Haushaltsvorstand und 270 Mark für ein Kind bis zu sechs Jahren.[1] BezieherInnen bekommen die gesetzliche Krankenversicherung und die Warmmiete erstattet. Strom und Gas müssen sie dagegen selbst bezahlen. Zusätzlich gibt es Mehrbedarfszuschläge für bestimmte Personengruppen und einmalige Leistungen, etwa für Kleidung und Schuhe, die in einigen Kommunen per Einzelantrag, in anderen pauschaliert gewährt werden. Neben der Sozialhilfe haben viele Familien nur noch das Kindergeld. Unterhalt und Erspartes ab 2 500 Mark werden angerechnet.

## Hilfe zum Lebensunterhalt in Hessen

| | |
|---|---|
| Haushaltsvorstand | 540 DM |
| Erwachsener | 432 DM (80 %) |
| 14 bis 17 Jahre | 486 DM (90 %) |
| 7 bis 13 Jahre | 351 DM (65 %) |
| bis 6 Jahre | 270 DM (50 %) |
| bis 6 Jahre mit alleinerziehendem Elternteil | 297 DM (55 %) |

Stand: Juli 1997

## Mehrbedarfszuschläge

| | |
|---|---|
| Alleinerziehende mit bis zu 3 Kindern | 216 DM (40 %) |
| Alleinerziehende ab 4 Kindern | 324 DM (60 %) |
| Schwangere ab der 12. Woche | 108 DM (20 %) |
| Erwerbsunfähige | 108 DM (20 %) |
| Über 65jährige | 108 DM (20 %) |
| Schwerbehinderte »G« (gehbehindert) | 108 DM (20 %) |

Stand: Juli 1997

Die monatliche Hilfe zum Lebensunterhalt ist schon lange ins Gerede gekommen, in letzter Zeit vor allem durch das elfte Gebot der Christdemokraten, das Lohnabstandsgebot, das angeblich nicht gewahrt sei, weswegen es sich für SozialhilfebezieherInnen nicht lohne, eine schlecht bezahlte Arbeit anzunehmen. Jetzt vergreift sich der Christsoziale Seehofer auch an den einmaligen Leistungen und möchte unter anderem dekretieren, daß Möbel in der Regel gebraucht gekauft werden, Oberbekleidung unter Umständen aus den Kleiderkammern für Bedürftige der Kirchen kommen müssen und daß alleinstehende SozialhilfeempfängerInnen keinen Anspruch auf eine Waschmaschine haben.

Auch Sozialverbände hatten die Pauschalierung der einmaligen Leistungen gefordert, damit SozialhilfeempfängerInnen nicht für jeden Mantel oder etwa den Schulranzen des Abc-Schützen den demütigenden Weg zum Sozialamt antreten müssen. Doch statt den Betroffenen ihre Entscheidungsfreiheit zurückzugeben, mißbrauchte Seehofer die Pauschalierung dazu, die einmaligen Leistungen zu kürzen. Sie sollen etwa für Kleidung und Schuhe von durchschnittlich 609 Mark auf 570 Mark pro Person und Jahr sinken.

Detailliert erläutert Seehofer in seinem Entwurf, wie ein Sozialhilfeempfänger etwa eine Hochzeit oder eine Taufe zu feiern hat: »Entsprechend der sozialhilferechtlich gebotenen Orientierung an Lebensgewohnheiten und Leistungsfähigkeit der unteren Einkommensgruppen erlaubt die angemessene Bewirtung eine Feier in schlichter Form und kleinem Kreis. Sie wird sich in der Regel auf einen kleinen Umtrunk oder ein gemeinsames Kaffeetrinken mit den nächsten Angehörigen und gegebenenfalls Paten und Trauzeugen beschränken«, heißt es in Seehofers Sozialhilfepapier. Festkleidung wird nur bewilligt, wenn «der Hilfeempfänger ohne die besondere Bekleidung negativ auffallen würde«.[2]

Gekürzt wird, weil in den Kommunen die Sozialetats explodieren. Denn die Sozialhilfe muß immer mehr Aufgaben der Sozialversicherungen übernehmen, für die sie nie gedacht war. Schon lange haben viele Rentnerinnen Anspruch auf ergänzende Sozialhilfe. Ende 1995 bekamen 264 353 Menschen ab 60 Jahren Hilfe zum Lebensunterhalt.[3] Seit einigen Jahren landen auch immer mehr Langzeitarbeitslose und ihre Familien auf dem Sozialamt. Nach Schätzungen der Kommunen könnten etwa 800 000 SozialhilfebezieherInnen arbeiten – wenn sie denn einen Job hätten.[4] Auch für Bürgerkriegsflüchtlinge und AsylbewerberInnen, die keine Arbeitserlaubnis bekommen, müssen die Kommunen aufkommen, ohne finanzielle Unterstützung vom Bund. Ihnen steht das Wasser bis zum Hals, so daß Seehofer selbst bei sozialdemokratischen Stadtoberhäuptern Zustimmung für seine Kürzungspläne findet. Der Bund wälzt Sozialkosten auf die Kommunen ab und verschärft so die Haushaltskrise, die dann als Begründung dafür herhalten muß, am Sozialstaat zu sägen.

## Sozialschnüffler gegen Mißbrauch

Schon längst geht es nicht mehr nur um die Höhe der Sozialhilfe, sondern um den Sozialhilfeanspruch selbst. Mit immer gleichen Stammtischparolen werden bedürftige Menschen diffamiert, um Kürzungen bei den Ärmsten der Gesellschaft durchzusetzen: Den Anfang machte die »Asylantenflut«, mit der die pauschale Kürzung der Sozialhilfesätze im Asylbewerberleistungsgesetz und die Umstellung auf »Sachleistungen«, sprich Lebensmittelpakete, gerechtfertigt wurden. Das ist zwar teurer als Geldleistungen, soll Asylsuchende aber abschrecken.

Inzwischen müssen sich Menschen, die sich ans Sozialamt wenden, einen generellen Mißbrauchsverdacht gefallen lassen. Jeder Stammtischbruder kennt mindestens einen Sozialhilfeempfänger mit dickem Mercedes oder einen anderen, der mit Schwarzarbeit Geld scheffelt. Die Regierung schürt diese Vorurteile mit der Einführung von Arbeitsdiensten für SozialhilfeempfängerInnen, der Debatte um das Lohnabstandsgebot und Kampagnen gegen Sozialmißbrauch. Der Ruf nach Sozialdetektiven wird laut, die »Sozialschmarotzer« aufspüren sollen. Im Frühjahr 1997 verlangte der Generalsekretär der baden-württembergischen CDU, Volker Kauder, solche Schnüffler in einem bundesweiten Modellprojekt zwei Jahre lang zu testen. Von dieser Forderung zu den Erfolgszulagen, sprich »Petzerprämien«, für Sozialkontrolleure in Großbritannien ist der Weg nicht mehr weit.

Einen Widerspruch zur Überversorgung von Politikern vermag Kauder bei seinem Ansinnen übrigens nicht zu erkennen. In einem Interview auf die Summe von über einer Million Mark angesprochen, die der ehemalige Ministerpräsident von Baden-Württemberg, Lothar Späth, seit seinem Rücktritt erhalten hat, obwohl er als Chef der Jenoptik in Jena inzwischen gutes Geld verdient, sagt Kauder: »Das ist sich ein Land schuldig, daß ein ehemaliger Ministerpräsident ein gerechtes, ein anständiges Auskommen hat.«[5]

Über den tatsächlichen Mißbrauch gehen die Schätzungen weit auseinander. Der baden-württembergische Städtetag wies Sozialdetektive mit dem Hinweis zurück, daß die Kosten die Einsparungen überstiegen. Etwa 0,5 Prozent der Sozialhilfesumme, so vermutet der Frankfurter Sozialdezernent Achim Vandreike, können Schnüffler eintreiben. In Hannover wurden die

Sozialdetektive wieder abgeschafft, weil sie keine nennenswerten Erfolge vorwiesen. In Kassel forschen fünf MitarbeiterInnen nach schwarzen Schafen. Die dabei 1996 eingesparten 500 000 Mark sind jedoch angesichts eines Sozialhilfeetats von 120 Millionen gering. Der hessische Landkreis Limburg-Weilburg setzt ebenfalls »fürsorgliche Außendienstmitarbeiter« ein – wie Schnüffler beschönigend genannt werden – und hat in sechs Monaten rund zwei Millionen Mark zurückgeholt. Jeder zehnte Bezieher mißbrauche die Hilfe, glaubt der Sozialdezernent des Kreises, Karl-Winfried Seif (CDU). Bei Kontrollen im Main-Kinzig-Kreis im Jahr 1996 holten die Kontrolleure nach Angaben des Sozialdezernenten Erich Pipa (SPD) weniger als ein Prozent der ausgezahlten Summe wieder herein.[6]

Ein paar hundert Mark werden da häufig als geradezu schwerstkrimineller Mißbrauch angeprangert, etwa wenn sich jemand finanziell Luft verschafft, indem er ein Haushaltsgerät beantragt, das er gar nicht braucht, einen Nebenverdienst nicht angibt oder verschweigt, daß er inzwischen mit der Freundin zusammenlebt, die Geld verdient. 70 bis 80 Prozent dieser Mogeleien ließen sich nach Ansicht des Reichtumsforschers Ernst-Ulrich Huster durch »vernünftige Pauschalierungen« vermeiden.

Doch auch legale Tricks gelten schon als suspekt. CDU/CSU und FDP jaulten auf, als die SPD-Bundestagsfraktion im Frühjahr 1997 eine Broschüre für den Umgang mit den Sozialbehörden herausgab, die von der Koordinierungsstelle gewerkschaftlicher Arbeitslosengruppen erarbeitet worden war: Das Auto, das SozialhilfebezieherInnen nur in Ausnahmefällen besitzen dürfen, auf einen Freund oder Verwandten überschreiben, kleine Dienste in Nachbars Haus oder Garten als Nachbarschaftshilfe deklarieren oder dafür sorgen, daß die Wohngemeinschaft nicht als Wirtschaftsgemeinschaft gilt. In einer erregten Aktuellen Stunde warfen KoalitionspolitikerInnen am 20. März 1997 im Bundestag den Herausgebern angesichts solcher Ratschläge Anstiftung zum Sozialmißbrauch vor. Den Vogel schoß Wolfgang Weng (FDP) ab: »Jeder weiß, daß der Sozialstaat am Ende wäre, wenn alle Bürger sämtliche Ansprüche geltend machen würden, die sie an den Staat haben. Der Staat kann nicht prüfen – er sollte es auch nicht –, ob Absicht, Unkenntnis oder vielleicht Nachlässigkeit der Grund dafür sind, daß Rechtsansprüche nicht in Anspruch genommen werden. Es gibt jedenfalls genügend positive Beispiele, die deutlich machen, daß schon die Aufforderung zur Ausnutzung von Rechtsansprüchen nicht sinnvoll ist.« Sicherlich haben Weng oder sein Steuerberater auf dem Schreibtisch Ratgeber wie »Steueroasen« von Karl-Heinz Badura oder »Steuerparadiese für Deutsche« von Erika Folkes stehen, die sie zu Rate ziehen, bevor sie seine Steuererklärung ausfüllen.

Der Mann hat eigentlich recht. In der Tat machen nicht einmal die Hälfte der Berechtigten ihren Anspruch überhaupt geltend, vor allem viele Menschen, die ergänzende Sozialhilfe beantragen könnten. Würden sie es tun, wären die Kommunen morgen pleite.

Durch Mißbrauch von Sozialhilfe wird der Staat nur um einen Bruchteil dessen betrogen, was er spart, weil viele Berechtigte die Sozialhilfe nicht beanspruchen. Doch selbst wenn tatsächlich alle Armen ihr Anrecht auf staatliche Unterstützung einforderten, könnte das mit den jährlich hinterzogenen Steuern lässig bezahlt werden – sofern die Finanzämter an diese herankämen: 1996 mußten die Kommunen knapp 50 Milliarden Mark an Sozialhilfe aufbringen, im gleichen Jahr wurde nach Schätzung der Steuergewerkschaft gut das zweieinhalbfache dieser Summe, nämlich 130 Milliarden Mark, an Steuern hinterzogen. »Die Kriterien der Ellenbogengesellschaft gelten dort, wo es um Reichtum geht. Unten wird das kriminalisiert«, prangert Ernst-Ulrich Huster an. In der öffentlichen Meinung gilt der Mißbrauch von sozialen Leistungen als Kapitalverbrechen, während Steuerhinterziehung sogar beim Bundesfinanzminister als Notwehr gegen zu hohe Forderungen des Fiskus durchgeht. »Wir müssen die Steuersätze kräftig senken. Der Glaube an einen Spitzensteuersatz, den niemand mehr bezahlen will, trägt heute nicht mehr, weil jeder versucht, ihm auszuweichen«, sagt Theo Waigel.[7] Er kommt freilich nicht auf die Idee zu fordern, daß die Sozialhilfe erhöht werden müsse, damit nicht mehr so viele Bedürftige schummeln.

Angenommen, es werden tatsächlich etwa zehn Prozent der Sozialhilfe, also fünf Milliarden Mark pro Jahr, mißbräuchlich ausgezahlt, wie viele Experten schätzen. Warum jagen PolitikerInnen mit Vehemenz diesem Betrag nach, wenn sie mit vergleichbarer Anstrengung mehr als das 25fache bei Steuerflüchtigen hereinholen könnten? Zumal Sozialmißbrauch keinerlei volkswirtschaftlichen Schaden anrichtet, weil das Geld sofort wieder in den Konsum und damit in den Wirtschaftskreislauf fließt – namentlich die Aldi-

Brüder werden's zu schätzen wissen –, während die Reichen ihre hinterzogenen Reichtümer in Luxemburg oder auf den Cayman-Inseln bunkern. Der Verdacht drängt sich auf, daß es überhaupt nicht um die desolaten kommunalen Haushalte geht, sondern um den Sozialstaat an sich, der jenen, die nicht auf ihn angewiesen zu sein glauben, ein Dorn im Auge ist.

Zahlen bestätigen den Verdacht. Es stimmt nicht, daß die staatlichen Sozialausgaben aus dem Ruder gelaufen sind. Das Sozialbudget der Bundesrepublik, also der Anteil aller Sozialausgaben am Bruttoinlandsprodukt, lag 1994 trotz deutscher Vereinigung mit 33,3 Prozent knapp unter dem Niveau von 1981 und unter dem von Mitte der 70er Jahre. In den alten Bundesländern wurde mit 30,2 Prozent sogar weniger für soziale Leistungen ausgegeben als im Vorvereinigungsjahr 1989 (30,7 Prozent). In den neuen Ländern lag die Sozialquote 1994 bei 60 Prozent.[8] Selbst das Institut der deutschen Wirtschaft (IW) in Köln bilanziert, daß sich der Staat immer mehr aus der Finanzierung des Sozialbudgets zurückzieht. Private Haushalte tragen inzwischen einen fast ebenso hohen Anteil der Sozialausgaben wie die Gebietskörperschaften.[9]

Die Botschaft hinter der Mißbrauchsdebatte lautet: Jeder, der sich auf soziale Leistungen verlassen muß, ist ein Schmarotzer, will eigentlich gar nicht arbeiten, macht sich auf Kosten anderer einen faulen Lenz. So lassen sich trefflich Konkurrenz und Mißgunst schüren. Denn »der kleine Mann«, der von seinem sauer verdienten Geld immer höhere Steuern und Abgaben zahlt, sieht natürlich nicht ein, daß er Faulpelze durchfüttern soll. In diesem Gedanken nehmen AusländerInnen den Deutschen die Arbeitsplätze weg und müssen immer weniger Junge immer mehr Alte durchfüttern, weswegen der Ruf nach der »Kündigung des Generationenvertrags« laut wird. Auch die Kinderlosen, die sich ihrer Aufgabe entziehen, Kinder als spätere RentenbeitragszahlerInnen in die Welt zu setzen, fallen in diese Kategorie. Das Muster ist immer gleich: Bestimmte Bevölkerungsgruppen werden ausgegrenzt, ihre Ansprüche zunächst diffamiert, um sie dann besser zusammenstreichen zu können.

Auch der ständige Hinweis darauf, daß die Sozialbeiträge nicht so hoch wären, wenn die deutsche Vereinigung nicht so viel kostete, zielt in die gleiche Richtung. Hier lautet die Botschaft: »Ohne die Ossis hätten wir weniger Probleme.« Das hat die Kohl-Regierung clever eingefädelt. Die Kosten der

Vereinigung wurden den Sozialkassen und damit den Lohnabhängigen aufgebürdet. Die Sozialbeiträge stiegen. Gleichzeitig wuchs das Heer der Arbeitslosen in der ehemaligen DDR, weil statt beschäftigungsorientierter Wirtschafts- und Strukturförderung eine Strategie der reinen Privatisierung und verlängerten Werkbänke verfolgt wurde. Jetzt jammern die Arbeitgeber über zu hohe Lohnnebenkosten. Doch statt deren Ursache – nämlich die Folgekosten der deutschen Vereinigung – anders zu finanzieren, werden die Leistungen für alle gekürzt. An der Ursache der hohen Beiträge ändert sich nichts, so daß sie auch nächstes und übernächstes Jahr und überübernächstes als Begründung für Sozialabbau mißbraucht werden können.

## Sozialer Konsens oder Vollkaskomentalität

Die wirtschaftlichen und politischen Eliten sind dabei, den sozialstaatlichen Konsens, der die Bundesrepublik seit Bestehen geprägt hat, zu zertrümmern. Bislang galt, daß jeder, der in Not gerät, ein Recht auf Hilfe hat. Die Gesellschaft verstand sich als Solidargemeinschaft: Die Jungen zahlen für die Alten, die Gesunden für die Kranken und die Beschäftigten für die Arbeitslosen. Mit dem Begriff »Vollkaskomentalität« soll das nun diffamiert werden. Die Kehrseite des neoliberalen Credos »Leistung soll sich wieder lohnen« heißt: »Wenn Du Dir nicht selbst helfen kannst, leistest Du offensichtlich nichts. Pech gehabt, dann hast Du auch kein Anrecht auf staatliche Leistungen.« Wie der Präsident des Deutschen Industrie- und Handelstages, Hans Peter Stihl, in dankenswerter Offenheit erklärt hatte, sollen die »Leistungsträger« von den staatlichen Kürzungen ausgenommen werden.

»Die Würde des Menschen ist unantastbar«, proklamiert Artikel eins des Grundgesetzes. Artikel 20 definiert die Bundesrepublik als demokratischen und sozialen Bundesstaat. Diese beiden Artikel sind (neben der föderalen Ordnung der Bundesrepublik) die einzigen mit »Ewigkeitsgarantie«. Sie können auf verfassungsmäßigem Wege nicht geändert und erst recht nicht abgeschafft werden. Die Väter und Mütter des Grundgesetzes verknüpften die Würde des Menschen mit dem Sozialstaat. Doch darüber, was das konkret bedeutet, gehen die Meinungen weit auseinander. Diese Kontroverse wird deutlich an der Debatte um die Reform des Sozialstaats.

Als Verbesserung des Bestehenden definiert *Meyers Großes Handlexikon* den Begriff Reform. In diesem Sinn nahm die erste sozial-liberale Bundesregierung unter Willy Brandt Sozial- und Bildungsreformen in Angriff. Am Ende der Regierungszeit von Brandts Nachfolger Helmut Schmidt tauchte der Begriff Sozialabbau zum ersten Mal auf. Doch erst die Konservativen und Liberalen verpaßten den Rotstiftexzessen einen ideologischen Rahmen. Der ehemalige Ministerpräsident von Niedersachsen Ernst Albrecht (CDU) betete in seinen Thesen von 1983 bereits detailliert das ganze neoliberale Vokabular herunter, das noch heute zur Standortdebatte gehört: Die Gewinne seien zu niedrig, die Unternehmenssteuern zu hoch. Mitbestimmung und Kündigungsschutz machten die Betriebe unflexibel. Jugendschutzbestimmungen verhinderten ein größeres Angebot an Lehrstellen, Sozialbeiträge und Krankenstand seien zu hoch, der gesamte Faktor Arbeit zu teuer.

In einer programmatischen Rede vor Unternehmern und Bankiers legte der damalige Bundesaußenminister Hans-Dietrich Genscher (FDP) im April 1985 nach und rief das »liberale Zeitalter« aus. Untertarifliche Bezahlung für Langzeitarbeitslose, Flexibilisierung des Tarifsystems. »Das Arbeitsrecht ist zugeschnitten auf das Denken und die Verhältnisse der sozialdemokratischen Epoche: Wir haben starre Tarifverträge, die unterschiedslos für Groß- und Kleinunternehmen, für gutverdienende Unternehmen und für Unternehmen in Schwierigkeiten gelten. Und wir haben, mit jedem Arbeitsplatz verbunden, eine Fülle von Reglementierungen, die eingehalten werden müssen, ob sie im konkreten Einzelfall sinnvoll sind oder nicht.«[10]

In den folgenden Jahren machte sich die Bundesregierung daran, das gesamte Programm umzusetzen. Nur eines gelang ihr dabei nicht – die Arbeitslosigkeit zu verringern, wie es Genscher verheißen hatte, wenn nur endlich die Rahmenbedingungen geschaffen würden, »unter denen sich Unternehmergeist, Eigenverantwortung und Engagement voll entfalten können«. Bei Antritt der konservativ-liberalen Bundesregierung 1982 überstieg die Zahl der registrierten Arbeitslosen erstmals seit 1950 die Zwei-Millionen-Grenze und hat sich seitdem mehr als verdoppelt – ohne Aussicht auf eine Wende.

Einen Meilenstein auf dem neoliberalen Weg der Regierung Kohl stellte das Gutachten der Deregulierungskommission von 1991 dar. Das Gremium schlug vor, in allen gesellschaftlichen und wirtschaftlichen Bereichen staatliche und tarifliche Regelungen abzubauen, um dem freien Spiel der Marktkräfte zum Durchbruch zu verhelfen. Die Kommission forderte unter anderem untertarifliche Einstiegslöhne für Langzeitarbeitslose, erweiterte Möglichkeiten für befristete Arbeitsverträge, Begrenzung der gesetzlichen Sozialplanregelungen, die Flexibilisierung der Arbeitszeiten und die Aufhebung des Vermittlungsmonopols der Arbeitsämter. Die Monopolkommission der Bundesregierung, die eigentlich die Marktmacht großer Konzerne kontrollieren soll, fühlte sich 1994 berufen, das System der Flächentarifverträge als bilaterales Kartell der Tarifvertragsparteien zu diffamieren und zu fordern, daß die Löhne künftig individuell ausgehandelt werden. Man stelle sich vor, eine ungelernte Türkin verhandelt mit dem Personalchef des BMW-Werks in München über ihren Lohn...

Heute müssen der Wettbewerb der Standorte in den globalisierten Märkten und die Europäische Wirtschafts- und Währungsunion mit ihren rigiden Maastricht-Kriterien als Ausrede für Sozialstaatsdemontage herhalten. Doch weder der Euro noch der angeblich gefährdete Standort Deutschland sind schuld am Sozialabbau. Selbst das Münchner IFO-Institut und das Hamburger Weltwirtschaftsarchiv (HWWA) – beide stehen nicht im Ruf, besonders arbeitnehmerfreundlich zu sein – haben festgestellt, daß die von wirtschaftlichen und politischen Eliten inszenierte Standortdebatte mit der Realität nicht allzuviel zu tun hat.

Zwölf Jahre nach Genschers programmatischer Rede hat der konservative Bundespräsident Roman Herzog das liberale Zeitalter wiederentdeckt. »Mehr Freiheit, weniger Steuern. Bundespräsident Roman Herzog über die Zukunft der sozialen Marktwirtschaft« titelte die *Wirtschaftswoche* Mitte Juni 1997. Dieser hatte schon zwei Monate zuvor im neuen Berliner Luxushotel Adlon appelliert, daß ein Ruck durchs Land gehen müsse, um den Reformstau zu lösen. Jetzt sagte er, daß »an heiligen Kühen herumgezwackt« werden müsse, und vermutete, daß »viele Bürger inzwischen einsichtiger sind als ihre Verbandsfürsten«. Herzog unterstellt, daß Reformen keine Verbesserungen, sondern vor allem Härten mit sich bringen.

Durch diese Art von Reform verheißt Herzog mehr Freiheit und weniger Steuern. Doch meint er nicht Freiheit *durch* soziale Sicherheit, sondern Freiheit *von* sozialer Sicherheit, sprich die Freiheit der Reichen und Superreichen, sich ihrer sozialen Verantwortung zu entledigen.

Über einen solchen Bundespräsidenten, der ein soziales Rentensystem schon deswegen nicht braucht, weil er sein Gehalt in Höhe von knapp 30 000 Mark als »Ehrensold« bis an sein Lebensende erhält, freut sich auch der FDP-Generalsekretär. Guido Westerwelle, Hauptautor des stramm neoliberalen neuen Grundsatzprogramms seiner Partei, will die BürgerInnen ohnehin vom »bevormundenden Fürsorgestaat befreien«, auf daß sie »ihre Angelegenheiten in Freiheit und Verantwortung selbst regeln«. Statt »Volkseigentum« will Westerwelle ein »Volk von Eigentümern«. Was er mit jenen macht, die kein Geld zum Erwerb von Eigentum haben, verrät Westerwelle nicht.

»Mehr Eigenverantwortung« sagen die Neoliberalen und meinen »mehr Eigenleistung«. Es geht nicht darum, daß die Versicherten die sozialen Sicherungssysteme verantwortlicher mitgestalten, sondern darum, die Unternehmen von ihren Sozialbeiträgen zu entlasten und diese den Versicherten »eigenverantwortlich« aufzubrummen. An der gesetzlichen Pflegeversicherung statuierten die Arbeitgeber ein Exempel. Deren paritätische Finanzierung konnte Bundesarbeitsminister Norbert Blüm nur durchsetzen, weil er den Unternehmen eine »Kompensation« zugestand und den Buß- und Bettag als arbeitsfreien Feiertag strich.

## Armut macht schlechte Zähne

Die Renten- und die Gesundheitsreform der Bundesregierung stehen für unterschiedliche Strategien, die Sozialversicherung Schritt für Schritt aus den Angeln zu heben. Während die gesetzliche Rentenversicherung auf eine nur noch die Existenz sichernde Rumpfversorgung zusammengeschmolzen werden soll, bereitet Gesundheitsminister Horst Seehofer dem Ausstieg der Arbeitgeber aus der paritätischen Finanzierung der gesetzlichen Krankenversicherung den Weg. Unter dem Titel »Kostendämpfung im Gesundheitswesen« legten schon seine VorgängerInnen die Grundlagen: Leistungen wurden gestrichen, Zuzahlungen eingeführt und erhöht. Seehofer selbst inszenierte sich in der Öffentlichkeit als David, der die Goliaths der mächtigen Medizin- und Pharmalobby das Fürchten lehrt. Doch 1997 setzte er eine sogenannte dritte Stufe der Gesundheitsreform ins Werk, die faktisch das Ende der paritätisch finanzierten gesetzlichen Krankenversicherung bedeutet.

Je nach Packungsgröße müssen Kranke nun neun, elf oder 13 Mark selbst bezahlen und damit jedes fünfte Arzneimittel selbst kaufen, weil es billiger ist als die Rezeptgebühr. Das belastet vor allem chronisch Kranke. Seehofer könnte statt dessen den explodierenden Arzneimittelkosten durch eine Positivliste wirksamer Medikamente und die Zulassung von Reimporten in Deutschland hergestellter und im Ausland preiswerter verkaufter Arzneimittel Herr werden. Doch er kapituliert vor der Pharmaindustrie und bittet die Patienten zur Kasse.

Seehofer könnte außerdem die Beitragsbemessungs- und Versicherungspflichtgrenze anheben. Die liegt 1997 bei einem Bruttoverdienst von 6150 Mark monatlich im Westen und 5325 Mark im Osten und bewirkt, daß Besserverdienende zu einem günstigeren als dem offiziellen Beitragssatz versichert sind. Die Erhöhung auf den Wert der Rentenversicherung (8200 und 7100 Mark) würde den gesetzlichen Krankenkassen finanziell Luft verschaffen. Statt dessen knebelt der Gesundheitsminister die Kassen, indem er Beitragserhöhungen an höhere Zuzahlungen koppelt.

Statt noch größeren Wert auf Gesundheitsaufklärung und Prävention zu legen und damit langfristig für geringere Kosten zu sorgen, streicht Seehofer diese Aufgabe der gesetzlichen Krankenversicherungen. Statt Zahnpflege und regelmäßige Vorsorge durch höhere Leistungen zu belohnen, schließt er den Zahnersatz für jene, die nach 1978 geboren sind, aus dem Leistungskatalog der Krankenkassen aus. Hier wird sich in den nächsten Jahren besonders kraß zeigen, daß Gesundheit künftig vom Geldbeutel abhängt. Die Armen kann man dann an schlechten Zähnen erkennen.

Die Krankenkassen werden in einen ruinösen Wettbewerb gezwungen. Was so schön als »Wahlfreiheit« zwischen den gesetzlichen Krankenkassen inszeniert ist, wird sich als Polarisierung zwischen billigen Versicherungen mit »guten Risiken« und teuren mit »schlechten Risiken« erweisen. Denn der Freiheit der Versicherten, die Krankenkasse zu wählen, steht die Freiheit der Krankenkasse gegenüber, BewerberInnen abzuweisen. Wer jung und gesund ist, kann zu günstigeren Krankenkassen wechseln, Ältere müssen bei den teuren bleiben und verschlechtern deren Kalkulationsbasis weiter. Auch die als Belohnung für gesunde Lebensweise gedachte Beitragsrückerstattung weicht das Solidarprinzip auf und verlagert die Kosten auf die Kranken. Während bisher alle die gleichen Beitragssätze hatten, können nun Menschen, die in einem Jahr nicht krank waren, Geld zurückbekommen.

Wenn es nach der FDP und den Unternehmerfunktionären geht, sollen sich gesetzlichen Krankenversicherungen auf das »medizinisch Notwendige« konzentrieren. Diese Floskel suggeriert, daß bisher auch Leistungen bezahlt werden, die nicht medizinisch notwendig sind, und daß diese Anspruchshaltung der Versicherten – nämlich für jedes Zipperlein zum Arzt zu rennen und sich ein Mittelchen verschreiben zu lassen – die Kostenexplosion verursacht habe. Inzwischen hat der ehemalige Chef des Bundesverbandes der Deutschen Industrie (BDI), Tyll Necker, gefordert, »Bagatellerkrankungen« und kurzzeitige Arbeitslosigkeit überhaupt nicht mehr zu versichern.[11]

Die wahren Ursachen steigender Kosten werden wohlweislich verschwiegen: Die Gesellschaft wird immer älter. Ältere Menschen sind häufiger, länger und schwerer krank als jüngere. Aufwendigere medizinische Apparate und Behandlungsmethoden tun ein übriges. Statt über eine solidarische Finanzierung dieser absehbaren Entwicklung zu sprechen, verabschiedet sich die Wirtschaft aus ihrer Verantwortung. Wer Wert auf einen umfassenden Krankenversicherungsschutz legt, muß sich privat versichern oder zumindest eine Zusatzversicherung abschließen.

## Minirente auf Sozialhilfeniveau

Verkehrte Welt: Bei der gesetzlichen Krankenversicherung wird über die demographische Entwicklung und höhere Lebenserwartung überhaupt nicht geredet, obwohl sie eine der Hauptursachen für steigende Kosten ist. Mit dem Verweis auf Zipperlein, die nicht behandelt werden müßten, läßt sich halt besser Stimmung machen. Bei der Rentenversicherung werden die vielen Älteren zum Grundübel erklärt, obwohl die Finanzierung der Rentenversicherung mit der Altersstruktur der gesamten Bevölkerung wenig, mit dem quantitativen Verhältnis zwischen Beitragszahlern und Rentenbeziehern und dem erwirtschafteten Volkseinkommen aber um so mehr zu tun hat. Beamtinnen, Beamte, FreiberuflerInnen und Scheinselbständige in die Rentenversicherung einbeziehen und Massenarbeitslosigkeit bekämpfen, hieße daher die wichtigste Rentenreform. Statt dessen dient der Verweis auf die demographische Entwicklung dazu, die scheinbar naturgesetzliche Unausweichlichkeit von Kürzungen und privater Vorsorge zu belegen.

Mit einer geschickt inszenierten Debatte haben die Regierungsparteien Anfang 1997 ihre Ziele vernebelt. Mit Pauken und Trompeten gingen der sächsische Ministerpräsident Kurt Biedenkopf (CDU) und sein Lieblingsprofessor Meinhard Miegel mit ihrem Konzept einer steuerfinanzierten Grundrente und privater Vorsorge statt der bisherigen gesetzlichen Rentenversicherung unter. Mit ebensoviel Trara setzten sich Bundesrentenminister Norbert Blüm und seine zwei Rentenkommissionen mit ihrer Idee durch, die Rentenformel um eine demographische Komponente zu erweitern, welche die RentnerInnen mit einer niedrigeren Versorgung für ihre längere Lebenserwartung bestraft. Das Rentenniveau soll Schritt für Schritt von 70 auf 64 Prozent sinken. Außerdem müssen ArbeitnehmerInnen, die vor dem 65. Lebensjahr in Rente gehen, in den nächsten Jahren steigende Abschläge von bis zu 18 Prozent in Kauf nehmen. Ausbildungszeiten und die ersten Beitragsjahre werden bei der Rentenberechnung weniger berücksichtigt.

Mit dieser Reform schlägt Blüm genau jene Richtung ein, die Biedenkopf vorgibt, nur nicht steuer-, sondern beitragsfinanziert. Künftig müssen durchschnittlich verdienende ArbeitnehmerInnen knapp 30 Jahre arbeiten, um mit ihrer Rente das Sozialhilfeniveau zu überschreiten. Angesichts von Massenarbeitslosigkeit und »gestückelten« Erwerbsverläufen ein immer schwierigeres Unterfangen.

Wer im Alter seinen Lebensstandard annähernd halten will, muß eine private Renten- oder Lebensversicherung abschließen. Damit hat sich der Obergrüne Joschka Fischer schon abgefunden und plädiert für eine zweite kapitalfinanzierte Säule zur Finanzierung der sozialen Sicherungssysteme. Die großen Versicherungskonzerne bereiten sich darauf vor. Zum Beispiel die Allianz: Den Geschäftsbericht 1996 schmückt ein Gemälde aus dem

17. Jahrhundert, das eine Familie mit fünf Kindern zeigt. Wenige Seiten weiter findet sich das Foto einer modernen Kleinfamilie mit nur einem Kind. Die für die Allianz entscheidende Frage: »Wird der Junge bereit sein, für die Rente seiner Elterngeneration aufzukommen? Um den Lebensstandard der Bevölkerung im Alter finanzierbar zu halten, ohne daß es zu sozialen Brüchen kommt, muß die private Vorsorge gefördert und gestärkt werden.« Die Versicherungskonzerne wittern einen riesigen Markt: »Wird der steigende Konsumbedarf der Rentner durch höhere Zwangsabgaben im Rahmen eines staatlich organisierten Umlageverfahrens oder durch zusätzliche Sparleistungen auf dem Wege der privaten Altersvorsorge finanziert?« Die Antwort von Allianz und Co. ist klar: »Die Allianz ist weltweit als Anbieter von Altersversorgungssystemen präsent und baut ihre Position auf diesem Wachstumsmarkt kontinuierlich aus«, heißt es im Geschäftsbericht. Von der Umstellung des hälftigen Umlage- auf ein Kapitaldeckungsverfahren versprechen sich die globalen Finanzmärkte Milliardengeschäfte. In den Planungen der Deutschen Börse AG für die Expansion des Finanzplatzes Frankfurt ist die Umstellung des Rentensystems am Beginn des nächsten Jahrtausends bereits eingeplant.[12]

Doch die private Vorsorge nach dem Kapitaldeckungsverfahren als Allheilmittel gegen eine überalterte Bevölkerungsstruktur ist Augenwischerei. Jedes Alterssicherungssystem muß mit der demographischen Entwicklung kalkulieren. Das Problem der privaten Versicherungen wird darin bestehen, daß große Kapitalanlagen aufgelöst werden müssen, wenn die geburtenstarken Jahrgänge Anfang des nächsten Jahrhunderts ins Rentenalter kommen. Dieses Geld wird dem Kapitalmarkt entzogen, was Zinsen, Preisniveau und Wachstumsrate negativ beeinflußt.

Die BefürworterInnen der privaten Altersvorsorge verschweigen, daß sich nur ein kleiner Teil der Beschäftigten überhaupt eine private Rentenversicherung in nennenswertem Umfang leisten kann. Der Rest wird, statt mit einem »Alterslohn für Lebensleistung« belohnt zu werden, mit einer Minirente auf Sozialhilfeniveau abgespeist.

## Mehr Sozialabbau wagen

Heute heißt die politische Leitlinie unausgesprochen »Mehr Sozialabbau wagen«. Die Bundesregierung probiert, wieviel Ellenbogen unsere Gesellschaft verträgt, ohne daß sie außer Kontrolle gerät, und wagt sich dabei immer weiter vor. Die Liste ist lang: Das Beschäftigungsförderungsgesetz von 1985 ermöglichte Befristungen auf 18 Monate und eine Ausdehnung der Leiharbeit. 1986 wurde in Paragraph 116 des Arbeitsförderungsgesetzes (AFG) das gewerkschaftliche Streikrecht eingeschränkt. »Kalt Ausgesperrte«, also Beschäftigte in Betrieben, die mangels Nachschub aus bestreikten Werken nicht produzieren können, erhalten seitdem kein Kurzarbeitergeld mehr. 1988 und 1989 begann die Bundesregierung mit Zahlenkosmetik: Aus den Arbeitslosenstatistiken werden jene herausgefiltert, die sich beim Arbeitsamt nicht mehr regelmäßig melden, die krank sind, die wegen ihres Alters Leistungen zu erleichterten Bedingungen beziehen und die zum zweiten Mal eine »zumutbare« Beschäftigung ablehnen. 1992 wurde mit der zehnten AFG-Novelle das Entgelt für ABM unter das jeweilige Tarifniveau gedrückt und im Rahmen des »zweiten Gesetzes zur Umsetzung des Spar-, Konsolidierungs- und Wachstumsprogramms« das Schlechtwettergeld auf dem Bau ab 1996 gestrichen. 1994 setzte das Beschäftigungsförderungsgesetz das Tarifdumping fort. 1996 gewann der Sozialabbau eine neue Qualität: Mit dem »Programm für mehr Wachstum und Beschäftigung« schränkte die Bundesregierung die gesetzliche Lohnfortzahlung auf 80 Prozent ein. Der Kündigungsschutz in Unternehmen mit bis zu zehn Beschäftigten wurde abgeschafft, die Sozialauswahl bei betriebsbedingten Kündigungen eingeschränkt. Damit ist fast alles, was Albrecht, Genscher und Co. Anfang der 80er Jahre gefordert haben, umgesetzt.

Kontinuierlich hat die Bundesregierung die Leistungen der Arbeitslosenversicherung abgebaut, arbeitsmarktpolitische Programme gestrichen und dazu mißbraucht, die Tarifautonomie durch untertarifliche Bezahlung zu torpedieren. Mehrfach wurde der Kreis der Leistungsberechtigten eingeschränkt, die Leistungen gekürzt, Zumutbarkeitsregelungen verschärft, bis hin zur Einführung von Arbeitsdiensten für Arbeitslose im Arbeitslosenhilfereformgesetz von 1996 und dem Arbeitsförderungsreformgesetz von 1997. Damit wurde dem Niedriglohnsektor der Boden bereitet, der es jetzt erlaubt, mittels des Lohnabstandsgebots die Sozialhilfe weiter zu kürzen.

Die gewerkschaftlichen Erfolge bei der Arbeitszeitverkürzung in den 80er Jahren versuchen Wirtschaft und Bundesregierung ebenfalls zurückzudrehen. Nach einer Reform des Arbeitszeitgesetzes von 1996 sind 60-Stunden-Wochen prinzipiell wieder möglich, wenn sie innerhalb eines halben Jahres auf 48 Stunden ausgeglichen werden. Es folgte der Angriff auf die tariflichen Wochenarbeitszeiten. In vielen Bundesländern müssen die StaatsdienerInnen bereits wieder 40 Stunden arbeiten, ohne Gehaltsausgleich versteht sich, obwohl kürzere Arbeitszeiten mit Zugeständnissen bei der Einkommensanpassung erkauft worden waren.

Doch das reicht dem niedersächsischen Wirtschaftsstaatssekretär Alfred Tacke (SPD) noch nicht: Es gelte, sich an den niedrigeren Kostenstrukturen in den USA zu orientieren, in vier bis fünf Jahren an denen Südostasiens. Wie das aussehen soll, weiß der ehemalige Gewerkschaftssekretär, der sich gern als »Kopf hinter Ministerpräsident Gerhard Schröder« vorstellen läßt, auch: Wenn es bei Microsoft in den USA möglich ist, ArbeitnehmerInnen mit zwei Wochen Jahresurlaub bei 65 Wochenstunden zu beschäftigen, müsse das auch in Deutschland möglich sein.[13] Wir dürfen getrost davon ausgehen, daß der Sozialdemokrat sich solche Provokationen nicht ohne Unterstützung seines Vormannes erlaubt. Das Enfant terrible der SPD befindet sich auf dem neoliberalen Trip und läßt offensichtlich von einem »Bauchredner« testen, was er seinen Genossinnen, Genossen und WählerInnen zumuten kann. Schröder träumt wohl von einer Karriere als deutschem Tony Blair, der seine neoliberale Politik auch nur ein wenig sozial abfedert.

Eine erste große Niederlage mußten Bundesregierung und Arbeitgeber beim Thema Entgeltfortzahlung einstecken. Trotz massiver Proteste kürzte der Bundestag im Herbst 1996 zwar den Lohn für Kranke auf 80 Prozent. Auf die Aufforderung der Arbeitgeberverbände an ihre Mitglieder – vor allem in der Metallindustrie –, das Gesetz sofort umzusetzen und damit die Tarifverträge zu brechen, ging ein Aufschrei durch die Betriebe. Bei Daimler-Benz mußte Rambo-Manager Jürgen Schrempp, der sich als Speerspitze wider die soziale Sicherheit aufspielte, nach tagelangen Streiks klein beigeben. In vielen Branchen gelang es in der Folge, die 100prozentige Entgeltfortzahlung tarifvertraglich zu sichern, wenn auch mit erheblichen Abstrichen beim Weihnachts- und Urlaubsgeld.

Das ist kein Umbau des Sozialstaats mehr, wie viele PolitikerInnen bis hin zum Bundespräsidenten glauben machen wollen. Roman Herzog findet: »Es wäre schon hilfreich, wenn nicht jede Debatte über sozialen Umbau gleich als Demontage des Sozialstaats diffamiert würde.«[14] Der FDP-Vorsitzende Wolfgang Gerhard wird deutlicher: Die klassische deutsche Sozialpolitik habe die Beschäftigung aus dem Blick verloren. Diese werde heute von alten sozialen Sicherungssystemen blockiert.[15] Der Sozialstaat nicht als Lösung, sondern als Problem. Also weg damit. Ein ganz anderes Gesellschaftsmodell soll her. Der rheinische Kapitalismus soll dem anglo-amerikanischen Marktradikalismus und Neoliberalismus Platz machen, der den shareholder value verabsolutiert. Der Staat soll lediglich die besten Wettbewerbsvoraussetzungen schaffen und sich damit einem ruinösen Steuersenkungs- und Sozialabbauwettbewerb aussetzen. »Immer deutlicher zeichnet sich ab, daß das Wettrennen der verschiedenen nationalen Unternehmen und der internationalen und multinationalen Konzerne um Marktvorteile letztlich von denjenigen gewonnen werden wird, die am schnellsten, umfassendsten, raffiniertesten und skrupellosesten die Naturschätze unserer Erde und einen Teil ihrer Bewohner auszuplündern vermögen«, kritisiert die Vereinigung Deutscher Wissenschaftler in einer Replik auf die 97er Brandrede des Bundespräsidenten Roman Herzog im Hotel Adlon.[16]

Die gesellschaftlichen Kosten dieses Kurses sind immens. Immer mehr Menschen werden aus dem sich ständig schneller drehenden Wettbewerbskarussell herausgeschleudert und finden sich verarmt und ohne Perspektive außerhalb der Wohlstandsgesellschaft wieder. Das ist nicht nur ein humanitärer, sondern auch ein volkswirtschaftlicher Skandal. 1996 kostete die passive Finanzierung von Arbeitslosigkeit fast 159 Milliarden Mark. Beschäftigungsförderung würde diese Kosten senken, zum Beispiel weil sich Arbeitsbeschaffungsmaßnahmen zu 70 Prozent selbst finanzieren, wenn Steuern, Abgaben und die gesamtwirtschaftliche Wertschöpfung eingerechnet werden.[17] Das Institut für Arbeitsmarkt- und Berufsforschung (IAB) in Nürnberg warnt davor, daß jeder Arbeitslose mehr den Staat 40 000 Mark Mehrausgaben und Steuermindereinnahmen koste, zumal »wenn der Konsolidierungskurs des Staates noch stärker dämpfend wirkt«.[18] Die Kürzung der Lohnfortzahlung würde, könnte sie denn umgesetzt werden, die Beschäftigten 15 Milliarden Mark kosten, Geld, das unmittelbar der Kaufkraft verloren geht,[19] die 1997 nach Schätzung des DGB ohnehin um etwa 1,8 Prozent sinken wird. Und dies, obwohl Wirtschaftsexperten darauf verweisen, daß die derzeitige Konjunktur nur vom Export gestützt werde und die Binnennachfrage lahme.

Obwohl die Bundesregierung fast das gesamte neoliberale Programm vom Anfang der 80er Jahre umgesetzt hat, reicht es der Bundesvereinigung der Deutschen Arbeitgeberverbände (BDA) immer noch nicht. Einschnitte beim Kündigungsschutz und bei der Lohnfortzahlung seien »erst der Anfang des Notwendigen« sagte BDA-Präsident Dieter Hundt im Sommer 1997. Auf die fehlenden Jobeffekte angesprochen, behauptete er, daß ohne die beiden Novellen noch mehr Arbeitsplätze abgebaut worden wären.[20]

## Weg mit dem System

Der Präsident des Bundesverbandes der Deutschen Industrie, Hans-Olaf Henkel, begnügt sich nicht mehr mit Sozialabbau. Er will das gesamte politische System stramm auf globale Wettbewerbsfähigkeit ausrichten. Die Regierung quasi als Stabsabteilung der Deutschen Bank. In der *Woche* stellte Henkel Anfang Juli 1997 die Frage, »ob ein Land mit unserer föderalen Struktur, mit 16 Bundesländern, einem Verhältniswahlrecht, überhaupt eine Chance hat, sich so schnell zu verändern wie andere.« Mit seinen Angriffen auf die Tarifautonomie, also auf den Artikel 9 des Grundgesetzes, hatte Henkel schon früher gezeigt, daß er es mit der Verfassung nicht so genau nimmt. Doch was nun als Aufruf zur Verfassungsreform daherkommt, legt die Axt ans Grundgesetz. Mit dem föderalen System der Bundesrepublik, das er auf den Müllhaufen der Geschichte werfen will, pickt er sich nun ausgerechnet eines der auf »ewig« garantierten Prinzipien des Grundgesetzes heraus. Die Mütter und Väter der Verfassung wollten dadurch den mit zunehmender Zentralisierung einhergehenden Demokratieabbau verhindern. Kaum vorstellbar, daß der BDI-Chef diesen Tabubruch unbewußt beging. Mit der Organisation demokratischer Prozesse hat Henkel nicht viel am Hut. Er braucht schnelle Entscheidungen einer starken Zentralmacht.

# 13. Gürtel enger schnallen? Das soziale Netz des Managements

Stellen Sie sich vor, die im Kapitel »Wäschewechselhäufigkeit« erwähnte ungelernte Türkin verhandelte tatsächlich in eigener Regie über ihren Lohn, statt sich auf den Tarifvertrag der IG Metall zu verlassen. Stellen Sie sich weiterhin vor, sie forderte 12,1 Prozent mehr, einen einjährigen Lohnzuschuß zum Krankengeld (inklusive Zulagen), eine Pensionszusage von 50 Prozent ihres letzten Grundlohns (ohne eigene Beiträge), eine noble Abfindung bei Kündigung, eine kostenlose Monatskarte des Münchner Verkehrsverbundes für sich und ihren Mann, eine Unfallversicherung in Höhe von drei Jahreslöhnen, fünf übertarifliche Urlaubstage zusätzlich, kostenlose Weiterbildung, einen jährlichen Gesundheitscheck auf Kosten von BMW, kostenlose Steuerberatung für den Lohnsteuerjahresausgleich und ein Wohnungsbaudarlehen in Höhe eines halben Jahreslohns, rückzahlbar in zehn Jahren mit Zinsen von zwei Prozent über dem Diskontsatz.

Das Urteil über die Frau würde irgendwo zwischen »unverfroren« und »völlig übergeschnappt« liegen. Schließlich müssen »wir alle« den Gürtel enger schnallen, weil der Standort Deutschland gefährdet ist. Deswegen müssen »wir« bei Lohn, Lohnfortzahlung, Kündigungsschutz und Renten Abstriche machen, um unsere Arbeitsplätze zu sichern. Weniger Geld und mehr Arbeit ist angesagt. »Jetzt geht's erst richtig los«, verkündete der Präsident des Bundesverbandes der Deutschen Industrie (BDI) und selbsternannte Tabubrecher, Hans-Olaf Henkel, nach der vom Gesetzgeber dekretierten Kürzung der Entgeltfortzahlung bei Krankheit im Sommer 1996.[1] Die Unternehmenslenker gehen natürlich mit gutem Beispiel voran. »Wir müssen in der Lage sein, auch Einschnitte in Besitzstände durchzusetzen, um die Wettbewerbsfähigkeit und unsere Arbeitsplätze zu retten«, erklärt zumindest der Chef der Arbeitgebervereinigung BDA, Dieter Hundt.[2]

Seine eigenen Besitzstände und seinen Arbeitsplatz kann der Mann nicht gemeint haben. Denn die – für Otto und Lieschen Normalverdiener als völlig überzogen geltenden Wünsche – sind gang und gäbe, zumindest in den Führungsetagen der Unternehmen am angeblich so gebeutelten Standort Deutschland. Einen Aufschlag von 12,1 Prozent gönnte sich 1996 der BMW-Vorstand. Die meisten anderen genannten Wohltaten zählt das *Manager Magazin* in einer Liste von Nebenleistungen in Managerverträgen auf.[3] Natürlich erwarten die Herren keine Monatskarte für den Verkehrsverbund, sondern einen Dienstwagen. Und die betriebliche Altersversorgung, Unfallversicherung und Wohnungsbaudarlehen gehen bei einem Jahresgehalt von rund 1,6 Millionen Mark erheblich mehr ins Geld als bei 35 000 Mark pro Jahr.

Im Herbst 1996 bliesen die Arbeitgeber zum Großangriff auf die Entgeltfortzahlung bei Krankheit. Nachdem die CDU/CSU/FDP-Koalition das Gesetz zur Kürzung der Fortzahlung durch den Bundestag gedrückt hatte, rief Gesamtmetall-Chef Werner Stumpfe seine Mitgliedsfirmen zum offenen Tarifbruch auf. Die Unternehmen sollten trotz anderslautender Tarifverträge den Beschäftigten die Lohnfortzahlung kürzen. »Wir müssen unseren Unternehmen eine Atempause gönnen«, tat Stumpfe kund. Als Ausputzer betätigte sich Daimler-Chef Jürgen Schrempp. »Ich nenne das glaubwürdiges, konsequentes Handeln«, verteidigte er den Vertragsbruch.[4] Doch der Plan ging schief. Die Herren in den Führungsetagen hatten die Wut und den langen Atem der Belegschaften unterschätzt.

Wenig glaubwürdig und konsequent ist angesichts solcher Kraftmeierei, daß die Daimler-Vorstände sich selbst die 100prozentige Gehaltsfortzahlung für ein volles Jahr gesichert haben. Auch Stumpfe bestand in einem anderen Fall auf strikter Einhaltung von Verträgen: Bei sich selbst nämlich. Er war als Personalchef mit dem gesamten Vorstand des Springer-Verlags Ende 1994 in die Wüste geschickt worden und kassierte dafür drei Millionen Mark Abfindung. Doch der Mann wollte mehr – 200 000 Mark entgangene freiwillige Tantieme.[5]

Über die eigene Gehaltsfortzahlung bei Krankheit reden die Konzernherren gar nicht gern. Vom *Stern* danach befragt, ließ der ehemalige Deutsche Bank-Chef Hilmar Kopper ausrichten, er habe nichts zu sagen, Puma-Chef Jochen Zeitz auch nicht, um den »Neidfaktor nicht aufzuheizen«[6]. Das macht neugierig: In der Tat brauchen Manager nicht zu darben, wenn sie mal darnieder liegen. Sechs Wochen Gehaltsfortzahlung haben sie sich einzelvertraglich gesichert. Danach sieben bis zwölf Monate – bei manchen sogar 24 Monate – lang einen Zuschuß, der das Krankengeld bis auf 100 Prozent des Nettogehalts aufstockt. Begründung: Das Krankengeld reiche nicht aus, um den gewohnten Lebensstandard aufrechtzuerhalten. In den ersten sechs Monaten bleiben auch die allgemeinen Tantiemen und andere Erfolgsbeteiligungen unberührt, während in den meisten neu abgeschlossenen Tarifverträgen zur Entgeltfortzahlung die Überstundenzuschläge aus der Berechnung herausgenommen wurden. Üblich ist es auch, daß die Angehörigen einige Zeit die Bezüge weiter bekommen, wenn der gestreßte Vorstand stirbt.

Vielleicht fürchten Manager Neider, ein schlechtes Gewissen haben sie auf jeden Fall nicht. Der Nestlé-Chef Helmut Maucher beteuert sogar, auf dem Krankenbett weiterzuarbeiten.

»Um das Sozialstaatsprinzip für die Zukunft zu sichern, bedarf es unverzüglich neuer Weichenstellungen in Richtung auf mehr Selbstverantwortung und privater Vorsorge«, fordert der Chef-Volkswirt der Deutschen Bank, Norbert Walter.[7] Seine Chefs im Vorstand des mächtigen Geldhauses, die Walters Werben sicherlich mit Wohlwollen verfolgen, haben sich und ihresgleichen von diesem Aufruf jedoch ausgenommen und lassen sich geradezu beamtenähnlich alimentieren. Die Deutsche Bank zahlt pro Jahr 12 Millionen Mark Pensionen an ehemalige Vorstandsmitglieder; insgesamt sind dafür 99,5 Millionen Mark zurückgestellt.[8] Die Pensionszusage der Manager bemißt sich zumeist nicht nach dem Lebenseinkommen, sondern nach dem letzten Grundgehalt. Davon gibt es 50 bis 75 Prozent. 300 000 Mark pro Jahr kommen da schnell zusammen. Während Volkswirt Walter davor warnt, daß in weniger als einem halben Jahrhundert ein Erwerbstätiger einen Rentner aushalten müsse, leisten sich die Konzernlenker, ohne eigene Beiträge zu bezahlen, Ruhegehälter, die denen von sechs DurchschnittsverdienerInnen oder 14 DurchschnittsrentnerInnen entsprechen.

Eine einzige Einschränkung müssen Manager bei ihrem Altersruhegeld in letzter Zeit allerdings doch hinnehmen: Bei neuen Verträgen gibt es die Pensionszusage erst nach der zweiten (in der Regel fünfjährigen) Vertragsperiode. Doch man kann ja – wie in der Politik – auf das Übergangsgeld ausweichen. Mit 30 bis 70 Prozent der zu erwartenden Pension können Vorruheständler rechnen.

Kündigungsschutz ist bei Managern kein Thema. Wer vorzeitig gefeuert wird, bekommt meist mindestens sein Gehalt für den Rest der Vertragsdauer ausgezahlt. Bisher unerreicht ist das Personalkarussell im Vorstand des Springer-Verlages. 1987 mußte Springer-Vizechef Günter Prinz seinen Hut nehmen und ließ sich das mit knapp 17 Millionen Mark vergolden. Als er seine Springer-Aktien, ein Prozent des Stammkapitals, verkaufte, kamen noch mal rund 19 Millionen Mark dazu. Der Clou: Vier Jahre später ließ sich Prinz wieder von seinem ehemaligen Arbeitgeber einstellen. Der ehemalige *Bild*-Chefredakteur war übrigens nicht gefeuert worden, sondern ging freiwillig, als er mit Springer-Chef Peter Tamm in Streit geriet und ihm der Flop der Zeitschrift *Ja* angelastet wurde.[9]

Auch wer ein ganzes Unternehmen gegen die Wand fährt und Tausende Arbeitsplätze gefährdet, fällt weich. Der ehemalige Chef des Bremer Vulkan, Friedrich Hennemann, hat zwar über 850 Millionen Mark öffentlicher Fördergelder für die maroden Ostwerften illegal an die Vulkan-Standorte im Westen Deutschlands umgelenkt und dem traditionsreichen Schiffbauer den Todesstoß versetzt. Er mußte dafür zwar seinen Hut nehmen und machte sogar für einige Tage Bekanntschaft mit dem Untersuchungsgefängnis, bis sein Rechtsanwalt sechs Millionen Mark Kaution aufgetrieben hatte. Doch auch Hennemann hat noch schnell zwei Millionen Mark Abfindung kassiert und darf fünf Jahre lang seinen Dienstwagen und seine Sekretärin behalten, während die Vulkan-Belegschaft in Bremen auf 20 Prozent ihres Lohnes verzichtete und in eine arbeitslose Zukunft blickt.

Der ehemalige Chef der Frankfurter Metallgesellschaft, Heinz Schimmelbusch, hatte sich mit Ölgeschäften in den USA reichlich verhoben, setzte sogar 1,3 Milliarden Mark in den Sand und gefährdete ebenfalls Tausende Arbeitsplätze. Dafür wurden er und sein Finanzvorstand Meinhard Forster zunächst fristlos gefeuert. Eine Schadenersatzklage über 25 Millionen Mark folgte. Nachdem Schimmelbusch seinerseits den MG-Aufsichtsrat und Deutschbanker Ronaldo Schmitz schwer belastet hatte – er habe in seinem Nebenjob primär die Interessen der Deutschen Bank und weniger die der Metallgesellschaft verfolgt –, zog der neue MG-Vorstand unter Kajo Neukirchen die Schadenersatzklage zurück. Aus dem fristlosen Rausschmiß wurde eine einvernehmliche Trennung mit einer Abfindung von 1,5 Millionen

Mark. Inzwischen geht Schimmelbusch seinen eigenen einträglichen Geschäften in den USA nach.

Auch Kajo Neukirchen weiß eine satte Abfindung zu schätzen. Über die 1,5 Millionen an seinen Vorgänger Schimmelbusch kann der ehemalige Chef des Hoesch-Konzerns nur lächeln. Er hatte sich 1990 für 1,5 Millionen Mark Jahressalär, eine Pension bereits nach fünf Jahren und eine Dienstvilla nach Dortmund locken lassen. Nach der überfallartigen Übernahme der Stahlkocher durch den Konkurrenten Krupp kaum ein Jahr später, stieg Neukirchen vorzeitig aus seinem Vertrag aus und ließ sich das Gehalt von 6,5 Millionen Mark für die restlichen vier Jahre bis zum Vertragsende auszahlen. Das Wohnrecht in seiner Dienstvilla und den Dienstwagen samt Fahrer bezifferte er auf 4,6 Millionen Mark und ließ sich den Betrag ebenfalls überweisen. Im Chefsessel von Hoesch hatte Neukirchen gerade mal zwölf Monate lang gesessen. Die stolze Ablöse rechtfertigt er dennoch als »Standardvertrag«.[10]

Eine Dienstvilla ist eher die Ausnahme, aber der Dienstwagen, selbstverständlich auch zur privaten Nutzung und häufig mit Fahrer, gehört zur Grundausstattung eines bundesdeutschen Geschäftsführers. Manche lassen auch den Zweitwagen der Gattin von der Firma bezahlen oder benötigen gar selbst ein zweites Auto.

Aber auch Vorstände haben Kürzungen zu gewärtigen, wie das *Manager Magazin* weiß: etwa die zweite Sekretärin für die private Post, den Gärtner für die Dienstvilla oder die Fahrbereitschaft für die Vorstandswitwe. Auch die Klimaanlage im Dienstwagen oder die Unfallversicherung müssen manche gebeutelte Manager inzwischen selbst bezahlen.

Immerhin kümmert sich das Unternehmen bisweilen um die standesgemäße Freizeitbeschäftigung und bezahlt dem Herrn Vorstand nebst Gattin den Golfclub. Stellen Sie sich vor, die türkische Hilfsarbeiterin verlangte, BMW solle ihr und ihrer Familie die Beiträge für den Turnverein oder die türkische Folkloregruppe erstatten.

# 14. Die Reichen müssen reicher werden! Umverteilung durch Steuerpolitik

1972 provozierte der Heidelberger Graphiker Klaus Staeck die Nation mit einem Plakat zur Bundestagswahl: »Die Reichen müssen noch reicher werden – wählt christdemokratisch!«. Nach über 15 Jahren christlich-liberaler Regierungszeit hat die Realität die Satire eingeholt. Noch nie trugen die Reichen und Superreichen so wenig zur Finanzierung der öffentlichen Haushalte bei wie Ende der 90er Jahre. Gleichzeitig forderte der Hamburger FDP-Politiker Hans-Joachim Widmann im Herbst 1996, die Einnahmen von Bettlern zu besteuern. Bettelei werde zunehmend zu einem »lästigen Gewerbe ohne Gewerbeerlaubnis«. »Ich bin dafür, daß die Polizei von den Bettlern die Personalien feststellt und ihnen umgehend einen Steuerbescheid über die hochgerechneten Einkünfte aus Bettelei zugestellt wird«, schwadronierte Widmann.[1]

Die Wirtschaftseliten wie auch konservative und liberale PolitikerInnen jammern, das deutsche Steuersystem sei leistungsfeindlich und vernichte Arbeitsplätze. Im Sommer 1997 sollte die »Große Steuerreform« das Wunder vollbringen, der Binnennachfrage Leben einzuhauchen und Arbeitsplätze zu schaffen. Eine Nettoentlastung von 30 Milliarden Mark hatte Bundesfinanzminister Theo Waigel versprochen. Doch das Vorhaben scheiterte am Widerstand der Opposition, die in dem Programm nichts anderes als ein gigantisches Projekt zur Umverteilung von unten nach oben zu erkennen vermochte.

Lediglich auf die Beseitigung der Gewerbekapitalsteuer konnte sich die Bonner Koalition mit den SPD-regierten Ländern einigen. Doch was da als notwendige Maßnahme zur Unterstützung klein- und mittelständischer Unternehmen verkauft wird, ist in Wirklichkeit Teil eins der geplanten Umverteilung. Nach Angaben des Deutschen Industrie- und Handelstages (DIHT) zahlen nur 54 Prozent der Unternehmen überhaupt Gewerbesteuer und nur zehn Prozent Gewerbekapitalsteuer. Das »Gewerbekapital« der meisten kleinen und mittelständischen Firmen liegt unter dem Freibetrag von 120 000 Mark. Konsequenz: Nicht der Mittelstand wird entlastet, sondern die »global players«, die sich ohnehin zunehmend ihrer Verantwortung für Arbeitsplätze und Steuern in Deutschland entziehen. Belastet wird die gesamte Bevölkerung, auch jene Gruppen, die überhaupt keine oder nur geringe direkte Steuern zahlen, also RentnerInnen, SozialhilfebezieherInnen und Arbeitslose. Denn die Gemeinden erhalten für ihren Einnahmeausfall von fast 46 Milliarden Mark eine Kompensation von 2,2 Prozent aus der Mehrwertsteuer, die dafür über kurz oder lang erhöht werden muß.

Die Bundesregierung ist mit ihrem Konzept zur Steuerreform gescheitert. Ihre Ziele änderten sich jedoch nicht: Sie will den Spitzensteuersatz senken, am liebsten von 53 auf 39 Prozent bei privaten Einkommen und von 47 auf 35 Prozent bei gewerblichen. Auch der Eingangssteuersatz für Einkommen bis zur Höhe von 18 035 Mark (Ledige) und 36 070 Mark (Verheiratete) soll gesenkt werden, nach dem Willen der Bundesregierung von 25,9 auf 15 Prozent.

Die Absenkung an beiden Enden der Steuertabelle weckt den Eindruck, als würden alle SteuerbürgerInnen gleichmäßig von dem versprochenen Geldsegen profitieren. Doch »quantitativ beläuft sich die geplante Entlastung der Hocheinkommensbezieher durch den reduzierten Spitzensteuersatz auf rund 28 Mrd. DM«, sagt Wiebke Störmann vom gewerkschaftsnahen Wirtschafts- und Sozialwissenschaftlichen Institut (WSI).[2] Von der Gesamtentlastung von 30 Milliarden bleiben für Normal- und GeringverdienerInnen nur zwei Milliarden Mark übrig. Bundesfinanzminister Theo Waigel würde pro Jahr nach Berechnungen des *Stern* um rund 40 000 Mark entlastet. Eine Krankenschwester im Tagesdienst, die, genau wie Waigel, Alleinverdienerin ist und zwei Kinder hat, hätte pro Jahr gut 660 Mark mehr in der Tasche. Ein lediger Ingenieur würde knapp 3 000 Mark gutmachen.[3] Ein Einkommensmillionär könnte seine Steuern um rund 135 000 Mark oder 25 Prozent verringern.

Gerechtfertigt werden die massiven Steuersenkungen mit dem Hinweis auf »Schlupflöcher«, die im Gegenzug gestopft werden sollen. Das klingt gut, weil es das Steuersystem vereinfachen und transparenter machen würde. Jeder denkt an Abschreibungsmöglichkeiten für Reiche, privat genutzte Geschäftswagen oder ähnliches. Doch konkret sind die Pläne von

CDU/CSU und FDP mal wieder nur bei Otto und Lieschen Normalverdiener.

Der Arbeitnehmerfreibetrag soll gesenkt werden – zu Lasten aller Beschäftigten, die sich am Jahresende nicht mit hohen Werbungskosten einen Teil der gezahlten Steuer zurückholen können.

Ökologisch sinnvoll ist es zwar, die Kilometerpauschale für Autos in eine Entfernungspauschale unabhängig vom Fortbewegungsmittel umzuwandeln, doch da die Pauschale gleichzeitig von 70 auf 40 Pfennig gekürzt werden soll, zahlen vor allem FernpendlerInnen drauf, die den Arbeitsplatz nur mit dem Auto erreichen. Ein bezahlbares und engmaschiges Netz öffentlicher Verkehrssysteme wird mit der Entfernungspauschale nicht geschaffen, um die PendlerInnen zum Umsteigen zu bewegen. (Im Gegenteil: Sinkende öffentliche Einnahmen verringern die Zuschüsse für den öffentlichen Personennahverkehr. Die Netze werden weiter ausgedünnt.)

Auch an der Besteuerung von Nacht- und Feiertagszuschlägen wollen die selbsternannten SteuerreformiererInnen festhalten. Das greift Schichtarbeiterinnen und -arbeitern, Feuerwehrleuten, Nachtschwestern und -pflegern, Klinikärztinnen und -ärzten wie auch EDV-Fachleuten in der Telekommunikationsindustrie tief in die Tasche. Stahlkocher, die im kontinuierlichen Schichtbetrieb rund um die Uhr arbeiten, müßten auf rund 450 Mark im Monat verzichten. Der *Stern* errechnete für einen Facharbeiter (verheiratet, zwei Kinder, Alleinverdiener) in Dauernachtschicht ein Minus von knapp 5 500 Mark im Jahr – trotz des niedrigeren Steuertarifs.[4]

Konservative und liberale PolitikerInnen schwätzen zwar davon, durch die Steuerreform die Leistungsbereitschaft zu erhöhen, sie wollen die Steuersenkungen aber ausgerechnet von jenen finanzieren lassen, die durch ihre Leistung wichtige Dienste auch nachts garantieren. Gleichzeitig schaffen sie die Vermögenssteuer ab. Fragt sich, wofür die Leistungsbereitschaft von Fürstin Gloria von Thurn und Taxis gefördert werden soll. Der Begriff »Leistung« wird in dieser Debatte völlig pervertiert. Bisher galt das Prinzip der Besteuerung nach Leistungsfähigkeit. Wer viel hat, soll der Gemeinschaft auch mehr geben. Die konservative und liberale Argumentation dreht diesen Grundsatz mit der Floskel von der Leistung, die sich wieder lohnen solle, einfach um. Die Besserverdienenden werden zu Leistungsträgern umdefiniert, die es zu entlasten gelte: Wer hat, dem wird gegeben.

Das WSI kam schon beim Referentenentwurf zur »Großen Steuerreform« im Frühjahr 1997 zu dem Schluß, »daß die geplanten Maßnahmen einen erneuten Versuch der Bundesregierung darstellen, Hocheinkommensbezieher zu Lasten der Bezieher unterer und mittlerer Einkommen zu begünstigen«.[5]

Geht es nach der Bundesregierung, dann bleibt es beim Aus für die Vermögenssteuer, auch wenn die Opposition deren Wiedereinführung fordert. Die Koalition hat die Maßnahme mit einem Urteil des Bundesverfassungsgerichts begründet. Doch dieses hat nicht die Vermögenssteuer für verfassungswidrig erklärt, sondern lediglich die ungleiche Besteuerung von Geldvermögen und Immobilien, die nicht nach ihrem tatsächlichen Marktwert, sondern nach dem wesentlich niedrigeren Einheitswert taxiert wurden. Statt diesen Mißstand zu beheben, schafften die christlich-liberalen SteuerpolitikerInnen 1997, im Jahr der größten Haushaltskrise und massivsten Eingriffe in die sozialen Sicherungssysteme in der Geschichte der Bundesrepublik, kurzerhand die gesamte Steuer ab. Der Ausfall von etwa 9,3 Milliarden Mark muß nun irgendwie refinanziert werden.

Wer immer in Bonn über eine Steuerreform nachdenkt, hat zur Gegenfinanzierung eine höhere Mehrwertsteuer im Sinn. Unklar ist nur die Begründung. Die Bundesregierung will damit Steuersenkungen für die Reichen bezahlen, die SPD möchte mit einer höheren Mehrwertsteuer die Lohnnebenkosten senken. Doch das sozialdemokratische Konzept klingt ganz nach Nullsummenspiel. ArbeitnehmerInnen – wie auch die Arbeitgeber – würden zwar niedrigere Sozialbeiträge zahlen. Aber eine höhere Mehrwertsteuer läßt unmittelbar die Preise steigen. Was die Beschäftigten am Monatsende also mehr in der Tasche haben, wandert sofort wieder nach Bonn, ohne daß sich die Kaufkraft erhöht. Außerdem trifft die Mehrwertsteuer alle VerbraucherInnen, also auch jene, die gar keine Steuern bezahlen, weil sie Arbeitslosenunterstützung, Sozialhilfe, Rente oder Bafög erhalten.

## Umverteilung mit System

Daß Besserverdienende begünstigt werden, ist im bundesdeutschen Steuersystem angelegt. Die Lohn- und Einkommensteuer der ArbeitnehmerInnen wird jeden Monat automatisch vom Bruttoentgelt abgezogen und vom Arbeitgeber ans Finanzamt überwiesen. Wer glaubt, zuviel Steuern gezahlt zu haben, muß versuchen, diese am Jahresende mit einer Einkommensteuererklärung zurückzuholen. Selbständige, FreiberuflerInnen, Unternehmen und Vermögende geben ihre Einkommensteuererklärung dagegen eigenständig ab und haben dabei einen weiten Gestaltungsspielraum. Dabei geht es nicht immer legal zu. Das WSI schätzt, daß nur etwa 55 Prozent der gewerblichen und Vermögenseinkommen korrekt angegeben werden, während dies bei Einkommen aus unselbständiger Arbeit zu etwa 90 Prozent der Fall ist.[6]

»Zwangssteuern«, denen man sich nicht entziehen kann, sind auch die indirekten Steuern, wie zum Beispiel die Mehrwertsteuer, Tabak- und Mineralölsteuer. Die Tabaksteuer umgeht, wer nicht raucht. Doch Mehrwert- und Mineralölsteuer zahlen alle VerbraucherInnen, ob sie nun ein Jahreseinkommen von 15 000 oder von 15 Millionen Mark haben. Mit anderen Worten: Das bundesdeutsche Steuersystem ist zweigeteilt: Zwangssteuern für ArbeitnehmerInnen und VerbraucherInnen, Gestaltungssteuern für Selbständige, Unternehmen und Vermögende.

»Ehe und Familie stehen unter dem besonderen Schutz der staatlichen Ordnung«, heißt es in Artikel 6.1 des Grundgesetzes. Aus diesem Auftrag leitet sich das steuerliche Ehegattensplitting ab. Das zu versteuernde Einkommen von verheirateten Paaren wird addiert und die Summe halbiert. Das lohnt sich besonders bei einer Hausfrauenehe oder wenn die Einkommensunterschiede sehr groß sind. Je mehr Geld der Hauptemährer verdient, desto lukrativer ist das Ehegattensplitting. Ein Ehepaar mit nur einem Verdienst spart bei einem Jahreseinkommen von 60 000 Mark etwa 4 700 Mark an Steuern, bei 180 000 Mark beträgt die Ersparnis schon 20 000 Mark.[7] Auf maximal 22 873 Mark ist der Splittingvorteil beschränkt. Mit Familie – also einer Lebensgemeinschaft mit Kindern – hat das Splitting nichts zu tun. Also müßte der Grundgesetzartikel 6.1 besser heißen: »Die Ehe der Besserverdienenden steht unter dem besonderen Schutz der staatlichen Ordnung.«

Auch mittels der Kinderfreibeträge werden reiche Familien besonders fürsorglich behandelt. 576 Mark pro Kind und Monat können steuerpflichtige Eltern steuermindernd ansetzen. Geschiedene und Alleinerziehende erhalten den halben Satz. Das Kindergeld von je 220 Mark für die ersten beiden Kinder, 300 für das dritte und 350 für jedes weitere wird jedoch angerechnet. Der Kinderfreibetrag wirkt sich erst dann aus, wenn die Steuerersparnis das ausgezahlte Kindergeld übersteigt. Das ist nur bei den zehn Prozent reichsten steuerpflichtigen Eltern der Fall. Diese bekommen für ihre Kinder mehr Geld vom Staat als alle anderen.

Durch eine Unzahl von Schlupflöchern und Steuerprivilegien ist das deutsche Steuersystem nicht nur unübersichtlich geworden. Es bietet gerade Menschen mit Spitzenverdiensten vielfältige legale Möglichkeiten, sich um ihre Steuerpflicht zu drücken. Der Masse der SteuerbürgerInnen sind solche Tricks zumeist verschlossen, weil sie nicht genügend Geld dafür haben. Konsequenz: Von 1980 bis 1996 wuchs der Anteil der Lohnsteuern am gesamten Steueraufkommen von 30 auf 33,6 Prozent. Die Selbständigen und die Unternehmen dagegen liefern einen immer kleineren Obolus ab. Alle Kapital- und Gewinnsteuern zusammen, also veranlagte Einkommensteuer, Körperschafts-, Gewerbe-, Kapitalertrags- und Vermögenssteuer, machten 1980 noch 26 Prozent aus. Bis 1996 sank ihr Anteil auf 16,7 Prozent aller Steuereinnahmen ab.

Dabei helfen bisweilen sogar Finanzbeamte mit. Der Leiter der Steuerabteilung im Stuttgarter Finanzministerium, Rudi Märkle, plapperte nicht nur Anfang 1997 leutselig am Stammtisch aus, daß die Steuerfahndung ein Auge auf den Konzertveranstalter Matthias Hoffmann (»Die drei Tenöre«) geworfen hatte. Der oberste Steuerbeamte ist auch seit Jahren gegen Honorar Steuerberatern, Selbständigen oder Bankangestellten mit Tips und Kniffen im Steuerdschungel zu Diensten. Ein Umstand, den Märkles Chef Gerhard Mayer-Vorfelder, nicht weiter anstößig findet. Die Vortragstätigkeit seines Untergebenen falle nicht unter die genehmigungspflichtigen Nebentätigkeiten, verkündete »MV« im Stuttgarter Landtag.[8] Schon bei der Steueraffäre um die Tennisspielerin Steffi Graf und ihren Vater Peter konnte sich der Finanzminister nur mühselig des Verdachts erwehren, sein Ressort habe den Tennisvater insgeheim protegiert.

**Steueraufkommen nach Steuerarten***

| | 1980 | 1985 | 1990 | 1995 | 1996 |
|---|---|---|---|---|---|
| Lohnsteuer | 30,5 | 33,8 | 32,3 | 34,5 | 33,6 |
| Mehrwert-/ Umsatzsteuer | 25,6 | 25,1 | 26,9 | 28,7 | 31,8 |
| Veranlagte Einkommensteuer | 10,1 | 6,5 | 6,6 | 1,7 | 1,6 |
| Körperschaftssteuer | 5,8 | 7,3 | 5,5 | 2,2 | 3,9 |
| Gewerbesteuer | 7,7 | 7,0 | 7,1 | 5,2 | 6,1 |
| Kapitalertragssteuer | 1,2 | 1,4 | 2,0 | 3,6 | 3,4 |
| Vermögen-/ Erbschaftssteuer | 1,5 | 1,3 | 1,7 | 1,4 | 1,2 |
| Gesamtsteueraufkommen in Mrd. DM | 365 | 437,2 | 549,7 | 814 | 747 |

Quelle: Deutsche Bundesbank

* Angaben in Prozent

Wer von seinem Vermögen lebt, hat es bei uns gut. Er muß lediglich Dividenden, Zinsen und Mieteinnahmen versteuern. Deutschland gehört zu den wenigen Ländern, in denen Gewinne aus Aktien- und Immobilienspekulationen nach einer bestimmten Frist steuerfrei sind. Die gewaltigen Vermögenszuwächse durch den Kursanstieg im Jahre 1997 bleiben beim Verkauf der Aktien also unversteuert.

Darüber hinaus können Vermögende ihre Steuern durch vielerlei Finanzanlagen mindern. »Kapitalerträge – steuerfrei ins Ziel« titelte *Capital* im Januar 1996. Auch der Staat bietet Steuersparmodelle: etwa Sonderabschreibungsmöglichkeiten beim Kauf von Immobilien in Ostdeutschland. Über einige dieser Modelle lassen sich derartig hohe »negative Einkünfte« erzielen, daß sich selbst Zahnärzte und Rechtsanwälte jeglicher Steuerzahlung entledigen können.

Unternehmen haben die Möglichkeit, die in einem Jahr entstandenen Verluste auf die nächsten Jahre zu übertragen und mit den dann anfallenden Gewinnen steuermindernd zu verrechnen (Verlustvorträge). Internationale

Konzerne gestalten ihre internen Verrechnungspreise derart, daß in Deutschland wenig Gewinne, in anderen Ländern mit geringeren Steuerquoten aber um so höhere Erträge anfallen. In den letzten Jahren haben sich mehrere EU-Länder an einem wahren Steuerdumpingwettbewerb beteiligt, zum Beispiel Belgien, Irland, aber auch Frankreich und die Niederlande. Nach Meinung des leitenden Ministerialrats im Finanzministerium von Nordrhein-Westfalen, Hans-Georg Grigat, beruhen die speziellen Steuerregelungen »mehr oder weniger übereinstimmend auf dem Prinzip, international mobiles Kapital durch Sonderkonditionen anzulocken«.[9]

Solche Steuersonderzonen sind die belgischen Coordination Center, in Belgien angesiedelte Finanzierungsgesellschaften deutscher Konzerne, die Kredite in Milliardenhöhe an deren deutsche Konzerngesellschaften vergeben. Die Zinslasten mindern als Betriebsausgaben des Konzerns in Deutschland die Steuern. Die riesigen Gewinne der Finanzierungsgesellschaft in Belgien bleiben dagegen fast steuerfrei. »Es findet nämlich keine tatsächliche bilanzielle Gewinnermittlung statt; vielmehr wird der Gewinn der Finanzgesellschaft pauschal durch Anwendung eines Aufschlages von zur Zeit 3 vH auf die Geschäftsführergehälter ermittelt. Diese geradezu skurrile Größenordnung wird sodann als der steuerliche Gewinn der Finanzgesellschaft angesehen«, resümiert Grigat.[10]

Konzernen gelingt es mehr und mehr, ihre Steuerschuld in Deutschland zu drücken. Einige Top-Unternehmen haben ihre Steuerzahlungen von 1991 bis 1995 im Verhältnis zum Ertrag halbiert. Die Ertragssteuerquote[11] der Siemens AG sank von 47,6 auf 19,9 Prozent, bei der MAN AG von 50 auf 24,1 Prozent und bei der ABB AG sogar von 46,7 auf 12,9 Prozent.[12] Der Anteil der Körperschaftssteuer am gesamten Steueraufkommen sank von 5,5 Prozent im Jahr 1990 auf 3,9 Prozent 1996.

Der Euro wird es sowohl Unternehmen als auch Privatpersonen noch leichter machen, die Steuervorteile einzelner EU-Länder auszunutzen. Solange sich die EU nicht auf eine Koordinierung der Steuergesetzgebung einigt, ist zu befürchten, daß die Reichen und Superreichen ein beständig schrumpfendes Scherflein zur Finanzierung öffentlicher Aufgaben beitragen werden.

Als eine Art informelle Steuersenkung für die oberen Zehntausend kann wohl die personelle Unterbesetzung der Finanzbehörden gelten. Die gesetzlich vorgeschriebenen Betriebsprüfungsintervalle werden um ein Mehrfaches überschritten. Da mittlere Firmen nur etwa alle zehn Jahre mit einer Betriebsprüfung rechnen müssen, nehmen sie gewisse Risiken in Kauf. Bei Selbständigen tauchen die SteuerprüferInnen etwa alle 32 Jahre auf, kaum je einmal in einem aktiven Erwerbsleben. Auch wenn die Bundesländer die Zahl der BetriebsprüferInnen und SteuerfahnderInnen in den letzten Jahren massiv aufgestockt haben, reicht die Kapazität nicht aus, um auch nur annähernd allen Steuersündern auf die Spur zu kommen. Nach Schätzung der Steuergewerkschaft gehen dem Fiskus pro Jahr etwa 130 Milliarden Mark durch die Lappen, das entspricht mehr als einem Viertel des Bundeshaushalts.

Das ist auch dem Hamburger CDU-Politiker Ole von Beust zuviel. Doch mehr Personal möchte er deswegen nicht einstellen – der schlanke Staat als Selbstzweck. Statt dessen schlug von Beust vor, SteuerberaterInnen und WirtschaftsprüferInnen in der Steuerfahndung einzusetzen.[13] Man stelle sich vor: Der Steuerberater kommt in den Betrieb, um die korrekte Steuererklärung zu überprüfen. Am Ende läßt er seine Visitenkarte da mit dem Hinweis: »Das nächste Mal kommen Sie *vor* der Steuerprüfung zu mir. Dann müssen sie weniger zahlen!«

Für die Fehlbesetzung in den Finanzbehörden gibt es keine plausible Begründung. In keinem anderen öffentlichen Bereich macht sich ein Beschäftigungsprogramm derart schnell bezahlt. Jeder Steuerfahnder treibt für den Staat ein Vielfaches seines Gehalts an Steuernachzahlungen ein. Warum also nicht die Zahl der BetriebsprüferInnen und SteuerfahnderInnen verdoppeln?

## Ganz legale Steuertricks

Es gibt Anwälte, Ärzte und Architekten, die trotz eines Jahreseinkommens von einer halben Million keine Steuern zahlen, und das ganz legal. Der so heftig diskutierte Spitzensteuersatz von 53 Prozent für private Einkommen steht nur auf dem Papier: Der Rechnungshof von Baden-Württemberg hat hochgerechnet, daß Menschen mit einem zu versteuernden Jahreseinkommen von 250000 Mark durchschnittlich 25 Prozent Steuern zahlen.

Einkommensmillionäre kommen auf etwa 42 Prozent.[14] Mit ganz legalen Steuertricks gelingt es den Reichen und Besitzenden ohne große Schwierigkeiten, ihren Steuersatz zu drücken. Über Investitionen in Immobilien, insbesondere in Ostdeutschland, werden Verluste geltend gemacht, die per Sonderabschreibung mit dem Einkommen verrechnet werden und die Steuerschuld mindern.

Wie hoch die Verluste für den Staat durch derartige Steuergeschenke sind, läßt sich schwer abschätzen. Das unternehmerfreundliche Ifo-Institut ermittelte, daß allein bei den freien Berufen im Jahr 1989 Verluste – in der Sprache der Finanzbeamten negative Einkünfte genannt – von 8,9 Milliarden Mark geltend gemacht wurden, davon der größte Teil aus Steuerabschreibungsmodellen für Immobilien.

## Steuermindernde Verluste

| Berufsgruppe | Negative Einkommen* | davon aus Vermietung und Verpachtung* |
|---|---|---|
| Summe darunter: | 8 900 | 6 380 |
| Ärzte | 1 950 | 1 560 |
| Zahnärzte | 870 | 680 |
| Architekten | 760 | 510 |
| Rechtsanwälte, Notare | 690 | 500 |
| Steuerberater | 610 | 490 |
| sonstige Steuerpflichtige mit überwiegenden Einkünften aus freien Berufen | 3 010 | 2 010 |

* in Millionen DM

94 000 steuerpflichtige FreiberuflerInnen (46,05 Prozent) gaben laut Ifo 1989 beim Finanzamt an, nur negative oder ganz geringe Einkünfte zwischen minus 100 000 Mark und plus 10 000 Mark pro Jahr erzielt zu haben. Das Ifo-Institut kommt zu dem Resultat: »Gesetzt den Fall, die Berück-

sichtigung von negativen Einkünften ließe sich abschaffen, dann wäre die Steuerschuld der freien Berufe um 3 bis 4,7 Mrd. DM höher ausgefallen.«[15] Im Klartext: der Staat hat besserverdienenden FreiberuflerInnen 1989 Steuergeschenke in Höhe von etwa vier Milliarden Mark gemacht. In dieser Hochrechnung fehlen übrigens Manager und Unternehmer. Es darf vermutet werden, daß sich diese in einem noch größerem Umfang als die FreiberuflerInnen bedient haben.

In einer Stichprobe überprüfte 1997 die Hamburger Steuerbehörde die Einkommenssteuererklärung von zwölf Millionären. Davon zahlte nicht einer auch nur einen Pfennig Einkommenssteuer. Im Gegenteil: Den gesamten positiven Einkünften dieser zwölf Personen, in Höhe von 42 Millionen Mark, standen negative Einkünfte, beispielsweise durch Abschreibungsmodelle, von 56 Millionen Mark gegenüber.[16] In einer anderen Hochburg der deutschen Millionäre, im hessischen Bad Homburg, sank die erzielte Einkommenssteuer des Staates kontinuierlich. 1990 nahm die Gemeinde noch knapp 440 Millionen Mark ein. 1996 mußte sie den Einkommenssteuerpflichtigen sogar drei Millionen auszahlen, weil diese so hohe negative Einkünfte angegeben hatten.[17]

Wie die Steuersparmodelle funktionieren, berichten die Wirtschaftsjournalisten Winfried Didzoleit und Hans-Jürgen Schlamp. Sie haben einen Anwalt ausfindig gemacht, dessen Kanzlei 530 000 Mark pro Jahr einbringt. Dafür müßte er 235 000 Mark Steuern zahlen. Da er das nicht will, kauft er sich mit 25 Prozent in eine Kommanditgesellschaft ein, die in Leipzig ein Nobelkaufhaus errichtet. Für seine Beteiligung in Höhe von einer Million Mark nahm der Rechtsanwalt ein Darlehen auf, das jährlich 50 000 Mark Zinsen kostet. Auch die Kommanditgesellschaft arbeitet mit geliehenem Geld und setzt die Zinsen von der Steuer ab. Der Hauptteil der Verluste entsteht durch Sonderabschreibungen in Höhe von 50 Prozent des Bau- oder Kaufpreises. Vom Verlust der Gesellschaft entfallen auf den Rechtsanwalt 900 000 Mark. Er kann also insgesamt 950 000 Mark steuermindernd geltend machen und macht folgende Rechnung auf: »Bei einem Steuersatz von 43 Prozent entzieht er dem Fiskus 408 500 Mark. Das ist doppelt so viel wie seine Steuerschuld. Doch den überschießenden Verlust darf der Anwalt auf das folgende Jahr übertragen. Der Charme der Investition besteht darin, daß die steuermindernde Abschreibung von 50 Prozent keineswegs einen echten Wertverlust abbildet. Wer sich an einem halbwegs seriösen Objekt beteiligt hat, besitzt im Gegenteil eine Immobilie, die in der Regel im Wert steigt, aber im wesentlichen mit ersparten Steuern bezahlt worden ist.«[18]

## Stiften gehen

»Laß uns stiften gehen«, sagen sich viele Eigentümer von Unternehmen und übertragen ihr Betriebsvermögen einer unternehmensnahen Stiftung. Zunächst denkt jeder an Gemeinnützigkeit. Doch ganz so edel und selbstlos sind die Motive stiftender Unternehmer nicht immer. Neben der gemeinnützigen Stiftung gibt es im Stiftungsrecht Familienstiftungen, die nichts anderes als eine einträgliche Sonderform der Vermögensverwaltung darstellen und mit gemeinnützigen Aufgaben nicht das Geringste zu tun haben.

Etliche der 100 größten deutschen Unternehmen gehören formal einer Stiftung, und zahlreiche deutsche Superreiche haben ihr Vermögen in Form einer Familienstiftung geordnet:

Der Krupp-Konzern gehört zu 51,61 Prozent der »Alfried Krupp von Bohlen und Halbach Stiftung« in Essen. 23,5 Prozent liegen bei der islamischen Republik Iran, 7,21 Prozent bei der Westdeutschen Landesbank (WestLB). Der Rest befindet sich in Streubesitz. Die Nachkommen der Familie Krupp wurden ausbezahlt und sind weder in der Stiftung noch im Konzern vertreten. Vorsitzender ist der ehemalige Generalbevollmächtigte von Krupp, Bertold Beitz.

Die Robert Bosch GmbH in Stuttgart gehört zu 92 Prozent der gemeinnützigen Robert Bosch Stiftung GmbH. Familie Bosch, die acht Prozent der Anteile hält, hat nichts mehr mit der Geschäftspolitik zu tun, Irmgard Bosch sitzt allerdings im Stiftungsrat der Bosch Stiftung.

Der Bertelsmann-Konzern gehört zu 68,8 Prozent der Bertelsmann-Stiftung, der Familie Mohn zu 17,9 Prozent und Reinhard Mohn, dem Vorsitzenden der Stiftung, zu 2,6 Prozent.

Friedrich Karl Flick jr. verkaufte 1985 das Flick-Imperium und legte den Erlös steuersparend in der »Dr. Flickschen Privatstiftung Rottenmann« in Österreich an. Der Zeiss-Konzern und die Zahnradfabrik Friedrichshafen AG gehören zu 100 Prozent Stiftungen. Die Familienmitglieder sind dort nicht mehr vertreten. Vermögende Unternehmerfamilien wie Albrecht, Schickedanz, Würth und Schörghuber haben ihr Vermögen in Stiftungen angelegt.

Die Satzung einer Familienstiftung kann festlegen, daß Familienmitglieder aus den Überschüssen laufend Zahlungen erhalten, die sie dann versteuern müssen. Ist der Stiftungszweck dagegen gemeinnützig, müssen die Erträge des Vermögens überwiegend für mildtätige, wissenschaftliche, kirchliche oder kulturelle Zwecke verwendet werden. Bekannte Beispiele sind dafür die Bosch-Stiftung, die Bertelsmann-Stiftung und die Krupp-Stiftung.

Auch bei einer gemeinnützigen Stiftung kann ein Drittel der Erträge steuerfrei an den Stifter und seine Familienangehörigen ausgeschüttet werden.[19] Außerdem kann eine Stiftung Familienangehörige gegen Entgelt anstellen. Manche Unternehmen sind dazu übergegangen, Forschungs- und Entwicklungsarbeiten an eine unternehmensnahe gemeinnützige Stiftung zu vergeben, steuersparend.

Einige Stiftungen sind ausschließlich Einrichtungen zur Versorgung der Familienmitglieder. Private Unternehmer übertragen ihr Betriebsvermögen einer Stiftung, wenn sie entweder keine Erben haben oder ihren Kindern die Leitung des Unternehmens nicht zutrauen. Die Satzung einer Familienstiftung kann Familienmitglieder von jeglicher Einflußnahme auf die Stiftungs- und Unternehmenspolitik ausschließen, ihnen jedoch die Erträge der Stiftung zukommen lassen.

Neben den steuerlichen Vorteilen spricht für die Gründung einer unternehmensnahen Stiftung die geringe Publizitätspflicht. Anders als bei großen Kapitalgesellschaften ist eine Stiftung nicht verpflichtet, Informationen zur Vermögens- und Gewinnlage zu veröffentlichen. Lediglich die nach Landesrecht zuständigen Behörden haben eine eingeschränkte Pflicht zur Rechtsaufsicht. Geschickte Wirtschaftsjuristen haben die Unternehmensform der GmbH & Co, KG zu einer Stiftung & Co, KG weiterentwickelt. In dieser Form sind die Leitungen mehrerer großer Konzerne gestaltet, z.B. die Schickedanz Holding & Co, KG und die Bayerische Braustiftung J. Schörghuber & Co, Holding KG. Weil sich hier eine schwer kontrollierbare Grauzone entwickelt hat, müßte das deutsche Stiftungsrecht dringend reformiert werden.

Eine besondere Facette stellen anonyme Stiftungen in der Steueroase Liechtenstein dar. Die Gründer sind allerdings weniger stiftende als stiften gegangene Unternehmer. In Liechtenstein mit seinen 30 000 Einwohnern gibt es 240 Treuhänder und 35 000 Stiftungen. Das von den heimischen fünf Banken verwaltete Vermögen liegt bei etwa 74 Milliarden Mark. Das Modell der anonymen Stiftung funktioniert etwa so: Ein deutscher Kapitalanleger überträgt Teile seines Vermögens auf die Stiftung. Ein Treuhänder wird zwischengeschaltet, um die Stiftung zu gründen und um zu verschleiern, von wem das Vermögen stammt. Der Name des Stifters wird nicht öffentlich, obwohl er die Entscheidungen trifft. Als Stiftungszweck kann problemlos die jederzeitige Verfügbarkeit über das Vermögen und die Zinseinnahmen festgeschrieben werden. Die Stiftung eröffnet bei einer Bank, zum Beispiel bei der vornehmen LGT Bank in Vaduz, ein Wertpapierdepot. Die Bank kennt nur den Namen der Stiftung, nicht aber den Namen des Stiftungseigners. Werden vorher die Aktien und Wertpapiere aus dem Vermögen verkauft und der Verkaufserlös auf das Stiftungskonto eingezahlt, sind alle Spuren verwischt.

Neben der Anonymität und der damit verbundenen Sicherheit vor der Steuerfahndung sind natürlich auch die extrem niedrigen Liechtensteiner Steuern und Abgaben für Kapitalanleger interessant. Auf Kapitaleinkünfte ist keine Quellensteuer fällig.

Liechtenstein ist aber nur eine der zahlreichen Steueroasen in Europa, die sich den Reichen und Besitzenden anbieten. Auch Luxemburg, die Schweiz, Österreich, Monaco, die Kanalinseln Jersey und Guernsey, Gibraltar und Andorra warten auf deutsche Geldköfferchen. Weil sie schnell erreichbar sind und an den offenen Grenzen der EU die Zollkontrolle lasch gehandhabt wird, haben die europäischen Steueroasen einen Standortvorteil gegenüber den karibischen Steuerparadiesen wie den Cayman-Inseln oder den niederländischen Antillen.

Nach der Einführung der Zinsabschlagsteuer in Deutschland machte bei den Reichen und Superreichen schnell der Tip mit dem Luxemburger Konto die Runde. Als etliche Besitzer von Schwarzgeldkonten in Luxemburg aufflogen, bekamen die deutschen Kapitalanleger zwar kein schlechtes

Gewissen, sahen sich aber erneut vor das Problem gestellt, wie sie ihre Millionen sicher und steuersparend unterbringen können, ohne der Steuerfahndung in die Hände zu laufen.

Nach Angaben des Internationalen Währungsfonds (IWF) waren 1995 in den sieben wichtigsten Steueroasen (Bahamas, Bahrain, Cayman-Inseln, Hongkong, niederländische Antillen, Panama und Singapur) Auslandsvermögen von 1821,5 Milliarden US-Dollar gemeldet, über drei Billionen Mark. Allein auf den Cayman-Inseln hatte die international community der Superreichen 1993 rund 449 Milliarden Dollar geparkt. Im Jahr 1995 waren von AusländerInnen in Luxemburg 707 und in der Schweiz 503 Milliarden Dollar deponiert.[20] Die europäischen Steueroasen Jersey, Guernsey, Isle of Man, Gibraltar, Monaco und Liechtenstein geben das bei ihnen verwaltete Auslandsvermögen nicht bekannt. Nach Schätzungen sind in Guernsey 180 Milliarden Mark und in Jersey 400 Milliarden Mark Auslandsvermögen angelegt.[21] Außerdem vermutet der IWF, daß die Banken bei der Höhe der Beträge flunkern. Die Vermögen von Versicherungen und Investmentfonds sind gar nicht erfaßt.

Das ausländische Vermögen in den Off-Shore-Zentren hat sich seit 1985 mehr als verdoppelt. Es ist nahezu unmöglich, das gesamte deutsche Kapital in ausländischen Steueroasen seriös zu schätzen. Geht man davon aus, daß nach Angaben der Bundesbank allein in Luxemburg über 500 Milliarden Mark liegen, ist zu vermuten, daß das gesamte deutsche Kapital in allen Steueroasen über 1000 Milliarden Mark beträgt – mehr als das Doppelte des Bundeshaushaltes im Jahre 1997. Würde dieses Vermögen korrekt versteuert, so müßte wohl niemand über eine öffentliche Schuldenkrise jammern.

In einem Schwerpunktthema behandelte *Capital* im Mai und September 1996 alle europäischen Steueroasen. Unverfroren gibt die Redaktion den Leserinnen und Lesern Tips zur legalen und illegalen Steuerflucht. Ähnlich wie in den Untersuchungen der Stiftung Warentest werden die Steueroasen nach verschiedenen Kriterien bewertet, etwa Quellensteuer für Nichtansässige, Bankgeheimnis oder Auslieferung bei Steuerdelikten. *Capital* kommt zu dem Fazit: »Mit millionenschwerem Vermögen lohnt sich die ganz legale Steuerflucht in die Schweiz mehr als in jedes andere Nachbarland.«

Auffällig ist, daß viele Top-Oasen zu Großbritannien gehören, so die Cayman-Inseln in der Karibik, die Isle of Man, die Kanalinseln Jersey und Guernsey und das sonnige Gibraltar. Das ist die andere Seite der harten Sparmaßnahmen der eisernen Lady, Margaret Thatcher, und ihres glücklosen Nachfolgers John Mayor: Niedrigsteuersätze in den britischen Steueroasen für die international community der Millionäre. Der neue Regierungschef Tony Blair könnte ein Zeichen für innovative Wirtschaftspolitik und europäische Steuerkoordinierung setzen und die britischen Steueroasen austrocknen. Es ist allerdings unwahrscheinlich, daß er das tut.

Auch Länder wie Liechtenstein, die Schweiz oder Monaco müßten sich eigentlich zwingen lassen, die Beihilfe zur Steuerflucht aufzugeben, wenn es sogar möglich ist, die großen Industrienationen der EU mit dem Maastricht-Vertrag auf einen rigiden Sparkurs zu trimmen. Inzwischen ist Bundesfinanzminister Theo Waigel wegen der geringen Steuermoral seiner »Leistungsträger« der Kragen geplatzt. Er möchte eine Art Fairnessabkommen mit seinen Kolleginnen und Kollegen in der EU abschließen.[22] Doch daß diese sich darauf einlassen, ist eher unwahrscheinlich. Immerhin profitieren sie von dem aus Deutschland geflohenen Kapital und dulden, daß die europäischen Eliten ihre Steuerparadiese direkt vor der Haustür aufsuchen, während zu Hause der Abbau von Sozialleistungen zum Schwerpunkt der öffentlichen Haushaltsdebatte wird.

## Auf der Flucht vor der Quellensteuer

Für Manager gehört *Capital* zur Pflichtlektüre. Das Blatt ließ in einem Interview mit einem Straftäter im Mai 1996 zwischen den Zeilen kaum verhaltene Sympathie durchschimmern. *Capital* bezeichnete Peter Gelhard, Unternehmer im Westerwald und einer der Weltmarktführer für die Produktion von Wurstpellen, als das »bislang spektakulärste Opfer der Dresdner-Bank-Razzien«. Dieser gab im Interview zu, daß sein Schwarzgeldkonto von 18 Millionen Mark in Luxemburg etwa zur Hälfte aus Betriebseinnahmen, die sich Gelhard bar oder per Scheck auszahlen ließ, und aus Zinsen bestand. Weder Interviewer noch Interviewter lassen Unrechtsbewußtsein erkennen:

*Capital:* Haben Sie angesichts Ihres millionenschweren Schwarzgeldkontos nicht mal ein mulmiges Gefühl gehabt, vielleicht an eine Selbstanzeige gedacht?

*Gelhard:* Im Grunde genommen habe ich die Existenz des Luxemburger Kontos verdrängt. Es war eine Art eiserne Reserve für das Unternehmen, das ich aus kleinen Anfängen groß gemacht habe und das nach wie vor kerngesund ist.

*Capital:* Hat Sie die Höhe des Strafmaßes von fast vier Jahren überrascht? Immerhin haben Sie die Steuerschuld samt Zinsen anstandslos bezahlt und den Ermittlern mit einem umfassenden Geständnis viel Arbeit abgenommen.

*Gelhard:* Ich bin nun mal der erste größere Fall. Vielleicht wollte man ein Exempel statuieren und andere zur Selbstanzeige bewegen.

Zum Umfang der Steuerflucht kann auch *Capital* nur Vermutungen anstellen: »Die Bundesbank schätzt die Zinseinkünfte Deutscher im Ausland auf 14 Milliarden.« Knapp der Betrag, der in den Geldbörsen der ArbeitnehmerInnen fehlte, würde die Lohnfortzahlung bei Krankheit tatsächlich auf 80 Prozent gesenkt.

## Großbanken als Fluchthelfer

Der Herr im dunklen Anzug und dem dezenten, mit Geldbündeln gefüllten Aktenkoffer ist ein Klischee, das es zwar auch in der Realität gibt, doch die Steuerflucht der reichen und superreichen Deutschen läuft meist weniger spektakulär ab. Renommierte Großbanken haben sich spätestens seit 1993 in unverschämtem Ausmaß als Fluchthelfer betätigt. Gegen zahlreiche Banken ermitteln die Staatsanwaltschaften wegen Beihilfe zur Steuerhinterziehung – überwiegend in Form illegaler Finanztransaktionen nach Luxemburg: gegen die Dresdner Bank, die Commerzbank, die Deutsche Bank Saar, die WestLB, die Nord/LB, Merill Lynch Deutschland, die Landesbank Berlin, die HCI Hypo Capital Management (eine Tochter der Hypobank), die DG Bank, die Düsseldorfer Dependance der Nationalbank von Griechenland sowie die Bankhäuser Hermann Lampe und Trinkhaus & Burkhardt.[23]

Die illegalen Machenschaften der Commerzbank kamen zuerst ans Licht. Das Geldinstitut hat das Geld zahlreicher Privatkunden auf Nummernkonten ihrer Luxemburger Tochtergesellschaft Cisal (Commerzbank International S.A. Luxemburg) angelegt. Das flog auf, als der Bankkaufmann und Ex-Cisal-Berater Reinhard Schmakowski versuchte, die Commerzbank mit einer Liste der Kontoinhaber zu erpressen.[24] Nach Schmakowskis Festnahme fiel der Staatsanwaltschaft die Liste in die Hände, woraufhin sie die Frankfurter Zentrale der Commerzbank durchsuchte. Die Banker sollen nach Schätzungen des Frankfurter Oberstaatsanwaltes Job Tilmann in rund 40 000 Fällen Kundinnen und Kunden der Commerzbank geholfen haben, Kapital am deutschen Fiskus vorbei in ausländische Steueroasen zu transferieren.

Bei den Ermittlungen gegen die Commerzbank half auch der Bankangestellte und ehemalige Betriebsrat Werner Demant. Ihm waren schon 1993 Merkwürdigkeiten beim Kapitaltransfer nach Luxemburg aufgefallen. Seine Vorgesetzten erklärten jedoch, daß ihn dies nichts anginge. Im Februar 1995 erstattete Demant Anzeige gegen seinen Arbeitgeber. »In einer Zeit, wo Sozialleistungen gekürzt werden, konnte ich nicht zusehen, wie bestimmte Leute sich mit Hilfe meiner Bank bereichern«, begründete er seinen Schritt. Öffentliche Anerkennung hat ihm seine Zivilcourage allerdings noch nicht eingebracht.[25]

Die Staatsanwaltschaft ermittelt nicht nur wegen Beihilfe zur Steuerhinterziehung gegen die Commerzbank, sondern auch wegen aktiver Steuerhinterziehung in eigener Sache durch Bilanzmanipulationen. Die Frankfurter Staatsanwaltschaft hat gegen Vorstandschef Martin Kohlhausen, Aufsichtsratschef Walter Seipp und zehn weitere Bankangestellte Verfahren eingeleitet. Kohlhausen, gleichzeitig Präsident des Bundesverbandes deutscher Banken, zeigte nicht nur kein Schuldbewußtsein, sondern beschwerte sich obendrein über das »hochgradig unsensible« Vorgehen der Steuerfahndung, das den Standort Deutschland gefährde.[26]

Auch staatliche Geldinstitute waren an den illegalen Finanztransaktionen nach Luxemburg beteiligt. Die Westdeutsche Landesbank (WestLB) in Düsseldorf und die Norddeutsche Landesbank (Nord/LB) in Hannover haben in Zeiten der öffentlichen Finanzkrise dazu beigetragen, die Haushaltslöcher zu vergrößern und den Reichtum der Besserverdienenden zu mehren.

Die Nord/LB hat Kapital für rund 10 000 Personen zur Nord-Lux, einer 100prozentigen Tochter in Luxemburg, transferiert, insgesamt über eine Milliarde Mark. »Nach den bisherigen Ermittlungen geht die Steuerfahndung davon aus, daß weit über 100 Millionen Mark an Steuern hinterzogen worden sind«, erklärte der Oberstaatsanwalt von Hannover, Nikolaus Borchers.[27] Die Erklärung des Chefs der Nord/LB, Herbert Bodin, seine MitarbeiterInnen hätten keine Beihilfe zur Steuerhinterziehung geleistet, glaubte weder die Staatsanwaltschaft noch die Öffentlichkeit. Hatte doch die Nord/LB wie andere Großbanken auch in Werbeprospekten ihre Kunden auf attraktive Anlagemöglichkeiten in Luxemburg ausdrücklich hingewiesen. Inzwischen liegen über 700 Selbstanzeigen von Nord/LB-Kunden vor. Das veranlaßte Oberstaatsanwalt Borchers zu der Vermutung: »Der Verdacht, daß jemand aus dem mittleren Management bis hin zur Vorstandsetage Beihilfe geleistet hat, liegt auf der Hand.«

Über die WestLB International S.A. flossen ebenfalls Gelder ins Luxemburger Steuerparadies. Mitte 1996 durchsuchten Staatsanwälte und Steuerfahnder die Zentrale der WestLB in Düsseldorf. Auch das Büro des Vorstandsvorsitzenden Friedel Neuber wurde gefilzt. Der Düsseldorfer Oberstaatsanwalt Johannes Pütz spricht von »erheblicher krimineller Energie bis hinauf in den Vorstand«.[28]

Nach Schätzungen der Deutschen Steuergewerkschaft stehen bundesweit nicht weniger als 50 000 Verfahren wegen Steuerhinterziehung an. Und schon wird der Vorschlag für eine Amnestie der Steuersünder laut. Die Bundestagsabgeordneten Gisela Frick (FDP) und Hartmut Schauerte (CDU) regten im Juli 1997 in der *Bild am Sonntag* an, den Steuerstraftätern eine »Abgeltungssteuer« bei gleichzeitiger Straffreiheit anzubieten.[29] Quasi eine Belohnung für die Steuerhinterziehung.

Einige Topmanager der Großbanken scheinen mit ihren intimen Kenntnissen über Möglichkeiten zur Steuerflucht auch ihr Privatvermögen aufgebessert zu haben. Ein enger Berater von Bundeskanzler Helmut Kohl, der Aufsichtsratsvorsitzende der Dresdner Bank, Wolfgang Röller, steht im dringenden Verdacht, über die anonyme Stiftung Gallumena in Liechtenstein Steuern hinterzogen zu haben. Nach einer Hausdurchsuchung der Staatsanwaltschaft stritt er die Vorwürfe zwar ab, trat aber im Herbst 1997 von seinem Posten als Aufsichtsratsvorsitzender der Dresdner Bank zurück.

Ob er seine zahlreichen anderen Aufsichtsratsmandate beibehalten wird, ist offen.[30] Kurz danach traf es noch einen Topmanager der Dresdner Bank – diesmal ein Vorstandsmitglied. Hans-Günther Adenauer, ein Großneffe des ersten deutschen Bundeskanzlers, trat von seinem Posten zurück, als bekannt wurde, daß er Selbstanzeige wegen Steuerhinterziehung erstattet hatte und 400 000 Mark Steuern nachzahlen will.[31]

# 15. Öffentliche Armut – privater Reichtum Umverteilung durch staatliche Schulden

1995 projektierte der Caritasverband im badischen Neckar-Odenwald-Kreis in der Gemeinde Billigheim ein Tagespflegeheim für 15 Seniorinnen und Senioren. Das Land Baden-Württemberg sollte nach dem Landespflegegesetz pro Platz 80 000 Mark zuschießen. Durch eine Änderung dieses Gesetzes, just während des Genehmigungsverfahrens für das Haus in Billigheim, sollte sich auch der Landkreis mit »Komplementärmitteln« in Höhe von 30 Prozent beteiligen. Der sah sich dazu nicht in der Lage. Also zog auch Stuttgart seine Zusage zurück. Das Heim stand bereits im Rohbau. Die Caritas mußte 800 000 Mark an Krediten aufnehmen, um es fertigzustellen, und zahlt nun 4 670 Mark an Zins und Tilgung monatlich. Steuerlich absetzen kann sie diese Kosten genausowenig wie die Verluste, die entstehen, weil die Tagessätze der Pflegeversicherung die hohen Investitionskosten nicht decken. Denn die Caritas ist ein Wohlfahrtsverband und kein gewinnorientierter privater Investor. »Weil der Staat arm ist und seiner sozialen Verpflichtung nicht mehr nachkommen kann, treibt er auch uns in die Verschuldung«, klagt Caritas-Geschäftsführer Manfred Nachtigall.

Die 15 alten Leute, die heute in dem Heim gepflegt werden, haben noch Glück. Andernorts werden solche Einrichtungen geschlossen, wenn die Kommunen kein Geld mehr haben. Der Offenbacher Oberbürgermeister Gerhard Grandke machte sich Anfang der 90er Jahre einen Namen, als er rigoros das städtische Theater, eine Bibliothek, zwei Jugendhäuser und drei Schwimmbäder schloß, um das Stadtsäckel zu sanieren. Die OffenbacherInnen mußten auf die Angebote im nahen Frankfurt ausweichen.

Im Zentrum der Misere stehen die Sozialetats. In Frankfurt stieg die Zahl der SozialhilfebezieherInnen in zehn Jahren um über 75 Prozent. Und jede von der Bundesregierung beschlossene Verschlechterung der Arbeitslosenunterstützung drückt noch mehr Menschen auf die Wartebänke in den Sozialämtern. Der Bund saniert sich auf Kosten der Kommunen.

Mit viel Tamtam beschloß der Bundestag, daß ab 1996 jedes dreijährige Kind einen Rechtsanspruch auf einen Kindergartenplatz hat. Umsetzen müssen diese löbliche Reform die Kommunen. Geld haben sie dafür aus Bonn jedoch nicht bekommen. Das vorläufige Ende vom Lied heißt in vielen Ländern größere Spielgruppen und »Stichtagsregelung«. Kinder, die »zu spät« – nämlich nach einem bestimmten Stichtag – geboren sind, müssen fast bis zum vierten Geburtstag warten.

In einem wahren Kürzungsamok suchte Finanzminister Theo Waigel 1997 der Steuerausfälle, die seine Regierung selbst provoziert hat, Herr zu werden und das begehrte Eintrittsticket für die Europäische Wirtschafts- und Währungsunion zu ergattern. Dazu glaubte er die Neuverschuldung auf drei Prozent des Bruttoinlandsprodukts begrenzen zu müssen. Doch Waigel hätte dieses Problem nicht, wenn er und seine Vorgänger nicht mehrmals die Körperschafts-, Gewerbe- und veranlagte Einkommensteuer gesenkt hätten. Beliefen sich diese Steuern heute noch auf den gleichen Anteil wie 1980, nämlich 23,6 Prozent des Steueraufkommens, dann müßten Bund, Länder und Gemeinden fast keine neuen Schulden machen. Statt dessen schrumpfte der Anteil der drei Steuerarten bis 1994 auf 11,3 Prozent.[1]

Im gleichen Zeitraum hat sich die registrierte Arbeitslosigkeit von weniger als zwei auf über vier Millionen Menschen mehr als verdoppelt. Niedrige Steuern haben offenbar nichts mit neuen Jobs, dafür aber um so mehr mit Staatsverschuldung zu tun. Selbst damit lassen sich garantiert hohe Gewinne machen. Denn der Staat ist ein solider Schuldner. Von 1970 bis 1994 häuften die Gebietskörperschaften 1381 Milliarden Mark Schulden auf. Im gleichen Zeitraum bezahlten sie 1217 Milliarden Mark an Zinsen, 88 Prozent der gesamten Schuld.[2] Wohlgemerkt, ohne den Schuldenstand zu verringern. Im Gegenteil: Ende 1996 ist er auf 2100 Milliarden Mark gestiegen, 1400 Milliarden davon fehlen auf den Konten des Bundes. 81 Milliarden Mark zahlte Waigel 1996 an Zinsen vornehmlich an die Banken.[3] Das macht rund 18 Prozent des Bundeshaushalts aus und ist nach dem Einzeletat für Arbeit und Soziales der zweitgrößte Posten, knapp doppelt so groß wie der Verteidigungshaushalt. Jede sechste Steuermark geht inzwischen als Zinszahlung an die Kapitalanleger. Anders gesagt: Jede Sekunde sind mehr als 2500 Mark Zinsen fällig.

Die Finanzkrise des Staates und die Gewinne der Banken sind zwei Seiten derselben Medaille. Im Zuge der deutschen Vereinigung bereitete die Bundesregierung einer beispiellosen Umverteilung von Vermögen aus dem Osten nach dem Westen den Boden. Zuerst kamen gerissene Berater mit einem gerüttelt Maß krimineller Energie, die in den Nachwendezeiten im Wilden Osten ahnungslosen Bürgermeistern und Gemeinderäten völlig überdimensionierte und überteuerte Kläranlagen oder Gewerbeparks aufschwatzten und Kommunen in den Bankrott stürzten. Dann verschleuderte die Treuhand Ostbetriebe zu Spottpreisen an Westunternehmen. Die Käufer waren häufig nur an einem wertvollen Grundstück, der Liquidation eines lästigen Konkurrenten oder allenfalls an einer verlängerten Werkbank interessiert, die bei einer Flaute geschlossen werden kann. Die Superbehörde förderte die Übernahmen auch noch mit kräftigen Finanzspritzen – in der Hoffnung auf Arbeitsplatzsicherung.

Abgezockt hat dabei wohl auch der Thyssen-Konzern. Wegen Unregelmäßigkeiten hat Thyssen-Chef Dieter Vogel sogar einige Tage in Untersuchungshaft gesessen und kam nur gegen Kaution frei. Die Staatsanwaltschaft vermutet, daß die Düsseldorfer bei der Abwicklung der Firma Metallurgiehandel, einer der größten und erfolgreichsten Betriebe der DDR, die Treuhandanstalt übers Ohr gehauen haben. 73 Millionen Mark sollen durch überhöhte Abrechnungen für Schulungen und Bilanzmanipulationen zu unrecht nach Düsseldorf geflossen sein.[4]

Die DDR-Schulden wurden im »Erblastentilgungsfonds« gesammelt, in dem 1996 Schulden in Höhe von 332 Milliarden Mark verwaltet wurden, über 15 Prozent der gesamten Staatsverschuldung.[5] Die fälligen Zinszahlungen bilden eine auf lange Zeit sprudelnde Geldquelle für die deutschen Kapitalanleger. Die ostdeutschen Gemeinden und vor allem Wohnungsbaugenossenschaften wurden innerhalb kürzester Zeit in die gleiche Schuldenfalle gelockt, in der die westdeutschen schon seit Jahren festsitzen – mit fatalen kommunalpolitischen Konsequenzen wie dem Verzicht auf die notwendige Sanierung von Plattenbauten und der Streichung sozialer und kultureller Leistungen.[6] Banken und Finanzkonzerne kassieren doppelt ab. Denn die Transferleistungen, die der Bund noch auf Jahrzehnte hinaus leisten muß, erhöhen die Staatsverschuldung ebenfalls.

Im Westen soll derweil die Staatsquote gesenkt werden, also der staatliche Anteil am Bruttoinlandsprodukt. Das ist zwar nur für neoliberale Ideologen wichtig, verschafft den Unternehmen aber ungeahnte Schnäppchen. Denn der Bundesfinanzminister braucht dringend Geld und will nun so schnell wie möglich das Tafelsilber verramschen, von den Telekom-Aktien über die Lufthansa-Anteile, die Flughafenbeteiligungen bis zum Gästehaus Petersberg (das die Bundesregierung dann für seine Staatsgäste mieten müßte). Doch Notverkäufe sind ein schlechtes Geschäft, das weiß jeder Kaufmann. Auf seinen defizitären Unternehmen bleibt Waigel ohnehin sitzen. Deren Verluste können durch Gewinne woanders nicht mehr ausgeglichen werden. Konsequenz: Rationalisierungen und Arbeitsplatzverluste. Außerdem kann man Besitz nur einmal verhökern. Wenn der Finanzminister mit den Verkäufen seine Löcher von 1997 stopft, was macht er dann 1998? Und 1999? Und 2000?...

Im Rahmen von Waigels Sommerschlußverkauf 1997 wurde auch die Gemeinnützige Deutsche Wohnungsbaugesellschaft, die Deutschbau, mit 38 000 Wohnungen unter anderem in Frankfurt, Berlin und Düsseldorf an die Deutsche Bank und den VEBA-Konzern verkauft. Den Erlös von 2,1 Milliarden Mark muß sich Waigel mit der Post teilen. Die Wohnungen sind zwar noch mietpreisgebunden, dennoch haben sich die neuen Eigentümer das Recht ausbedungen, die Häuser unter bestimmten Umständen auch weiterzuverkaufen.[7]

Insgesamt stellt die Bundesregierung ihre Wohnungspolitik von der Schaffung billigen Wohnraums auf direkte Mietsubventionen um. Das Wohngeld geht an den Vermieter, während öffentlich geförderter Wohnungsbau den Mietspiegel insgesamt drückt.

Durch den Mißbrauch von Subventionen für den Bau von Bürogebäuden lassen sich noch dreister Gewinne erzielen. In Frankfurt standen 1995 880 000 Quadratmeter Büroflächen leer. Das entspricht 14 Frankfurter Messetürmen. Weitere 600 000 Quadratmeter befanden sich im Bau und sind inzwischen teilweise fertiggestellt, wie etwa Europas höchster Wolkenkratzer, das Commerzbank-Hochhaus. 1,1 Millionen Quadratmeter waren 1995 projektiert und sind inzwischen teilweise im Bau.[8] Warum diese gigantische Fehlplanung? Mietausfälle und Investition lassen sich steuerlich abschreiben. Hat der Investor für den Bau Kredite aufgenommen, so kann er auch diese steuerlich geltend machen. Der Mietverlust für 880 000 Quadratmeter beträgt bei einem Quadratmeterpreis von 48 Mark 507 Millionen im Jahr. Bei einem Baupreis von vier Milliarden (5 000 Mark pro Quadratmeter) können jährlich 176 Millionen Mark abgeschrieben werden. Wenn etwa drei Milliarden Mark über Kredite finanziert werden, macht das bei einem Zinssatz von 8,5 Prozent 250 Millionen Mark jährlich. Insgesamt können die Investoren der Büroruinen pro Jahr 933 Millionen Mark abschreiben.[9]

Als ebenso gigantische Fehlinvestition dürfte sich die Magnetschwebebahn Transrapid erweisen. Sie wird in Deutschland nicht gebraucht, weil sie sich nicht sinnvoll ins Schienennetz integrieren läßt und neue ICE-Trassen viel billiger und mit weniger Umweltverbrauch zu bauen sind. Dennoch will Bundesverkehrsminister Matthias Wissmann die Strecke zwischen Hamburg und Berlin erzwingen, sozusagen als Exportförderung. Sechs Milliarden Mark soll das Projekt kosten. Die drei damit beauftragten Baufirmen Hochtief, Philipp Holzmann und Bilfinger & Berger hielten diese Kalkulation für unrealistisch und stiegen aus. Deswegen hat Wissmann den Steuerzahler in Haftung genommen. Die Deutsche Bahn soll die Strecke nun in eigener Regie bauen. Für das Staatsunternehmen lohnt sich der Deal erst, wenn der Transrapid tatsächlich pro Jahr 2,6 bis 3,5 Milliarden Personenkilometer zurücklegt, was viele Verkehrsexperten bezweifeln. Das Firmenkonsortium Thyssen, Siemens und Adtranz, welches das System entwickelt hat, verdient dagegen auf jeden Fall, weil die Bahn den Flitzer für 3,7 Milliarden Mark kaufen muß.[10]

Im Verteidigungsministerium reicht nur der Hinweis der Rüstungslobby auf arbeitsplatzgefährdende Auftragslücken, um fehlzuinvestieren. Der *Spiegel* berichtete im Juli 1997, daß der Kampfwert des Kampfpanzers Leopard II für 272 Millionen Mark gesteigert werden soll, obwohl selbst Heeresinspekteur Helmut Willmann das für unnötig hält. Neue gepanzerte Fahrzeuge für die deutschen Sanitäter in Bosnien gibt es dagegen nicht. Für 158 Millionen Schuß Gefechtsmunition wurden bereits 106 Millionen Mark ausgegeben, das dazugehörige Gewehr ist allerdings noch kaum im Einsatz. Der SPD-Wehrexperte Manfred Opel sieht denn auch eine allzu große Nähe zwischen Beschaffern auf der Bonner Hardthöhe und Rüstungsfirmen.[11]

Die Subventionen an die Wirtschaft übersteigen deren Steuerzahlungen um einen zweistelligen Millionenbetrag. 1994 kassierte der Staat 91 Milliarden Mark an Gewinnsteuern, zahlte im gleichen Jahr aber 132 Milliarden Mark an Subventionen.[12] Wenn die Unternehmen den Eindruck haben, daß sie allzu leicht an Staatsknete herankommen, ist der Weg zum Subventionsbetrug nicht weit. Der ehemalige Bremer Vulkan-Chef Friedrich Hennemann versuchte, mit EU- und Bundesgeldern, die für die Ost-Werften gedacht waren, das Finanzchaos in seinem maritimen Konzern in den Griff zu bekommen. Das ging schief, aber das Geld ist weg. Der Steuerzahler zahlt doppelt: für die verschleuderten Subventionen und die Stütze der arbeitslosen Werftarbeiter.

Auch an das Geld des Berliner Bau-Bankrotteurs Dietrich Garski kommt der Staat nicht heran. Denn offiziell hat Garski gar keines. Dennoch ist der Bauunternehmer dreist genug, wieder Geschäfte mit der öffentlichen Hand zu machen. Garski hatte 1978 von der stadteigenen Berliner Bank verbürgte 100 Millionen Mark für den Bau von Militärakademien in den saudi-arabischen Sand gesetzt. Für 93 Millionen Mark mußten die Berliner SteuerzahlerInnen geradestehen. Garski saß knapp vier Jahre hinter Gittern. Doch inzwischen betätigt er sich als Stadtsanierer in Potsdam. Er? Nein, seine Frau. Sie ist Geschäftsführerin und Gesellschafterin in Garskis Firmen. Der Bankrotteur selbst begnügt sich mit Beraterverträgen und hat nicht mal ein eigenes Konto, von dem sich die Stadt Berlin seine Schulden zurückholen könnte.[13]

Vor allem die Bauwirtschaft ist anfällig für Bestechung und Kartellabsprachen. Experten schätzen, daß die Preise für öffentliche Aufträge um 20 bis 25 Prozent überhöht sind. »Noch immer gehören Kartellabsprachen und aktive Bestechung zu den erfolgreichsten Auftragsbeschaffungsmethoden«, bilanziert der Frankfurter Wirtschaftskriminologe Hans See.[14] 120 Millionen Mark an Steuergeldern kostete das nach Berechnung des Landesrechnungshofes allein das Land Hessen jedes Jahr. Von 1988 bis 1995 hat die Frankfurter Staatsanwaltschaft 1600 Ermittlungsverfahren wegen Verdachts auf Korruption eingeleitet. An etwa 600 Vorwürfen war tatsächlich etwas dran. Dennoch ist der Frankfurter Oberstaatsanwalt Wolfgang Schaupensteiner fast optimistisch: »Es gibt zwar keine Korruptionskultur, aber es gibt flächendeckende Korruption.«

Wissenschaftler See sagt: »Ob die Wirtschaft die Gesetze bricht oder nicht, hängt heute nicht mehr nur von mehr oder weniger starken moralischen Prinzipien der Verantwortlichen ab, sondern ist eine Frage rationaler Risikokalkulation. Das bedeutet, daß je nach Art des Gesetzes, nach Höhe des berechenbaren Risikos und der Gewinnchancen Gesetze gebrochen werden oder nicht.«[15] Auf 200 Milliarden Mark pro Jahr beziffert er den Schaden der Wirtschaftskriminalität, nicht eingerechnet der »Untergrundkapitalismus« der organisierten Kriminalität.

Von diesen 200 Milliarden gehen wohl rund 70 Millionen auf das Konto von Jürgen Hippenstiel-Imhausen, dessen Chemiefirma im badischen Lahr in den 80er Jahren illegal eine Giftgasfabrik ins libysche Rabita geliefert hat. Obwohl der Mann vier Jahre hinter Gittern saß und 30 Millionen Mark Steuerabschlag zahlte, kann er nach seiner Freilassung im Sommer 1993 wohl vom Rest des Geldes sorgenfrei leben. Denn die Staatsanwaltschaft fand die fehlenden Millionen nicht mal auf Hippenstiels Schweizer Konten.[16]

Bei illegalen Rüstungsexporten entgehen dem Staat »nur« Steuern und Subventionen – abgesehen vom politischen Schaden. Wenn BSE-verseuchtes Rindfleisch nach Deutschland importiert oder als Wertstoff umdeklarierter Giftmüll ins Ausland verschoben wird und der Skandal auffliegt, muß die öffentliche Hand zumeist auch für die Vernichtung des Fleischs bzw. den Rücktransport der Giftstoffe bezahlen, wenn die Verursacher nicht ausfindig gemacht werden können.

Legale und illegale Steuerprivilegien, staatlich protegiertes Abzocken in Ostdeutschland, subventionierte Fehlinvestitionen und Subventionsbetrug, Bestechung und Kartellabsprachen, illegale Im- und Exporte, direkte Erpressung mit dem Arbeitsplatzargument und der Untergrundkapitalismus der organisierten Kriminalität – die Methoden, mit denen die Steuergroschen der kleinen Leute auf die Konten der Reichen und Superreichen umgeleitet werden, sind vielfältig. Doch statt hier anzusetzen, die Steuerfahndung und Sonderkommissionen gegen Wirtschaftskriminalität auszubauen, werden soziale Leistungen weiter gekürzt, damit der Geldfluß auf die Konten der oberen Zehntausend nicht versiegt.

Dabei stecken die Unternehmen jetzt schon viel Geld in öffentliche Belange. Heutzutage nennt man das »Sponsoring« – im Sport, in der Kultur, selbst im sozialen Bereich. Da läßt der Chef des Münchner Hauses der Kunst, Christoph Vitali, eine Pop Art-Ausstellung mit 100 000 Mark des Zigaretten-Multis Philip Morris sponsern und versucht sein Gesicht zu wahren, indem er die Zigarettenwerbung in die Vorhalle verbannt. Da lobt der Verleger Dr. Herbert Burda einen »Corporate Art Preis« für Unternehmen aus, die sich für Kunst und Kultur einsetzen. Der Gewinn: ein Dokumentarfilm über den Preisträger – kostenlose Werbung. Da finanziert die Deutsche Telekom ein Radrenn-Team mit zehn Millionen pro Jahr und freut sich darüber, daß der Telefonriese genauso bekannt ist wie Coca Cola. Da unterstützt der Bundesverband der Pharmazeutischen Industrie die »Initiative Selbsthilfe«, einen Zusammenschluß von Selbsthilfeorganisationen – nicht ohne Eigennutz. Der Lobbyverband will die Initiativen gegen die Budgetierung von Arzneimitteln mobilisieren.[17]

Statt dem Staat Steuern zu zahlen, damit dieser seinen sozialen und kulturellen Aufgaben nachkommen kann, finanzieren die Unternehmen nur noch das, was ihnen nutzt, und setzen sich auch noch als Kunst- und Kulturmäzene, Sportförderer oder soziale Organisationen in Szene. Das poliert das Image und dient dem Marketing. Aber gleichzeitig ist es Abbau von Demokratie. Denn über die Förderung entscheiden nicht mehr demokratisch legitimierte Gremien, sondern nur noch unternehmerisches Kalkül.

Die Verfasser der Studienarbeit *Frankfurts Pleite* fragen provokativ: »Wenn die Unternehmen in Frankfurt trotz zahlreicher direkter und indirekter Subventionen, Vergünstigungen und anderem Beiwerk sich nicht in der Lage sehen, einen ausreichenden Teil ihrer Rekordprofite in die Stadtkasse und zu den Stadtbewohnern zurückzuführen, sondern immer noch mehr fordern, dann stellt sich die Frage, ob Frankfurt und vor allem die Frankfurter überhaupt auf sie angewiesen sind.«[18] Der Frankfurter Sozialwissenschaftler Rainer Roth hält es für notwendig, den öffentlichen Haushalten die Schulden zu erlassen. Sozialkürzungen können seiner Meinung nach das Problem nicht lösen.

Wenn im Frankfurter Wohnungsamt Stellen eingespart werden, warten Menschen, die auf Wohngeld angewiesen sind, monatelang auf ihren Bescheid, geraten in existentielle Finanzkrisen oder müssen mit Räumungsklagen rechnen. Andererseits läßt sich angesichts von 500 Millionen Mark jährlicher Zinsen in Stunden umrechnen, wie lang die jährliche Personalersparnis für die Zinszahlung reicht. Im Rahmen eines kommunalen Sparprogramms sollte 1995 der Zuschuß für das Frankfurter Arbeitslosenzentrum (FALZ) in Höhe von 170 000 Mark gestrichen werden. Der Betrag hätte gerade mal ausgereicht, um die Zinsen für drei Stunden und neun Minuten zu decken. Diese Beispiele lassen den Versuch absurd erscheinen, mit Sparprogrammen die Neuverschuldung einzudämmen oder der Zinskrake Herr zu werden.

Für Frankfurt, der am höchsten verschuldeten deutschen Großstadt, fordert Roth daher, sämtliche Zinszahlungen zu stoppen und über eine Entschuldung zu verhandeln. »Wenn ArbeitnehmerInnen sich mit Lohnerhöhungen unter der Inflationsrate begnügen müssen, warum sollten Banken dann 7,5 Prozent Zinsen bekommen?« fragt er. Bei Menschen, die sich privat überschuldet haben, seien Entschuldungen von 50 bis 70 Prozent möglich. Warum sollten Banken nicht auch auf Staatsschulden verzichten?

Sicher keine allzu realistische Perspektive. Doch genauso unrealistisch ist der Versuch von Bund, Ländern und Gemeinden, sich durch aggressive Rotstiftpolitik aus dem Würgegriff der Banken und Finanzkonzerne zu befreien. Einen Ausweg aus der Schuldenfalle gibt es nicht, wenn die öffentlichen HaushälterInnen nur die Ausgabenseite ihrer Budgets betrachten. Solange die Banken ihre gesparten Steuern dem Staat als Kredit zur Verfügung stellen und dafür Zinsen kassieren können, wird sich an der Misere nichts ändern.

# 16. Unseren Wasserpredigern den Wein abgraben
## Für eine gerechte Verteilungspolitik

Ein gut verdienender Facharbeiter im Westen bekommt pro Stunde knapp 30 Mark, eine geringfügig Beschäftigte bei McDonald's knapp elf Mark. Der oberste Bertelsmann, Mark Wössner, läßt sich die Stunde mit 1202 Mark vergüten. Für ein Pfund Brot vom Bäcker (etwa drei Mark) arbeitet der Facharbeiter sechs Minuten, die Hamburger-Braterin eine Viertelstunde und Mark Wössner neun Sekunden. Ein paar Schuhe für 80 Mark kosten ihn vier Minuten, weniger als die geringfügig Beschäftigte das Brot. Diese muß für warme Füße gut sieben Stunden veranschlagen, der Facharbeiter knapp drei. Für eine Waschmaschine (800 Mark) geben geringfügig Beschäftigte mehr als einen Monatslohn von 610 Mark aus. Ein Facharbeiter arbeitet dafür eine Woche, Mark Wössner drei Viertelstunden. Einer alleinstehenden Sozialhilfeempfängerin steht ein solcher Luxus überhaupt nicht zu.

Sicher, diese Vergleiche hinken, denn die Sozialhilfeempfängerin kauft ihr Brot nicht beim Bäcker, sondern bei Aldi für 1,99 Mark. Und Mark Wössner sucht sich exklusivere Schuhe aus als der Facharbeiter. Beispiel T-Shirts: Bei Hennes & Mauritz, dem Kaufhaus für billige Modefummel, kostet es 20 Mark. Normalverdiener würden vielleicht bei Peek & Cloppenburg 60 bis 80 Mark bezahlen, wenn sie gute Qualität haben wollen. Wer Wert auf Calvin Klein legt, blättert 160 Mark hin, und ein T-Shirt von Giorgio Armani kostet 215 Mark. Für normale Menschen undenkbar, so viel Geld für ein Unterhemd auszugeben.

Geld verteilt Lebenschancen und bestimmt nicht nur, wie materielle Bedürfnisse befriedigt werden. Wer weniger Geld hat, bekommt weniger Bildung, das zeigen auch Zahlen des Deutschen Studentenwerkes: Der Anteil der Studierenden, deren soziale Herkunft als »niedrig« eingestuft wird, sank von 1982 bis 1994 um mehr als ein Drittel von 23 auf 14 Prozent. Selbst der Anteil der Studierenden aus mittleren Schichten ging von 34 auf 28 Prozent zurück. Die Hochschulen gehören zunehmend dem akademischen Nachwuchs aus gehobenen und höheren Schichten.[1]

Auch Gesundheit hat etwas mit Geld zu tun. Schon heute, so haben Mediziner festgestellt, sind Kinder aus armen Familien häufiger krank als andere. Die gesetzliche Krankenversicherung wird dennoch kaputtgespart. In einigen Jahren wird man Arm und Reich an den Zähnen auseinanderhalten können: Für Menschen, die nach 1978 geboren sind, gibt es keinen Zuschuß zum Zahnersatz mehr. Eine einfache Krone ist kaum unter 1000 Mark zu haben. Kompliziertere Arbeiten kosten schnell einen fünfstelligen Betrag. Wer das Geld für gesunde Zähne nicht selbst aufbringen kann, hat Pech gehabt.

Während die einen den immer größeren Teil ihres Arbeitsmonats damit zubringen, ihre Grundbedürfnisse nach Essen und Trinken, Wohnen und Kleidung zu befriedigen, entledigen sich die anderen dieser Pflicht – bildlich gesprochen – an ein bis zwei Tagen und arbeiten danach für ihren Luxus oder die Vermögensbildung. Während das Geld für den Massenkonsum fehlt, was die Binnennachfrage weiter drosselt, haben Produzenten von Luxusgütern nichts zu klagen.

Im sechstreichsten Land der Erde ist eine gigantische Umverteilung des gesellschaftlichen Wohlstandes von unten nach oben im Gange. Immer mehr Millionären stehen immer mehr SozialhilfeempfängerInnen gegenüber. Über vier Millionen registrierte Arbeitslose; fast sieben Millionen, die tatsächlich Arbeit suchen; mehr als zwei Millionen SozialhilfebezieherInnen; mindestens 4,5 Millionen geringfügig Beschäftigte mit nicht mehr als 610 Mark Lohn monatlich im Westen und 520 Mark im Osten; fast zehn Millionen Arme – das ist die eine Seite von Deutschland.

Die andere Seite: etwa 3,1 Millionen Reiche, die mehr als 8000 Mark pro Monat zur Verfügung haben; 400000 Superreiche mit mehr als 25000 Mark monatlich; über 25000 Einkommensmillionäre; mindestens 751 Menschen mit einem Einkommen von mehr als zehn Millionen Mark im Jahr. Beim Kapitalbesitz sieht es kaum anders aus: etwa 950000 Vermögensmillionäre und weit mehr als 50 Familien mit mehr als einer Milliarde auf ihren Konten – die Steuerflucht nicht eingerechnet.

Planmäßig hat die Bundesregierung seit Beginn der 80er Jahre die Massenarbeitslosigkeit genutzt, um den Sozialstaat auszuhöhlen: Kürzungen bei der Arbeitslosenunterstützung und der Sozialhilfe, im Gesundheits- und im Rentensystem, Kürzung der gesetzlichen Lohnfortzahlung bei Krankheit, Beschneidung des Kündigungsschutzes, Ausweitung geringfügiger und prekärer Beschäftigungsverhältnisse, Streichung des Schlechtwettergeldes für Bauarbeiter...

Die Reichen werden gleichzeitig steuerlich entlastet: geplante Senkung des Spitzensteuersatzes, Beibehaltung steuerlicher Privilegien wie Abschreibungsmöglichkeiten und das Ehegattensplitting, Abschaffung der Vermögenssteuer, stillschweigende Billigung von Steuerflucht. Um das zu finanzieren, werden Verbrauchssteuern, Abgaben und Sozialbeiträge erhöht und Steuervergünstigungen für Normalverdiener gestrichen. Auch die Staatsverschuldung, die als Begründung für Sozialabbau herhalten muß, dient der Umverteilung. Die Banken und mit ihnen ihre Aktionäre verdienen sich eine goldene Nase.

Ideologisch verkleistert wird dieser Raubzug mit dem mahnenden Hinweis auf die zunehmende Globalisierung der Märkte und die angeblich sinkende Wettbewerbsfähigkeit der deutschen Wirtschaft. Lohnniveau, soziale Sicherheit, Mitbestimmung und ökologische Standards werden zu »Standortrisiken« umdeklariert, um sie besser demontieren zu können. Quintessenz: Beschäftigungssicherheit gefährde Beschäftigung. Man müsse nur alles dem freien Spiel der Marktkräfte überlassen, dann bräche das Paradies von alleine aus, so das neoliberale Gerede jener, die im Schlaraffenland leben und mit allen Mitteln versuchen, die Mehrheit der Menschheit davon fernzuhalten.

Wahr ist am Argument der Globalisierung nur, daß die internationalen Wirtschaftsbeziehungen sich zunehmend verflechten und daß die Unternehmen dorthin ziehen, wo die Märkte sind – also auch nach Südostasien, was jedoch per Saldo bei uns Arbeitsplätze sichert und nicht vernichtet. Der Rest der Argumentation dient nur der Rechtfertigung von Umverteilung und Sozialabbau. Auch das Diktat der internationalen Finanzmärkte ist kein Naturgesetz und könnte mit hinlänglichem politischen Willen der mächtigen Industriestaaten wieder reguliert werden.

Doch an diesem Willen fehlt es. Statt dessen nutzen die politischen und wirtschaftlichen Eliten in der Wirtschaftskrise die Gunst der Stunde, um die Armen noch ärmer zu machen – sowohl global als auch national.

Unser Land steht vor einer grundsätzlichen Weichenstellung. Soll sich Deutschland weiter in Richtung einer neoliberalen Gesellschaft mit einer ungleichen Verteilung von Arbeit, Einkommen, Vermögen und Lebenschancen entwickeln? Oder gewinnt das Leitbild einer humanen, solidarischen Gesellschaft mit einer gerechteren Verteilung der Lebenschancen die Oberhand? Es konkurrieren die Alternativen »Kapitalismus pur« und »Gesellschaft der Solidarität und Gerechtigkeit«, wie es der IG Metall-Vorsitzende Klaus Zwickel formuliert.[2]

## Mehr Sozialstaat wagen

»Ein als schicksalhaft suggerierter Sparzwang schüchtert die Menschen ein, lähmt die soziale Phantasie und Verantwortung, bedroht die Demokratie und die Humanität«, beklagen der Wirtschaftswissenschaftler Herbert Schui und der Journalist Eckart Spoo, Herausgeber des Buches »Geld ist genug da«.[3] In der »Hamburger Ermutigung«, welche die beiden mit anderen Menschen aus Wissenschaft, Gewerkschaften und Politik verfaßt haben, fordern sie dazu auf, wieder öffentlich über Verteilungspolitik zu reden.

Umverteilung findet sowieso statt – von unten nach oben nämlich. Nur spricht niemand darüber. Als geradezu naturgesetzlich wollen die wirtschaftlichen und politischen Eliten diesen Prozeß verkaufen. Sie verstehen unter »Umverteilung« nur die Umkehrung der Fließrichtung des Geldes. Ihre eigene Raffgier bezeichnen sie dagegen als »Marktgesetz«. Um dieser Demagogie etwas entgegenzusetzen und den Skandal bitterer Armut in einem der reichsten Länder der Welt öffentlich zu machen, brauchen wir neben einer Armutsberichterstattung auch einen Reichtumsbericht.

Nicht weniger, sondern mehr Sozialstaat ist vonnöten. Ein engmaschiges soziales Netz, das all jene auffängt, die aus dem irre kreisenden globalen Wettbewerbskarussell herausgeschleudert werden. Bisher hat noch niemand ein schlüssiges Konzept dafür in der Schublade. Doch statt darauf zu hoffen, daß sich wie bei der biblischen Hochzeit zu Kanaan Wasser in Wein verwandeln möge, wäre schon viel gewonnen, wenn sich die Linke in Deutschland über vier Grundfragen verständigt, über:

- die gerechtere Verteilung der Arbeit durch Arbeitszeitverkürzung,
- die gerechtere Verteilung von Einkommen und Vermögen,
- eine gerechtere Steuerpolitik und
- den Ausbau der sozialen Sicherungssysteme.

Doch inhaltliche Alternativen zur neoliberalen Marktideologie allein reichen nicht, wenn es keine Reformbewegung gibt, die diese Impulse aufnimmt. Gewerkschaften, Kirchen, Sozialverbände und Initiativen werden sich in einem Bündnis für soziale Demokratie zusammenfinden müssen. ArbeitnehmerInnen und Arbeitslose, SozialhilfeempfängerInnen und Scheinselbständige, letztlich alle Benachteiligten, haben keine Alternative als Trennendes zu überwinden und ihre gemeinsamen Interessen gegenüber den Reichen und Superreichen zu artikulieren. Es muß tatsächlich ein Ruck durch das Land gehen, wie es Bundespräsident Roman Herzog gefordert hat. Doch muß der Ruck anders aussehen, als es sich unser Staatsoberhaupt wohl vorstellt: Dieses Land braucht eine »Friedensbewegung« für soziale Demokratie.

# Anmerkungen

## Der Bettler vor Cartier

1 Der Mezzogiorno ist der verarmte Süden Italiens.

2 *Stern* 26/94, S. 126.

## 1. Armes reiches Frankfurt

1 Angaben aus dem Statistischen Jahrbuch der Stadt Frankfurt am Main 1996.

2 Bartelheimer 1997, S. 44ff.

3 *Metall* 3/97, S. 21.

## 2. Milliardäre, Millionäre und andere Müßiggänger

1 *Die Woche* 9.12.94.

2 *Bild* 8.9.94; *Hannoversche Allgemeine Zeitung* 3.4.96.

3 Zitiert nach *Frontal* vom 25.2.97.

4 *Manager Magazin* 7/97, S. 50ff.

5 Ebd.

6 Bezogen auf 1995, DIW-Wochenbericht 29/96, S. 491.

7 Bezogen auf 1995, DIW-Wochenbericht 30/96, S. 504; eigene Berechnung: 5,5 Mrd. DM real gezahlte Vermögenssteuer bezogen auf die theoretische Basis von rund 8 Billionen DM.

8 *Forbes* 28.7.97 (Nr. 1 bis 18, 20, 21 und 24) und 15.7.96 (alle anderen Positionen), Basis ist der Ertragswert. Auch der Börsenkurs zu einem Stichtag und für nicht notierte Unternehmen ein fiktiver Marktwert sowie der cash-flow gehen in die Berechnung ein. Private Immobilien und Kunstvermögen werden von Experten geschätzt.

9 Liedtke 1997; Commerzbank 1997; Schmacke / Jaeckel 1996; eigene Recherchen.

10 *Spiegel Special* »Money, money: Der Glanz des Geldes« 5/96, S. 20ff.

## 3. Hochlohnland Führungsetage

1 *Manager Magazin* 9/95, S. 222f.

2 Nach der Pleite des Bauunternehmers Jürgen Schneider 1994 hatte Kopper den Verlust der Deutschen Bank von 50 Millionen Mark als »Peanuts« bezeichnet.

3 Liedtke 1997.

4 *Der Spiegel* 18/97, S. 100f.

5 Alle Zahlen einschließlich variabler Gehaltsbestandteile, wie Boni und Gewinnbeteiligung.

6 *Manager Magazin* 9/95, S. 224.

7 *Frankfurter Rundschau* 18.4.97.

8 Probst 1995; Geschäftsbericht der Daimler-Benz AG 1996.

## 4. Die hohe Politik der Selbstbedienung

1 Bundestagsdrucksache 13/6637 und Auskunft der Pressestelle des Bundestages.

2 Bräuninger / Hasenbeck 1996, S. 43.

3 *Frankfurter Rundschau* 9.4.97.

4 *Stern* 7/97, S. 20ff.

5 *Stern* 11/97, S. 176; eigene Berechnungen.

6 Ebd.; eigene Berechnungen.

7 *Der Spiegel* 14/97, S. 22ff; eigene Berechnungen. Hochgerechnet wurden jeweils Übergangsgeld und Pension bis Mitte 1997.

8 Bräuninger / Hasenbeck 1996, S. 50.

9 Ebd. S. 55.

10 Ebd. S. 52.

11 *Das Sonntagsblatt* 25.2.95.

12 Zitiert nach: Bräuninger / Hasenbeck 1996, S. 50.

## 5. Sternchen, Stars und stolze Preise

1 *Amica* 8/96, S. 30ff.

2 *Stern* 35/95, S. 134.

3 *Der Spiegel* 4/95, S. 151.

4 *Sponsor News* 6/96, S. 10f.

5 *Wirtschaftswoche* 32/97, S. 59.

6 *Sponsor News* 1/96, S. 8f.

7 *Der Spiegel* 21/95, S. 164ff.

8 *Der Spiegel* 7/96, S. 194f.

9 *Der Spiegel* 21/96, S. 184ff.

10 *Hannoversche Allgemeine Zeitung* 26.3.97.

11 *Der Spiegel* 31/93, S. 172f.

12 *Stern* 17/97, S. 214f.

13 *Der Spiegel* 19/97, S. 136ff.

14 *Stern* 1/97, S. 85.

15 *Stern* 35/95, S. 134.

## 6. Was macht man mit 19 Milliarden?

1 Die Kosten für ein extrem gutes Leben.

2 *Frankfurter Rundschau* 11.6.97.

3 Martin / Schumann 1996, S. 334.

## 7. Beim Urlaub wird's schon eng

1 Zitiert nach Roger Willemsen: Gesellschaft ohne Obdach. In: *Hinz und Kunzt* 2/97, S. 4f.
2 Doppelte Abgeordnetendiät als Fraktionsvorsitzender plus Pension als ehemaliger Bundesminister.
3 Schäfer 1996, S. 601.
4 Ebd.
5 Nach Angaben des Statistischen Bundesamtes.
6 Huster 1993 (a), S. 11.
7 *Metall* 1/95, S. 17ff.
8 *DIW Wochenbericht* 21/97, S. 383.
9 Hübinger 1996.
10 *Der Spiegel* 44/96, S. 48; eigene Berechnung.
11 Weiler 1997, S. 126ff.
12 Ebd. S. 130.
13 Schömann 1995, S. 202.
14 In: *Privatfernsehen* vom 16.5.1997.

## 8. McJobs

1 *Amica* 3/97, S. 82.
2 Ochs 1996.
3 Glaubitz 1996, S. 31.
4 Bispinck 1996.
5 Klenner / Stolz-Willig 1996.
6 *Wirtschaftswoche* 16/97, S. 176ff.
7 Aktionsbündnis »Aufstehen gegen Sozialleistungskürzungen« 1997, S. 12.
8 *Der Spiegel* 31/96, S. 26.
9 *Stern* 17/97, S. 54.
10 Bundessozialhilfegesetz, § 19 (2).
11 Ebd. § 22 (4).
12 *Handelsblatt* 19.6.97.

## 9. Am Boden eines reichen Landes

1 Bartelheimer 1997, S. 25.
2 Datenreport 1997, S. 518.
3 Nach Angaben des Statistischen Bundesamtes.
4 Hanesch 1994, S. 222.
5 Ebd. S. 177.
6 Bundestags-Drucksache 13/3339.
7 Nach Angaben des Statistischen Bundesamtes.
8 Deutscher Caritasverband / Diakonisches Werk 1997, Tabelle 11.
9 Zitiert nach: *Die Welt* 15.7.97.
10 Nach Angaben des Statistischen Bundesamtes.

11 *Hannoversche Allgemeine Zeitung* 23.5.97.
12 Nach Angaben des Statistischen Bundesamtes.
13 *Frankfurter Rundschau* 20.6.97.
14 Zitiert nach: *Wirtschaftswoche* 21/97, S. 39ff.
15 Nach Angaben des Bundesarbeitsministeriums.
16 *Frankfurter Rundschau* 19.3.97.
17 Bartelheimer 1997, S. 90ff.
18 Ebd. Seit Ende 1993 bekommen AsylbewerberInnen und Bürgerkriegsflüchtlinge keine Sozialhilfe mehr, sondern werden nach dem Asylbewerberleistungsgesetz unterstützt. Die Sätze liegen teilweise unter denen der Sozialhilfe.
19 AG TuWas 1995, S. 18f.
20 Zitiert nach: *Hinz und Kunzt* 2/97.
21 Deutscher Caritasverband / Diakonisches Werk 1997, S. 17.
22 Bartelheimer 1997.

## 10. Nur die halbe Wahrheit

1 Huster 1993 (b), S. 51.
2 Da in Ostdeutschland seit der Wende kaum Gewinne und Einkommen aus Vermögen erwirtschaftet wurden, ist die Berechnung einer Lohnquote für die neuen Bundesländer sinnlos.
3 Offermann 1997.
4 Kaiser 1996, S. 522-533.
5 *Frankfurter Rundschau* 3.7.97.
6 Huster 1993 (a), S. 11.
7 *DIW Wochenbericht* 45/95; eigene Berechnungen.
8 Ebd. Seit 1992 stellt das DIW keine eigenständigen Einkommensanalysen mehr an.
9 *DIW-Wochenbericht* 31/97.
10 Schlomann 1993.
11 *DIW-Wochenbericht* 31/97.
12 *DIW-Wochenbericht* 29/96, S. 492.
13 *DIW-Wochenbericht* 30/96, S. 502ff.
14 *Spiegel Special* »Weltmacht Geld« 30.4.96, S. 3
15 Schäfer 1996, S. 610.
16 Krelle 1968.
17 Mierheim / Wicke 1978.
18 Euler 1986.
19 Deutsche Bundesbank, Monatsbericht Oktober 1993.
20 Crautz 1997.
21 *Der Spiegel* 48/96, S. 129.
22 *Der Spiegel* 6/97, S. 101.
23 Ebd. S. 101f.
24 Treuhandgesetz, Art. 5.2; vgl. auch Offermann 1997.
25 Bundestagsdrucksache 12/8404, S. 512ff.
26 Luft 1991.

27 Kachel 1994, S. 42.
28 Kachel 1995.
29 Bundestagsdrucksache 12/8404, S. 430ff.
30 Ebd. S. 512ff.
31 *Der Spiegel* 6/97, S. 107.
32 *Der Spiegel* 7/97, S. 112ff.

## 11. Der anonyme Reichtum

1 *Der Spiegel* 14/97, S. 89.
2 *Frankfurter Allgemeine Zeitung* 22.3.97.
3 Schmacke / Jaeckel 1996.
4 *Manager Magazin* 8/97, S. 84.
5 *Frankfurter Allgemeine Zeitung* 10.7.97.
6 *Capital* 7/95, S. 44.

## 12. Wäschewechselhäufigkeit

1 Die Sozialhilfesätze werden in den Ländern festgelegt und differieren geringfügig.
2 *Frankfurter Rundschau* 5.4.97, *Stern* 16/97, S. 140.
3 Nach Angaben des Statistischen Bundesamtes.
4 *Focus* 17/97, S. 21.
5 *Frankfurter Rundschau,* 9.4.97.
6 *Frankfurter Rundschau,* 7.4.97.
7 *Der Spiegel* 47/96, S. 24.
8 Bundesarbeitsblatt 11/95, S. 99.
9 *Handelsblatt* 30.4.97.
10 Zitiert nach: *Frankfurter Rundschau* 4.5.85.
11 *Wirtschaftswoche* 17.7.97, S. 17.
12 *Manager Magazin* 7/97, S. 121.
13 *Hannoversche Allgemeine Zeitung* 8.3.96; *Weser-Kurier* 14.5.97.
14 *Wirtschaftswoche* 12.6.97, S. 17.
15 *Der Spiegel* 14/97, S. 32.
16 *Frankfurter Rundschau* 2.7.97.
17 Urban 1997, S. 17.
18 Zitiert nach: *Frankfurter Rundschau* 17.6.97.
19 Ehrenberg 1996, S. 7.
20 *Frankfurter Rundschau* 21.7.97.

## 13. Gürtel enger schnallen?

1 *Der Spiegel* 41/96, S. 23.
2 *Der Spiegel* 40/96, S. 122.
3 *Manager Magazin* 9/1995, S. 220ff.
4 *Der Spiegel* 41/96, S. 22f.

5 *Der Spiegel* 14/96, S. 111.
6 *Stern* 52/96, S. 118f.
7 *IG Metall Standpunkt* 1/96, S. 19.
8 Geschäftsbericht der Deutschen Bank AG 1996.
9 Bräuninger / Hasenbeck 1996.
10 *Die Zeit* 48/94.

## 14. Die Reichen müssen reicher werden!

1 *Frankfurter Rundschau* 21.10.96.
2 Störmann / Tofaute 1997, S. 388.
3 *Stern* 6/97, S. 20ff.
4 Ebd.
5 Störmann / Tofaute 1997, S. 392.
6 Schäfer 1996, S. 611f.
7 Schratzenstaller 1997, S. 8.
8 *Stuttgarter Zeitung* 14.7.97.
9 Grigat 1997, S. 409.
10 Ebd.
11 Körperschafts-, Gewinn- und ausländische Ertragssteuern abzüglich Ertragssteuererstattungen in Prozent des Ergebnisses vor Steuern.
12 *IG Metall Standpunkt* 4/96, S. 18.
13 *Handelsblatt* 15.4.97.
14 *Frankfurter Rundschau* 31.7.97.
15 Körner 1996, S. 31.
16 *Panorama* 9.10.97.
17 *Stern* 39/97, S. 26.
18 Didzoleit / Schlamp 1997, S. 81f.
19 *Capital* 9/96, S. 212.
20 *International Financial Statistics* 11/96; International Monetary Funds, S. 43.
21 *Hannoversche Allgemeine Zeitung* 2.10.97.
22 *Der Spiegel* 33/97, S. 22ff.
23 *Hannoversche Allgemeine Zeitung* 7.2.97.
24 *Der Spiegel* 36/95, S. 100ff.
25 *Stern* 48/96, S. 202.
26 *Die Welt* 9.9.96.
27 *Hannoversche Allgemeine Zeitung* 7.2.97.
28 Ebd.
29 *Hannoversche Allgemeine Zeitung* 14.7.97.
30 *Der Spiegel* 39/97, S. 114ff.
31 *Der Spiegel* 41/97, S. 118.

## 15. Öffentliche Armut – privater Reichtum

1 Roth 1996, S. 41.
2 Ebd., S. 46.
3 *Hannoversche Allgemeine Zeitung* 16.5.97.
4 *Der Spiegel* 43/96, S. 120f.
5 Deutsche Bundesbank.
6 Steinitz 1996.
7 *Frankfurter Rundschau* 30.4.97; 12.6.97.
8 *Frankfurter Allgemeine Zeitung* 29.12.95.
9 Maul / Hochmuth 1996, S. 15f.
10 *Wirtschaftswoche* 19/97, S. 28f; *Handelsblatt* 28.4.97.
11 *Der Spiegel* 28/97, S. 64f.
12 *DIW-Wochenbericht* 36/96.
13 *Der Spiegel* 26/97, S. 44f.
14 See 1996, S. 63.
15 Ebd., S. 65.
16 *Der Spiegel* 36/93, S. 80ff.
17 *Frankfurter Rundschau* 19.3.97.
18 Maul / Hochmuth 1996, S. 22.

## 16. Unseren Wasserpredigern den Wein abgraben

1 14. Sozialerhebung des Deutschen Studentenwerks, S. 55.
2 Zwickel 1997.
3 Schui / Spoo 1996.

# Literaturverzeichnis


AG TuWas (Hg.): Schwarzarbeit. Mißbrauch? Oder Mittel zum Überleben? Frankfurt 1995.

Aktionsbündnis »Aufstehen gegen Sozialleistungskürzungen« (Hg.): Arbeiten für 'nen Appel ohne Ei. Frankfurt 1997.

Bartelheimer, Peter: Risiken für die soziale Stadt. Erster Frankfurter Sozialbericht. Stuttgart 1997.

Bispinck, Reinhard u. WSI-Tarifarchiv: Tarifliche Niedrigeinkommen. Eine Analyse von ausgewählten Tarifbereichen in Westdeutschland. Düsseldorf 1996.

Bräuninger, Friedrich u. Manfred Hasenbeck: Die Abzocker. Selbstbedienung in Politik und Wirtschaft. Düsseldorf 1996.

Commerzbank (Hg.): Wer gehört zu wem? Frankfurt 1997.

Crautz, Helmut: Schulden in Deutschland. In: *Sozialismus* 3/97, S. 9ff.

Deutscher Caritasverband e.V. u. Diakonisches Werk der EKD (Hg.): Menschen im Schatten. Erfahrungen von Caritas und Diakonie in den neuen Bundesländern. Freiburg 1997.

Didzoleit, Winfried u. Hans-Jürgen Schlamp: Ganz legale Steuertricks. In: *Gewerkschaftliche Monatshefte* 2/97, S. 81f.

Ehrenberg, Herbert: Alarm für den Sozialstaat. In: *IG Metall Standpunkt* 3/96, S. 6f.

Euler, Manfred: Private Haushalte mit Eigentum oder Beteiligung an gewerblichen Unternehmen 1973 und 1983. Ergebnis der Einkommens- und Verbrauchsstichprobe. In: *Wirtschaft und Statistik,* 10/86, S. 836ff.

Glaubitz, Jürgen: Strukturwandel und Arbeitsbedingungen im Einzelhandel. Zwischen Deregulierung und Ladenschluß. In: *WSI-Mitteilungen* 1/96, S. 26ff.

Grigat, Hans-Georg: Verlagerung von Unternehmensgewinnen in das Ausland und Steuerdumping. In: *WSI-Mitteilungen* 6/97, S. 404ff.

Hanesch, Walter u.a.: Armut in Deutschland. Der Armutsbericht des DGB und des Paritätischen Wohlfahrtsverbands. Hamburg 1994.

Hübinger, Werner: Prekärer Wohlstand. Neue Befunde zu Armut und sozialer Ungleichheit. Freiburg 1996.

Huster, Ernst-Ulrich (Hg.): Reichtum in Deutschland. Der Diskrete Charme der sozialen Distanz. Frankfurt/New York 1993. (a)

Huster, Ernst-Ulrich: Neuer Reichtum und alte Armut. Düsseldorf 1993. (b)

Kachel, Petra: Kontrovers: Zur Auflösung der Treuhandanstalt – eine Bilanz. In: *Wirtschaftsbulletin Ostdeutschland* 5-6/94, S. 40ff.

Kachel, Petra: Treuhandanstalt: Die letzten Zahlen. In: *Wirtschaftsbulletin Ostdeutschland* 1/95, S. 50ff.

Kaiser, Joachim: Einnahmen und Ausgaben ausgewählter privater Haushalte 1995. Ergebnisse der laufenden Wirtschaftsrechnungen. In: *Wirtschaft und Statistik* 8/96, S. 522ff.

Klenner, Christina u. Brigitte Stolz-Willig: Arbeitsplatz Privathaushalt. Prekäre Beschäftigung oder neue Chance für Frauen? In: Pohl / Schäfer S. 194ff.

Körner, Josef: ESt-Stufensatztarif: Ein Wachstumselixier? In: *IFO Schnelldienst* 16/96.

Krelle, Wilhelm, Johann Schunck u. Jürgen Siebke: Überbetriebliche Ertragsbeteiligung der Arbeitnehmer. Tübingen 1968.

Liedtke, Rüdiger: Wem gehört die Republik? Frankfurt 1997.

Luft, Hans: Die Treuhandanstalt. In: *Deutschland-Archiv* 12/92, S. 1270ff.

Martin, Hans-Peter u. Harald Schumann: Die Globalisierungsfalle. Der Angriff auf Demokratie und Wohlstand. Hamburg 1996.

Maul, Gerhard u. Karsten Hochmuth: Frankfurts Pleite. Reader zur kommunalen Verschuldung. Ursachen, Wirkungen, Lösungen. Frankfurt 1996.

Mierheim, Horst u. Lutz Wicke: Die personelle Vermögensverteilung. Tübingen 1978.

Ochs, Christiane: Nur ein kleiner Zuverdienst? Geringfügige Arbeitsverhältnisse. In: Pohl / Schäfer S. 162ff.

Offermann, Volker: Gespaltene Ungleichheit. Zur Entwicklung der Verteilungsverhältnisse in den neuen Bundesländern. In: Jürgen Zerche (Hg.): Warten auf die Soziale Marktwirtschaft. Regensburg 1997.

Pfeiffer, Hermannus: Sieger der Krise. Der Deutsche-Bank-Report. Köln 1995.

Pohl, Gerd u. Claus Schäfer (Hg.): Niedriglöhne. Die unbekannte Realität: Armut trotz Arbeit. Hamburg 1996.

Probst, Uwe: Aufsichtsratsvergütungen in Deutschland. Eine empirische Untersuchung. Diplomarbeit am Institut für Betriebswirtschaftslehre, Bank- und Kreditwirtschaft der Universität Würzburg 1995.

Roth, Rainer: Wie der Staat die Reichen immer reicher macht. In: Schui / Spoo, S. 40ff.

Schäfer, Claus: Mit falschen Verteilungs-»Götzen« zu echten Standortproblemen. In: *WSI-Mitteilungen* 10/96, S. 597ff.

Schlomann, Heinrich: Die Entwicklung der Vermögensverteilung in Westdeutschland. In: Huster 1993 (a), S. 54ff.

Schmacke, Ernst u. Ralf Jaeckel (Hg.): Die großen 500. Neuwied 1996.

Schömann, Klaus: Zur Dynamik der alters- und geschlechtsspezifischen Verteilung der Arbeitseinkommen. In: *Prokla* 99/95, S. 193ff.

Schratzenstaller, Margit: Kein Ende der Hausfrauenehe. In: *Sozialismus* 7-8/97, S. 7ff.

Schui, Herbert u. Eckart Spoo (Hg.): Geld ist genug da. Reichtum in Deutschland. Heilbronn 1996.

See, Hans: Wie wirtschaftskriminelle Bereicherung Staats- und Sozialkassen leert; In: Schui / Spoo S. 60ff.

Statistisches Bundesamt (Hg.): Datenreport 1997. Bonn 1997.

Steinitz, Klaus: Transfer West-Ost und Ost-West. Wie an der deutschen Vereinigung verdient wird. In: Schui / Spoo S. 53ff.

Störmann, Wiebke u. Hartmut Tofaute: Die Einkommen- und Unternehmensteuerreform 1998/1999 der Bundesregierung. Ziele und Wirkungen. In: *WSI-Mitteilungen* 6/97, S. 385ff.

Urban, Hans-Jürgen: Sozialstaat in der Globalisierungsfalle? In: *Sozialismus* 7-8/97, S. 15ff.

Weiler, Anni: Zwischen Angleichung und Differenzierung. Entwicklung geschlechtsspezifischer Entgeltstrukturen in Westdeutschland. In: *WSI-Mitteilungen* 2/97, S. 126ff.

Zwickel, Klaus: »Zukunft gestalten – Arbeitszeitverkürzung jetzt«. In: *Gewerkschaftliche Monatshefte* 7/97.

BERNT ENGELMANN

**Wir haben ja den Kopf noch fest auf dem Hals**

Die Deutschen zwischen Stunde Null und Wirtschaftswunder
1945–1948
208 Seiten, stb 98, DM 16,80

*

Drei Jahre einer kaum noch vorstellbaren Armut und Not. Doch zugleich auch die Zeit des Neubeginns, an den viele nicht glauben wollten, und der die, die auf ihn hofften, bitter enttäuschte. Die vierzig Monate zwischen dem Zusammenbruch des Dritten Reiches und der Währungsreform 1948 bilden die Grundlage des Wirtschaftswunders und der Restauration im Westen – und sind der Beginn der »Roten Diktatur« im Osten.
Bernt Engelmann trifft und beschreibt ehemalige Nazis, die schon wieder oben schwimmen, oder gerade wieder auftauchen, er berichtet von Schwarzmarktschiebereien und der Mangelwirtschaft, von der widersprüchlichen und oft unverständlichen Politik der Besatzungsmächte.